Bravo mundo novo

Bravo mundo novo

Novas configurações da comunicação e do consumo

Org. Centro de Altos Estudos da ESPM (CAEPM)

Apresentação
Luiz Celso de Piratininga

Autores
Clóvis Barros Filho
Daniel Miller
Gisela Castro
François Soulages
Isleide Fontenelle
Laura Graziella
Stuart Ewen
Vinicius Pereira
Vladimir Safatle

alameda

Copyright © 2009 CAEPM
Edição: Joana Monteleone
Assistente editorial: Marília Chaves
Revisão: Gabriela Ghetti de Freitas
Projeto gráfico, capa e diagramação: Marília Chaves
Imagem da capa: Eugène Atget, *Magasin, avenue des Gobelins,*
1925.

CIP-BRASIL. CATALOGAÇÃO-NA-FONTE
SINDICATO NACIONAL DOS EDITORES DE LIVROS, RJ
B836

Bravo mundo novo : novas configurações da comunicação e do consumo
/ Clóvis Barros Filho... [et al.]. CAEPM (org.) - São Paulo : Alameda,
2009.
(Contemporânea)

Inclui bibliografia
ISBN 978-85-98325-88-0

1. Comunicação - Aspectos sociais. 2. Comunicação de massa - Aspectos
sociais. 3. Consumidores - Psicologia. 4. Consumo (Economia) - Aspectos
sociais. 5. Comportamento do consumidor - Aspectos sociais. I. Barros
Filho, Clóvis de, 1965-. II. Título: Novas configurações da comunicação e
do consumo. III. Série.

09-0937.   CDD: 302.23
                     CDU: 316.77

03.03.09   05.03.09   011307

ALAMEDA CASA EDITORIAL
Rua Iperoig, 351 Perdizes
CEP 05016-000
São Paulo - SP
www.alamedaeditorial.com.br

Sumário

APRESENTAÇÃO 7

NOVOS PADRÕES DE CONSUMO

Coolhunters 17
pesquisas de mercado de "tendências
culturais" e transformações na comunicação
mercadológica contemporânea
Isleide Arruda Fontenelle

Nas tramas da rede 43
a internet e o consumo da música digital
Gisela Castro

Linguagens publicitárias e os meios digitais 63
Vinicius Pereira

Identidades flexíves como padrão 83
da retórica de consumo
Vladimir Safatle

Impactos sociais das novas mídias

CSI – Crime Scene Investigation 115
ciência & tecnologia, cultura e identidade na
teledramaturgia contemporânea
Laura Graziella Gomes

Blogs políticos, empresas jornalísticas e 137
autonomia
Clóvis Barros Filho

Repensar o método

O consumo da comunicação 187
Daniel Miller

Desejo de imagem e empresa 215
François Soulages

Mamãe, papai e as crianças 243
rumo a uma arquitetura moderna
da vida cotidiana
Stuart Ewen

Apresentação

Desde 2005, a Escola Superior de Propaganda e Marketing constituiu o Centro de Altos Estudos em Propaganda e Marketing (CAEPM). Responsável pelo desenvolvimento de pesquisas na área de comunicação com o mercado, gestão inovadora, modificações nos padrões de consumo e impacto social das novas mídias, o CAEPM consolidou-se como um dos polos de pesquisa da ESPM. Suas funções não se reduziram ao financiamento de pesquisas, mas também visaram fortalecer vínculos institucionais com pesquisadores fundamentais da área de estudos de mídia e comunicação empresarial. O resultado de parte deste trabalho está agora ao alcance do grande público por meio deste livro. Centrado em análises a respeito da relação entre comunicação e consumo, ele expõe os resultados de um dos eixos centrais de atuação do Centro. Outros livros virão a fim de dar conta de pesquisas desenvolvidas nas áreas de gestão, internacionalização e antropologia do consumo.

8   Bravo novo Mundo

Faz parte de uma percepção geral e difusa a crença de que nossa época é um momento de ruptura e reconfiguração. Tal percepção não deixa de ecoar entre aqueles que estudam as articulações entre comunicação e consumo. Sabe-se que algo de extremamente novo está em gestação, isto devido aos usos cada vez mais extensos das novas mídias em esferas não apenas diretamente comerciais, mas políticas e de entretenimento. Por outro lado, modificações maiores na retórica de consumo obrigam os processos de comunicação a operarem a partir de lógicas diferenciadas. Agora, eles precisam produzir representações sociais que, até bem pouco tempo, não pareciam adequadas à incitação do consumo. Esses dados fazem que o universo da comunicação orientada para o mercado ofereça, desafios à análise, e resistências mais intensas a abordagens metodológicas que foram criadas tendo em vista uma realidade social que tende a não nos dizer mais à nossa época. Estudantes e pesquisadores da área de comunicação percebem tais desafios e resistências de maneira cada vez mais clara. No entanto, falta em bibliografia nacional uma discussão aprofundada e múltipla sobre tais questões, desenvolvida por pesquisadores reconhecidos tanto da área de comunicação como de áreas afins. Falta que este livro gostaria de diminuir.

Diante de uma situação desta natureza, dois problemas maiores se apresentam. O primeiro é uma questão de determinação de objetos: quais são, hoje, os fenômenos realmente relevantes para a compreensão das tendências hegemônicas da retórica de consumo? O que procurar? O segundo é uma questão de método: como pensar tais fenômenos, que tipo de habilidade conceitual e investigativa é exigida para decifrá-los? Ou seja, como investigar. Oferecer aportes para essas duas questões é o objetivo maior deste livro.

Sobre o problema relativo ao método, o leitor encontrará aqui três artigos de alguns dos pesquisadores mais renomados da atualidade no campo dos estudos de comunicação. Todos eles têm

Apresentação 9

em comum a apresentação de inovações na estrutura epistemológica dos modos de análise de fatos ligados à comunicação com o mercado. Desta forma, eles oferecem caminhos importantes para a estruturação deste debate. Por outro lado, todos eles são pesquisadores que vieram ao Brasil a convite do CAEPM a fim de apresentar seus trabalhos e discutir com pesquisadores nacionais. O resultado frutífero deste intercâmbio nos estimulou trazer, para um público mais amplo, estas questões.

Stuart Ewen, professor do departamento de Cinema e Media Studies do Hunger College da Universidade da Cidade de Nova York (CUNY) e autor de livros de referência na área de Estudos de mídia (como *Capitains of consciusness*, *All consuming images*, *PR! A history of public relations*, entre outros), mostra em seu artigo como apenas uma articulação profunda entre história, teoria social e comunicação pode dar conta do que está em jogo na construção das representações de família, feminilidade e infância que circularam de maneira hegemônica durante o século XX. Maneira inclusive de mostrar como alguns ideais de modernização social ligados ao núcleo familiar e apresentados pela comunicação de massa no final do século XX já podiam ser identificadas claramente no início do século.

Por sua vez, François Soulages, professor da Universidade de Paris VIII, diretor do Colégio Icônico do INA (Instituto Nacional do Audiovisual), criador do Centro Imagem, Inconsciente e Empresa e autor de *Comunicação e empresa e Desejo de imagem e empresa*, apresenta um modo inovador de reflexão sobre a relação entre imaginário e comunicação empresarial que privilegia a produção corporativa da imagem tanto em sua relação com os públicos externos quanto com o público interno. Para isso, uma mobilização importante entre reflexões sobre gestão e instrumentos conceituais advindos da psicanálise é convocada.

10   Bravo novo Mundo

Por fim, Daniel Miller, antropólogo e professor da University College London, nome fundamental no campo de pesquisas sobre consumo (graças principalmente aos livros *Material culture and mass consumption* e à coletânea *Materiality*), parte da discussão a respeito de estudos por ele desenvolvidos sobre o uso de celular na Jamaica e uso da internet em Trinidad e Tobago a fim de expor reflexões de larga escala a respeito de problemas metodológicos maiores nos estudos atuais da comunicação. Tais estudos estão longe de ser relevantes apenas para tais realidades socioculturais, já que eles visam fornecer esquemas de reflexão capazes de influenciar a análise de problemas estruturais vinculados ao consumo de comunicação. Sua perspectiva fundada na antropologia revela novos modos de abordagem para problemas vinculados ao consumo.

Já a respeito dos fenômenos realmente relevantes para a compreensão das tendências hegemônicas da retórica de consumo na atualidade, o livro apresenta quatro artigos resultantes de pesquisas realizadas tanto no CAEPM quanto no interior do programa de mestrado em comunicação e práticas de consumo da ESPM. O que indica a capilaridade das pesquisas no interior da Escola.

No primeiro artigo, Isleide Fontenelle mostra como se dá atualmente a indiferenciação genérica entre cultura e comunicação mercadológica. Sabemos que uma das maiores características da dinâmica contemporânea da comunicação orientada para o mercado é a suspensão de barreiras entre, por exemplo, publicidade e domínios da cultura como moda, música popular, esfera do espetáculo, entre outros. O vínculo cada vez mais forte da comunicação mercadológica com a mercantilização de "tendências" e "atitudes" leva a uma articulação sistêmica entre interesses de mercado e campos de produção da cultura. Isleide Fontenelle demonstra como isto se dá por meio da análise dos "coolhunters": caçadores de tendências que, por meio de pesquisas de tendências

Apresentação 11

culturais, municiam o pensamento estratégico da comunicação de grandes empresas.

No segundo artigo, Gisela Castro apresenta uma análise de um dos campos de consumo que mais claramente passou por modificações profundas, a saber, o consumo de música. Trata-se de destacar apropriações sociais e mercadológicas de novas tecnologias digitais na estruturação dos modos de escuta e práticas de consumo. Nesse sentido, a compreensão dos fenômenos próprios às modificações do padrão de consumo de música podem servir de paradigma para a projeção do que deve acontecer em esferas mais amplas de consumo nos próximos anos.

A reflexão sobre as novas tecnologias digitais continua no artigo de Vinicius Pereira. Fruto de uma pesquisa financiada pelo CAEPM, o artigo visa dar continuidade aos estudos dos meios de comunicação em sua tradição ligada à Escola de Toronto (Marshall McLuham, Harold Innis, Eric Havelock) aplicando sua perspectiva ao estudo dos desafios postos à linguagem publicitária pelo advento das ditas novas mídias. Lembrando que a linguagem publicitária tradicional tem ligações profundas com um modo de organização urbana do espaço e disposição da visualidade que imperou nos meios impressos, o artigo explica como todo advento de uma nova mídia conheceu uma fase inicial de "remediação", ou seja, adaptação de padrões de comunicação de mídias antigas. Esse processo ocorre atualmente nas mídias digitais, o que obriga os pesquisadores a pensar o que pode ser uma comunicação publicitária realmente condizente com as possibilidades técnicas destes novos meios.

O artigo de Vladimir Safatle, por sua vez, parte da análise de modificações na retórica de consumo das últimas décadas a fim de mostrar como o universo da comunicação de massa não tende a operar cada vez menos como imagens identitárias, fortemente normativas e estereotipadas, isto a fim de operar como imagens

12   Bravo novo Mundo

flexíveis que flertam com a indeterminação e a anomia. Exemplos maiores desta transformação são as modificações nas imagens de corpo e sexualidade que circulam de maneira cada vez mais hegemônicas na retórica do consumo. A tendência que tais imagens têm em operar com a ambiguidade e a flexibilização é uma chave para apreender os modos de funcionamento daquilo que poderíamos chamar de ideologia das sociedades capitalistas de consumo. Como se a experiência da multiplicidade pudesse se transformar em base para processos ideológicos de controle. Maneira de reatualizar conceitos de análise social que muitos julgavam superados.

Tais discussões sobre o impacto social dessas novas mídias utilizadas inicialmente por práticas de consumo e de comunicação com o mercado são desdobradas em dois artigos resultantes de pesquisas desenvolvidas pelo CAEPM. Trata-se de mostrar como aquilo que tem forte presença no campo do consumo afeta práticas sociais mais amplas.

No primeiro deles, Laura Graziella baseia-se na análise de uma das séries de TV mais comentadas dos últimos anos (CSI), isto a fim de mostrar como uma série de TV pode introduzir discussões complexas que envolvem o próprio conceito de realidade, tais como a relação entre experiência vivida e reconstruída, experiência real e virtual em diferentes planos e perspectivas. Nesse sentido, um produto cujo objetivo é a diversão e o entretenimento funciona como dispositivo de normatização das nossas relações ao real. Segundo a autora, estaríamos assim diante de um contexto em que filmes e séries de TV ao tornarem-se algo mais do que mero entretenimento das massas, tornam-se, também, arenas retóricas em que identidades sociais são colocadas em confronto, disputam e negociam sua afirmação e visibilidade local e/ou global (veja-se, por exemplo, o caso de outras séries, como Lost, Heroes etc.), ou, ainda, marcam a alteridade de algumas outras.

Apresentação 13

Por fim, o livro traz um artigo de Clóvis Barros sobre o impacto da internet no campo da política, isto principalmente por meio dos ditos blogs políticos. Partindo de uma pesquisa pioneira sobre o comportamento da internet nas eleições presidenciais de 2006, artigo demonstra como questões maiores sobre a autonomia e a produção da notícia não deixam de ser afetadas quando a internet torna-se meio privilegiado de constituição da esfera pública.

Desta forma, o livro procura fornecer um quadro mais amplo de análise de fenômenos sociais que se derivam de novas configurações da comunicação de massa. Uma nova configuração alimentada pelas novas exigências do campo do consumo de massa. Pois se há algo que nossa época nos ensina é como economia, política e sociedade não conseguem mais se separar.

Luiz Celso de Piratininga
Presidente da ESPM

Novos padrões de consumo

Coolhunters

pesquisas de mercado de tendências culturais e transformações na comunicação mercadológica contemporânea

Isleide Arruda Fontenelle[1]

INTRODUÇÃO

A comunicação mercadológica vem passando por uma fase de transformação. Consequentemente, a mídia, de maneira geral, passa pelo mesmo processo, haja vista que é o mercado publicitário quem assegura grande parte dos recursos disponíveis para certa ordenação do espaço midiático. Por transformações nas atuais formas de comunicação mercadológica entende-se a evidente queda nos investimentos em anúncios comerciais – pro-

---

1 Doutora em Sociologia pela USP, com pós-doutorado em Psicologia Social pela PUC-SP/Fapesp. É autora do livro *O nome da marca: McDonald's, fetichismo e cultura descartável*. Isleide Fontenelle é professora da Eaesp – FGV/SP.

18   Isleide Arruda Fontenelle

paganda – o que indica um cenário de mudanças nas agências de propaganda e veículos de mídia, concomitante ao surgimento de uma literatura mercadológica que defende novas modalidades de comunicação dos produtos e marcas[2].

Nesse contexto, as estratégias de produção e comunicação de mensagens voltadas às práticas de consumo assentam-se no conhecimento prévio e profundo da realidade sociocultural mais ampla, o que provoca uma maior pulverização dos canais de acesso ao consumidor (antes bastante restrito ao anúncio comercial impresso e eletrônico, especialmente no caso das grandes marcas), bem como a mutações formais dos discursos publicitários que, não visando mais atingir "a massa", passam a fazer uso de diferentes linguagens e canais, a depender do "nicho de consumidores" a se alcançar.

As chamadas "pesquisas de mercado de tendências culturais" – cujas origens remontam aos anos 1970, mas que ganharam um novo formato e um novo status a partir dos anos 90 – se destacam como ferramentas essenciais para essas novas formas de estratégias comunicacionais. Nesse sentido, este trabalho visa entender: o que mudou na "cultura de consumo" para que essas pesquisas tenham se tornado tão importantes para as grandes empresas multinacionais[3]; porque e como elas indicam mudanças na

---

2   Ver artigo de Nelson Blecher em edição de capa da Revista Exame – Blecher (2003) – referindo-se à necessidade da "Reinvenção da Propaganda" e às novas estratégias para a comunicação comercial. Ver também sobre esse assunto os livros de Ries; Ries (2002) e de Zyman (1999).

3   Segundo o analista de novas tendências em ciência e tecnologia Jeremy Rifkin, clientes corporativos como Nike, Coca-Cola, Disney, Pólo, McDonald's, Sony, IBM e Calvin Klein pagam altos valores a empresas que realizam pesquisas de tendências para "acompanhar as últimas ondas culturais. Ser capaz de prever as tendências culturais e de transformá-las rapidamente em consumo comercial pode significar milhões de dólares em receita adicional para as empresas" Rifkin (2001, p. 149).

forma de se comunicar um produto; e, mais ainda, que alterações elas provocam no espaço comunicacional como um todo. Aqui, toma-se por pressuposto o fato de que as informações captadas por essas pesquisas de tendências têm forte influência no direcionamento e/ou redirecionamento estratégico das formas de comunicação mercadológica, no sentido de que tais pesquisas visam, sobretudo, captar as transformações nas mentalidades, nos estilos de vida, nas formas de manifestação do desejo do consumidor, partindo sempre da ideia do "ato de consumo" como o ato social por excelência da sociedade contemporânea, tomando, portanto, o próprio ato de consumo como uma forma de "comunicar".

O aspecto que melhor sustenta o pressuposto de que as referidas pesquisas se apresentam como um caminho fértil para a compreensão das transformações na comunicação mercadológica está presente na afirmação do estrategista de marketing Al Ries, que afirma que, na sociedade contemporânea, a eficácia das relações públicas é, comprovadamente, superior à do anúncio comercial – propaganda[4]. Por isso mesmo, diz o autor, as empresas precisam inventar constantemente maneiras de estar na mídia (criando e/ou recriando um produto ou conceito), já que a mídia veicula o novo, o surpreendente, o que é "quente" no momento. Daí porque este trabalho assume que as pesquisas de tendências apresentam-se como um espaço necessário para o processo de antecipação permanente, a fim

---

4 Faz-se necessário, aqui, apresentar a distinção que faço entre os conceitos de *propaganda* e *publicidade*. Enquanto a primeira refere-se ao anúncio comercial pago pelo detentor do produto/marca, no caso da publicidade, a forma de comunicação é mais sutil, já que ocorre em meio às chamadas notícias "reais", ou seja, do jornalismo informativo. Trata-se de trabalho realizado pelos chamados relações públicas e/ou assessores de imprensa, que buscam formas de pôr o produto/marca na mídia. Sobre esta diferenciação entre propaganda e publicidade, apoiei-me, dentre outros, em Ries; Ries (2000). A respeito das diferentes formas de fusão entre jornalismo e publicidade, ver Marshall (2003).

de que as empresas possam sair na frente no lançamento de novos produtos e serviços e gerar notícias na mídia-realidade.

Tendo isso em vista, privilegiar-se-á, nesta análise, sobretudo a forma inerente às pesquisas de tendências, ou seja, a maneira como elas representam um novo estágio do marketing (produção e comercialização da mercadoria) na sociedade contemporânea, na medida em que tais pesquisas são tomadas como identificadoras daquilo que pode vir a comportar valor na sociedade do consumo. E "valor é informação: assim se poderia resumir a essência da dinâmica capitalista econômica contemporânea"[5].

Mais especificamente, o foco de análise será um tipo muito específico de pesquisa de tendências: a realizada pelas empresas coolhunting, voltada para a captação de tendências de consumo em meio à cultura jovem. Deste modo, este artigo pretende contribuir com o campo da comunicação ao buscar destrinchar o nó que liga as práticas do marketing aos campos cultural e comunicacional mais amplos, para entender o que mudou na sociedade, na tecnologia e nas mentalidades, enfim, na cultura de consumo contemporânea, que levou a essa nova configuração mercadológica e midiática e quais os seus impactos para a comunicação.

---

5 Gilson Schwartz no prefácio de Martins; Blecher (1997, p. xix). Não por acaso, Gilles Deleuze discorre sobre os efeitos da comunicação quando ela se torna "a transmissão e a propagação de uma informação, [já que] informação é um conjunto de palavras de ordem. Quando nos informam, nos dizem o que julgam que devemos crer... Ou nem mesmo crer, mas fazer como se acreditássemos. Não nos pedem para crer, mas para nos comportar como se crêssemos. Isso é informação, isso é comunicação. O que equivale a dizer que a informação é exatamente o sistema de controle" Deleuze (1999).

Coolhunters 21

UMA BREVE HISTÓRIA DAS PESQUISAS EM MARKETING
E O SURGIMENTO DA EMPRESA COOLHUNTING

Certo enfoque sociológico da publicidade compreende o marketing como um produto direto da propaganda. Segundo Lagneau (1981, p. 18), o marketing – "palavra de origem inglesa que designa a tendência das práticas comerciais a racionalizar-se em função do mercado"[6] – teria se originado da necessidade de se compreender, por meio de pesquisas, que tipo de imagem melhor seduziria o consumidor. Trata-se de uma referência histórica que remonta à década de 1930; portanto, ainda ao período no qual procurava atrelar imagens a um produto já fabricado para a venda, e em que o objetivo principal era apresentar o próprio produto. O produto era, portanto, a fonte mesma da imagem, e os meios de veiculação eram fundamentalmente impressos: jornais e cartazes[7].

A partir das décadas de 1950/60, começa a se dar um processo de substituição do produto pela imagem na sua comunicação, não apenas porque havia uma necessidade objetiva de as empresas se diferenciarem (com a explosão de produtos em massa cada vez mais homogêneos), como também devido ao surgimento da televisão,

---

6 Hoje, pelo contrário, a propaganda é tomada, apenas, como uma das ferramentas do marketing; e este passou a ser definido como "criação de valor na mente dos consumidores" por meio da criação de estratégias que requerem o uso das ferramentas corretas do marketing. A esse respeito, ver Zyman (1999).

7 É comum se atribuir o nascimento da propaganda à existência da imprensa. Antes disso, porém, pode-se dizer que as vitrines foram o primeiro espaço de comunicação publicitária. O autor Richard Sennett nos mostra como, no final do século XIX, o surgimento das vitrines, nas também emergentes lojas de departamento, assumia a função de associações do produto com a imagem: um vestido fabricado à máquina ao lado da foto de uma duquesa X, ou uma caçarola em meio a uma réplica de um harém mourisco. Sennett (1988).

que possibilitava a produção de imagens comerciais antes inimagináveis (um "vendedor eletrônico" na sala de visitas da família).

É nesse mesmo período que surgem as pesquisas de motivação (no sentido estrito de procurar o motivo, a razão profunda pela qual as pessoas consomem, para além da necessidade do produto) para subsidiar uma estratégia de propaganda destinada a vender "não o bife, mas o chiado; não o sabonete, mas o sonho de beleza; não as latas de sopa, mas a felicidade familiar". Uma estratégia que teria partido de um reconhecimento das empresas de que "o triunfo do mercado de massa se baseava, de algum modo bastante profundo, na satisfação das necessidades tanto espirituais quanto materiais dos consumidores..." (Hobsbawm, 1995, p. 496).

Tratava-se, enfim, de se produzir imagens que, não necessariamente, tivessem relação com o produto, começando um processo de "descolamento da imagem do produto" que culminou, nos anos 90, na forma de propaganda nonsense, ou seja, aparentemente (e apenas na aparência) uma propaganda não interessada em falar/apresentar o produto e não querendo mais fazer sentido[8].

Praticamente, a segunda metade do século XX foi marcada, na comunicação comercial, pelo período áureo das agências de propaganda, responsáveis pela criação de anúncios fundados na ideia de transmitir, mais que o produto, imagens. Mas, a partir da década de 1990, começava uma "transformação silenciosa" na comunicação mercadológica que só agora está mais evidente: o impacto das inovações tecnológicas que, de um lado, passou a provocar uma grande dúvida sobre a eficácia da propaganda (não só devido ao surgimento do controle remoto, o que tornava o consumidor/telespectador menos vulnerável ao assédio do anúncio, como também por conta do desafio apresentado pela produção

---

8 Esse deslocamento se dá na medida em que é a imagem que fica incumbida de atribuir sentido, valor, ao produto/marca, sendo que esse sentido que ela veicula extrapola o próprio produto.

Coolhunters 23

de imagens cada vez mais indiferenciadas, como outrora foram os produtos)[9]; e, de outro, levou a mudanças no padrão de competitividade (a chamada "aceleração da aceleração capitalista" e a necessidade de uma constante "fuga para a frente" no sentido da busca da inovação) que forçaram as empresas a tentar se antecipar às tendências na busca de alguma vantagem competitiva ao saírem na frente no lançamento de algum produto ou serviço.

Tais mudanças podem ser tomadas como tendo forte influência na maneira como se formataram as pesquisas de mercado de tendências culturais a partir da década de 90. Na verdade, essa forma de pesquisa "de tendências" surgiu nos anos 70 a partir de uma constatação do mercado: "às profundas transformações que passam a ocorrer, a partir do final dos anos sessenta, grosso modo, nos países capitalistas avançados... liga-se a consciência crescente, no âmbito dos estudos de mercado, da importância das chamadas variáveis sociais e, particularmente, das sócio-culturais, para a determinação dos estilos de vida e padrões de consumo dos agentes sociais" (Goldenstein, 1990, p. 3).

Assumindo que essas variáveis sócio-culturais são capazes de permitir o nascimento de novos mercados ou, pelo contrário, de levar velhos mercados ao colapso, as grandes empresas passaram a privilegiar o uso de estudos de tendências no planejamento estratégico de seus negócios. Mas, enquanto nos anos 70 ainda se podia pensar em mercados de massa, os anos 90 se veem com o desafio da segmentação. Assim é que esse novo desafio provoca o nascimento das "coolhunting", empresas "caçadoras do cool", daquilo que pode ser gerador de tendências de consumo. O que

---

9 Stuart Ewen assegura que repetição e sarcasmo têm se tornado o jargão dominante da propaganda americana, e os criadores de anúncios estão se vendo diante do desafio de capitalizar a "mente cínica de uma geração MTV que tem desarmado a procura por arquétipos universais humanos" Ewen (1998).

24 Isleide Arruda Fontenelle

essas empresas buscam é fazer uma mediação ainda mais direta entre uma forma de expressão cultural – especialmente da cultura jovem – e uma prática de consumo. Em outras palavras, transformar cultura em mercadoria.

A COOLHUNTING COMO SINALIZADORA DE TRANSFORMAÇÕES SÓCIO-CULTURAIS E A IMPORTÂNCIA DO ESTUDO DE TENDÊNCIAS DO MERCADO JOVEM PARA A COMUNICAÇÃO MERCADOLÓGICA CONTEMPORÂNEA

> a evolução das táticas do capitalismo mundial, personalizadas na coolhunter Cayce Pollard [me fez pensar] que estivesse inventando também as técnicas de guerrilha de marketing que cito no livro. Mas, depois que ele ficou pronto, descobri que todas as minhas técnicas 'imaginárias' já vinham sendo testadas.[10]

Seria impossível encontrar palavras melhores para demonstrar o cenário preciso no qual se descortinam as propostas de investigação sociocultural das empresas coolhunting, anunciando algo de novo nas práticas de pesquisa e comunicação em marketing, produto do que seria também uma "nova sociedade". Opondo-se às tradicionais pesquisas de mercado – especialmente as quantitativas – a caçada ao cool, conforme dito pelo jornalista e escritor Malcolm Gladwell[11], visa descobrir quais, dentre as milhares de

---

10 William Gibson, referindo-se ao seu mais recente livro, *Pattern Recognition*, em entrevista publicada na Folha de S.Paulo – Gibson (2003). Neste livro, Gibson cria uma personagem que tem uma sensibilidade fina para detectar mudanças sutis no comportamento social e recebe fortunas nas consultorias que oferece na medida em que ela "sabe, instintivamente, quando um logotipo funcionará". Sobre o livro de Gibson e sua relação com as pesquisas de tendências culturais, ver também artigo de Jameson, na New Left Review (2003).

11 Malcolm Gladwell trabalha na New Yorker e é também autor do livro *The tipping point*: how little things can make a big difference. Aqui, refiro-me à entrevista que ele concedeu ao site do programa *The merchants of cool*. Gladwell (2001)

Coolhunters 25

coisas que estão acontecendo na cultura jovem, serão mais importantes no sentido de constituírem tendências que possam ser transformadas em consumo. Trata-se, portanto, de uma forma de percepção que consiga captar as mudanças sutis nas configurações sócio-culturais em curso, em detectar padrões e, especialmente, em transformar isso em algo muito rentável, ao ser vendido para empresas ávidas por informações sobre a quem e como vender os seus produtos e ou serviços.

É assim que funciona o negócio de "caçada ao cool", segundo Grossman (2003): quando as pessoas cool – um grupo conhecido pelos marqueteiros como consumidores alfa – começam a falar, ou comer, ou fazer compras de certo modo, as pessoas não cool os seguirão. Ou seja: observe o que os consumidores alfas estão fazendo hoje e você poderá prever o que a maioria estará fazendo amanhã. E, em uma época de competição acelerada, com empresas obcecadas por inovações permanentes, informações que garantam um investimento seguro valem muito dinheiro, o que gerou "uma indústria pequena, mas vigorosa, completamente dedicada a colher informações desse tipo: os observadores de tendências, que entendem o que é e o que não é cool".

Portanto, ser um caçador do cool é tentar chegar às tendências na fonte, descobrir de onde elas estão vindo. Sabendo disso, é possível sair na frente e, conforme Gladwell (2001) afirma, isso agora é tudo no mundo dos negócios. Ter uma boa ideia de onde as tendências estão vindo também é a chance de influenciar seus movimentos. E, segundo esse autor, em algum momento do desenvolvimento sócio-cultural, as tendências passaram a ser ditadas de baixo para cima (ao contrário do que afirmaram autores como Thorstein Veblen e George Simmel, acerca do processo de "cópia" das classes menos favorecidas a partir do que era ditado pelas classes ricas) e elas estão ocorrendo em muitas diferentes áreas ao mesmo tempo (música, moda, esportes, etc.), o que levou muitas corporações a, no início dos 80, tornaram-se cientes de que não estavam mais mantendo contato com o consumidor e que era impossível para elas prever o que o mercado queria.

A ênfase na busca do cool indica, também, uma passagem da cultura de massas para o mercado de nichos, gerando uma absoluta diversidade a ser explorada em meio a um público cada vez mais heterogêneo. Nesse sentido, houve uma mudança de foco metodológico: de padrões sociológicos centrados em paradigmas descritivos de interações e comportamentos sociais, para abordagens mais antropológicas, centradas na observação cultural.

Nesse sentido, quando há uma mudança no status das variáveis demográficas definidas como o principal determinador da influência social, o campo se abre. Segundo Gladwell (2001), dizer que alguém é do sexo masculino, ganha $75.000, vive em NY e tem 37 anos não representa mais fatos notáveis acerca dessa pessoa e do seu papel em torno de seus amigos. Com isso, a porta se abre para um número possível de caminhos para entender essa pessoa, e todos esses possíveis caminhos são mais flexíveis do que os duros fatos demográficos. E todos são matéria de interpretação e de análise cultural. Daí porque os pesquisadores coolhunters formam um time menos preciso e objetivo que seus predecessores, com formas de leitura da realidade cultural menos confortáveis que as medidas quantitativas e, portanto, mais subjetivas.

Mas, finalmente, do que se trata o cool? Antes de mais nada, trata-se de uma palavra que não permite uma tradução literal para o português. Cool pode ser algo simplesmente "legal", mas, quando se trata de pensar o cool associado à pesquisa de mercado de tendências culturais, ele representa o "novo legal", mas um novo que já foi adotado antes por uma minoria, e que pode vir a ser adotado por uma grande maioria. Segundo Grossman (2003), o cool pode ser considerado o recurso natural mais precioso da

América: uma substância invisível, impalpável, que pode fazer uma determinada marca de qualquer mercadoria – um tênis, uma calça jeans, um filme de ação – fantasticamente valiosa. Ser cool tem a ver com estabelecer tendências, a partir da influência pessoal dentro de uma rede social específica (nicho).

Gladwell (1997) também explica: o cool está relacionado, historicamente, ao que ele chama de "cultura de rua", que provocou tendências que, devidamente captadas pelos coolhunters, renderam bilhões às empresas que adotaram suas ideias: a compreensão da era de simplicidade e autenticidade que teria levado a Converse a fazer uma volta ao seu tênis One Star, por exemplo, e que catapultou a marca para o clube das marcas cool (não por acaso, o calçado usado por Kurt Cobain, um dos grandes baluartes dessa América cool, como revelou a famosa foto do roqueiro morto, estendido no chão). Daí porque coolhunting é, na visão de Gladwell, apenas uma coleção de observações espontâneas e prognósticos que diferem de um momento para o outro e de um coolhunter para outro. Enfim, o cool é alguma coisa que você não pode controlar e precisa de alguém para achá-lo e falar a você o que ele é. Nas palavras de um desses profissionais: "a artimanha do coolhunter não é apenas ser capaz de lhe dizer quem é diferente, mas ser capaz de dizer quando aquilo que é diferente representa alguma coisa verdadeiramente cool".

Observando a rotina de um coolhunter, Gladwell(1997) nos relata como, depois de um dia inteiro em uma rua onde caça as tendências, ele retorna à empresa e se reúne com especialistas em marketing, representantes de vendas e desenhistas e reconecta-os à rua, assegurando-se de que eles levarão o produto certo, no lugar certo e no preço certo. Nesse caso, o trabalho do coolhunter é bem específico. Mas ele pode ter uma ambição maior, como no caso do que é feito pelo "L Report", um tipo de relatório realizado pela empresa coolhunting Lambesis, que visa construir

28 Isleide Arruda Fontenelle

um tipo de grande matriz do cool, buscando compreender não apenas o tipo de tênis, ou de roupa, ou de cosmético que os jovens gostam, mas muitas outras coisas. Para isso, quatro vezes ao ano, representantes da empresa seguem para seis cidades representativas da América – Nova York, Los Angeles, San Francisco, Austin-Dallas, Seatlle e Chicago – e as informações obtidas são analisadas e vendidas às agências de publicidade (e outros tipos de empresas) por vinte mil dólares ao ano.

O concorrente à altura do "L Report" é o relatório "Hot Sheet" criado por Irmã Zandl, considerada, do ponto de vista do formato do negócio, a fundadora do negócio coolhunting. Zandl foi a criadora do termo "consumidor alfa" e, desde 1986, dedica-se à tarefa de caçar tendências jovens, algo que começou intuitivamente, pois ela afirma que desde o início ela sabia se algo se tornaria cool, mas não sabia como ela sabia disso. Daí porque Zandl montou a sua empresa e passou a buscar informações mais concretas, inventando um modo novo de analisar tendências e criando, com isso, toda uma indústria. Hoje, ela administra um grupo de 3.000 jovens, entre 8 e 24 anos, etnicamente, geograficamente e com gêneros diversificados que, com uma Polaroid na mão, e um questionário na outra, saem em busca do cool[12].

Mas, na era da internet, exigem-se métodos mais sofisticados de caça ao cool, na medida em que, segundo os próprios coolhun-

---

12 Só para se ter uma ideia, em 1983, quando dirigiu um comercial para a marca Walgreens, Zandl usou como fundo musical o "rap", em uma época em que nem mesmo ao sul de Nova York se sabia muito bem o que era o hip-hop. E, enquanto a empresa se recusou a levar o comercial ao ar, Zandl era constantemente consultada sobre a cultura jovem, tanto pelos que queriam vender aos jovens, quanto por estes últimos. Hoje, Zandl cruza as referências obtidas por sua própria empresa com outras fontes de dados (como dados do censo e pesquisas de opinião) e obtém uma publicação bimestral chamada HotSheet, vendida a um custo de 15.000 dólares por ano a clientes como General Motors, Coca-Cola e Disney. Dados contidos no artigo de Grosman (2003).

Coolhunters 29

ters, a internet torna o tempo do cool cada vez mais rápido e mais descartável. A Look-Look, empresa coolhunting de propriedade de DeeDee Gordon e Sharon Lee, foi criada para capitalizar em cima dessa própria tendência: dando-se conta de que lápis e papel já não correspondia mais ao tipo de pesquisa necessária a uma época na qual os jovens usam mensagens instantâneas, a Look-Look foi fundada a partir da implantação de uma metodologia de pesquisa baseada em informações on-line, com uma rede de cerca de 10.000 correspondentes de campo que vasculham a cultura jovem com câmeras digitais e enviam mensagens de festas, concertos e eventos esportivos para os especialistas em informações da cultura jovem da Look-Look estudarem cuidadosamente[13].

Segundo Lee, a internet é o grande recurso para ambos – os correspondentes e a Look-Look –, já que a possibilidade de aprender sobre coisas, com a velocidade com a qual a informação viaja, tem acelerado de tal modo que você realmente precisa de fontes em tempo real para dizer: é isto que está acontecendo agora. E "isto" está se movendo cada vez mais rapidamente. Lee lembra que, se antes as coisas levavam um ano e meio a dois anos para se moverem, agora isso pode levar apenas alguns meses. Daí a necessidade dessa grande rede em tempo real e, por conta dela, segundo as sócias da Look-Look, é possível se testar hipóteses com qualquer tipo e tamanho de amostra e obter respostas imediatas. O que Grossman (2003) reitera, ao assumir que é preciso respeitar a absoluta eficiência na coleta de informações da Look-Look, que extrai o que há de mais cool na cultura jovem com uma velocidade espantosa e em quantidades sem precedentes.

E extraem porque, segundo dados da Look-Look, seus correspondentes vivem na cultura jovem, não fora dela. Eles têm au-

---

13 Essas e as próximas informações sobre a Look-Look estão contidas na entrevista das suas dirigentes ao programa *The merchants of cool* – Gordon; Lee (2001)–, e no artigo de Grosman (2003).

tonomia para encontrar e informar sobre as coisas interessantes que estão acontecendo, dando insigths sobre o que poderá ser ou não embalado para consumo, baseados no que eles estão vivenciando, vendo acontecer, contra o que se poderia pensar que está acontecendo. Daí porque, quando realiza suas pesquisas, a Look-Look não busca apenas entender o que os jovens acham de roupas e cosméticos, mas de questões mais profundas, tais como suas esperanças, sonhos, o que eles pensam sobre o futuro, seus familiares.

O foco da Look-Look sobre a cultura jovem é defendido a partir de uma visão profundamente otimista da juventude que, segundo suas sócias, é uma cultura vibrante, excitante, em busca de sua própria identidade e de seus próprios pensamentos e questões. E por que os jovens se tornaram tão importantes? Antes de mais nada, por um motivo claro: a explosão demográfica. Atualmente, só nos EUA, eles são 33 milhões e consomem U$100 bilhões diretamente e U$50 bilhões pela maneira como influenciam seus pais a gastarem[14].

Mas Lee aponta outro fator: uma mudança tecnológica, com o boom da internet, que "deu a esses jovens um poder no interior da família, de tornarem-se os chefes tecnológicos de suas casas, está havendo um reforço no conceito de individualidade no interior desta cultura: são jovens que são pensadores originais, mas que não tiveram essa parte de suas personalidades aceitas pelo mundo em geral" (embora, contraditoriamente, um conceito genérico de juventude seja o paradigma por excelência para todo um mercado de consumo baseado no conceito de ser jovem). Segundo Lee, os jovens contemporâneos são otimistas, contrários ao pensamento adulto de que são angustiados, que odeiam coisas e que são obcecados em coisas como o que ocorreu em Columbine. E

---

14 Sinopse do programa *The merchants of cool* (2001).

elas também os acham muito educados, usando a internet para aprenderem desde questões políticas até como cozinhar. Por isso, Gordon e Lee consideram que há grande esperança e criatividade. E elas dizem que começaram a perceber isso já há alguns anos, quando todos achavam que os jovens só assistiam à MTV e elas perceberam que eles estavam interessados em se educar, acessando canais mais educativos como o Discovery, em busca do que estava acontecendo de novo. E, ainda segundo elas, isso não significa que eles também não busquem entretenimento, eles apenas provam que nós não podemos separar as coisas e unidimensionar as pessoas jovens.

Em uma perspectiva mais ampla e crítica do ponto de vista da inserção da cultura jovem na cultura de mercado, o texto de Marisa (2002) nos ajuda a entender o que seria essa cultura jovem, já que este conceito representa diferentes coisas em diferentes tempos e lugares. Na presente cultura dominante ocidental, a juventude pode ser tomada como um conceito, mais do que como uma idade grupal. Neste caso, ela é a promessa de possibilidade, a liberdade de agir por impulso, rebelião. Se pensarmos a juventude como uma idade específica, ela torna-se um tempo para estabilizar identidade e desejo, logo, torna-se um tempo para situar firmemente as regras e expectativas do nosso mundo social. Juventude é um estágio quando essas poderosas regras e expectativas são fortemente ditadas pela cultura de consumo e seus disseminadores tais como propaganda, música, filmes, televisão, revistas.

De modo geral, portanto, é na cultura jovem, tomada como subcultura, que se encontrará o que é cool. Mas é preciso fazer uma distinção entre a subcultura jovem marginal – criadora do cool – e a subcultura jovem de massa, que consome o cool. Referindo-se ao livro de Dick Hebdige – *Subculture: the meaning of style* – que discute a origem e a função da subcultura como reação à cultura dominante com uma contínua e forte posição de

32 Isleide Arruda Fontenelle

oposição, Marisa (2002) conclui que as corporações estão consistentemente atentas para construir uma ponte entre esse marginal – que resiste à cultura como status quo, que a questiona e que se torna, portanto, estabelecedor de tendências –, e o mainstream, consumidor das tendências. Daí a necessidade da criação de um sistema eficiente de observação, apropriação, estandardização e comercialização da cultura jovem e, consequentemente, a existência do coolhunter, operador de um sistema altamente complexo de pesquisa exploratória e mercado de nichos, a partir do qual as corporações buscam captar as mudanças e capitalizar em torno delas. A procura é por subculturas que possam produzir coisas que venham a ser "mercadológicas". Trata-se de um sistema de "venda de cultura" e ele é significativo em termos do poder e do potencial que dá à mídia, conglomerados e corporações para explorar, cooptar e apropriar a experiência e a expectativa do que significa ser uma pessoa jovem em nosso mundo social contemporâneo.

Logo, o que o coolhunter faz é oferecer não um modo de imitar a cultura jovem, mas as regras para atuar em seu interior. Daí porque o tipo de direcionamento que essas pesquisas do cool dão às empresas é o de oferecer uma maneira de se criar alguma coisa que irá apelar para o interior dessa cultura jovem, em um nível mais amplo. E as informações culturais obtidas são transmitidas aos clientes corporativos que, por sua vez, usam essas informações para transformar a "tendência" não apenas em um produto, mas, especialmente, em uma forma de comercialização que incorpore símbolos, imagens e temas em sua comunicação mercadológica, "para mostrar ao público-alvo que a empresa fala a linguagem deles"[15].

---

15 Rifkin (2001, p. 149). Neste mesmo parágrafo, o autor ainda nos diz que as empresas coolhunting enviam seus representantes a "campos de basquete do Harlem, aos pátios de colégio de Chicago, aos shoppings de

Coolhunters   33

Explica-se: há corporações que estão interessadas em pegar um produto que já existe e encontrar uma maneira de apelar à cultura jovem. E elas usam as informações obtidas pela empresa coolhunting para verificar se o produto irá mesmo interessar aos jovens ou se há uma maneira de torná-lo mais interessante. O mesmo ocorre com uma propaganda: as empresas querem testar se um anúncio irá ou não ser relevante para o público-alvo. Ou pode-se querer criar um novo produto ou uma nova marca visando um nicho específico. E usam-se as informações da coolhunting para inspirar os desenhistas do projeto, a ajudá-los a direcionar o novo produto no mercado e até mesmo em nomeá-lo e, então, eventualmente, testá-lo[16].

Portanto, mais do que uma forma de pesquisa sobre que produtos e serviços lançar, a caçada ao cool é uma maneira de compreender o que e como comunicar. Não por acaso, há uma relação profunda entre a ideia de cool e de marca publicitária, tendo em vista a força que a marca tem em comunicar um produto e o quanto o melhor dos produtos pode ser descartado em função de uma marca ser considerada "não cool". Como exemplo, Gladwell(1997) narra um episódio relacionado à marca de tênis Reebook, que passou a ser preterida pelos jovens do mundo inteiro em função da ascenção da Nike. Ele nos conta que um dos jovens entrevistados sobre um novo tênis Reebook teria dito que o tênis era realmente cool, e que gostaria de usá-lo, se ele não tivesse a marca da Reebook.

Atlanta, a parques de skate de Denver e a clubes de San Francisco em busca de recursos culturais interessantes que possam ser sondados e convertidos em ouro na publicidade e em vendas de varejo.

16 Informações dadas pelas sócias da Look-Look no programa *The merchants of cool* – Gordon; Lee (2001). Elas mostram como as marcas não descartam as pesquisas nem mesmo na escolha do nome de um perfume, caso da marca Calvin Klein, que as contratou quando queria escolher o nome do novo perfurme a ser lançado pela marca.

A transformação da Apple em uma das marcas mais cool da América torna ainda mais claro esse vínculo entre produto cool e marca cool: ao lançar o iPod ("player" de música digital) e o serviço de música on-line iTunes Music Store, além do PowerMac G5, a Apple teria se tornado, segundo os coolhunters, uma das empresas consideradas "mais quentes" na cultura jovem, seguida das marcas Coca-Cola, Levi's e Nike. A marca Apple tornou-se cool porque, segundo a coolhunter Claire Brooks (da empresa de pesquisa Lambesis), a empresa é uma grande criadora de tendências, de estilo de vida"[17].

Dá-se, portanto, uma volta no círculo: depois de pesquisadas as tendências mais cool na formatação dos produtos e serviços, é preciso que isto seja assimilado pelos chamados "inovadores", aqueles primeiros na cadeia dos que adotam o cool e espalham a tendência. E, segundo afirmam alguns coolhunters, eles precisam ser, realmente, convencidos de que algo é realmente cool, já que são os mais difíceis de serem convencidos por uma campanha de marketing. Mas uma empresa também pode intervir no ciclo do cool, fazendo uma celebridade considerada cool adotar os seus produtos. A Apple tornou-se uma marca cool entre os jovens também devido "ao fato de que as celebridades que eles consideram cool – como músicos, cineastas e designers – usam os produtos da empresa"[18].

Durante muito tempo, o espaço por excelência para a disseminação das tendências em meio à cultura jovem de massa foi – e ainda continua sendo em grande medida – a mídia. E, segundo uma vertente de leitura desse fato, isso teria resultado em uma relação simbiótica entre a mídia e a juventude, com uma olhando para a outra para constituir sua própria identidade, ao ponto de

---

17 Kahney (2003).
18 Palavras da coolhunter DeeDee Gordon no texto de Kahney (2003).

Coolhunters 35

se afirmar que a cultura jovem e a cultura da mídia são agora uma só coisa[19]. Por outro lado, observa-se outra leitura que aponta uma relação problemática entre os jovens e a mídia: uma relação de desconfiança e de desprezo por parte dos primeiros com relação ao que a mídia lhes oferece.

Segundo a leitura de Gordon e Lee (2001), "não é que esses jovens odeiem todo o mercado, todo o marketing e toda a mídia. É que eles sabem o que está sendo vendido, eles sabem tudo sobre marketing. Eles foram crescendo com a desconstrução da propaganda. E o que precisa ser feito é se criar algum tipo de conexão emocional com eles, onde eles possam estar interessados e eles respeitem você e sejam respeitados. E o desrespeito que geralmente ocorre é fruto de um entendimento muito superficial dessa cultura – de tomá-los como consumidores estúpidos. Mas a verdade é que eles querem honestidade, autenticidade da companhia. Não se trata apenas de vender o produto, mas estabelecer com eles um diálogo de longo tempo".

Daí a necessidade de se entender realmente a cultura jovem, segundo Gordon e Lee (2001), que acreditam que as pessoas espertas do mercado estão se perguntando como criar uma relação face a face, de diálogo com essa cultura. Como exemplo, elas falam da relação com o "marketing da raiva", produto do que seria uma maneira de ser dessa juventude. Há aqueles no mercado que partem das sutilezas, perguntando-se: se nada mais choca os jovens (porque eles estão expostos a tudo), como eu tomo tudo isto e crio outra forma de relação com eles? Como falar com eles de um modo real e não artificial? E, enquanto isso, os retardatários estão dizendo: bem, nós devemos apenas ser mais violentos ou mais extremos. Daí porque, segundo as sócias da Look-Look, pode-se dizer que 20% das companhias e agências de propaganda

---

19   Sinopse do programa *The merchants of cool* (2001).

estão vivendo nas sutilezas. Os outros 80% são os retardatários que irão segui-los: assim como os jovens, há também os clientes inovadores e aqueles que o seguem.

E o que esse retrato nuançado da cultura jovem aponta, juntamente com as novas formas de comunicação mercadológica adotadas pelos chamados clientes inovadores, é que a mídia está na berlinda, do ponto de vista de um espaço privilegiado da comunicação mercadológica. Não por acaso, os investimentos em propaganda estão caindo. Talvez, neste caso, a referência a uma das mais recentes campanhas publicitárias da Coca-Cola – que mostra a atriz Penélope Cruz arrotando – seja exemplar. Muito se discutiu a "criatividade" da campanha em busca de impacto junto ao telespectador, mas, especialmente, o quanto essa busca tem, hoje, um limite concreto: a dispersão da audiência com centenas de canais a cabo, videogames, internet, iPods e telefones celulares. Portanto, não basta apenas uma boa criatividade se, por trás, há a questão central: alguém irá ver? Quem irá ver? Como atingir o público? Ciente disto, um dos mais altos executivos da Coca-Cola admite a necessidade urgente de se repensar a abordagem da propaganda de marca, apostando nas parcerias entre a Coca-Cola e as empresas provedoras de entretenimento. Como consequência dessa aposta, foram inaugurados "espaços experimentais" em shopping centers nas cidades de Chicago e Los Angeles, lugares onde os adolescentes podem sentar, ver vídeos, ouvir músicas e, obviamente, beber Coca-Cola[20].

Na busca por espaços alternativos para comunicar suas marcas – por meio de produtos e serviços –, os marqueteiros apelam aos dados apontados pelos coolhunters: de que o produto será grandemente abraçado se ele apelar para o tipo de jovem que irá apontar as tendências junto a seus pares – o disseminador da

---

20 Dados obtidos na reportagem do *Financial Times* (2004).

Coolhunters 37

tendência – e, com isso, começar um processo de "propaganda boca a boca". Daí porque entender o cool é tão valioso para o marketing também do ponto de vista da comunicação do produto. É um atalho, especialmente no interior do negócio de moda e cinema, por exemplo, que são negócios que, segundo os analistas de mercado, têm uma forte dimensão de contágio social.

E a busca por esses espaços alternativos está chegando a tal ponto que as fronteiras entre o coolhunter e o publicitário estão se diluindo absurdamente. Não por acaso, os coolhunters já estariam selecionando jovens representativos de seu nicho, que são pagos para convencer, por meio da propaganda boca-a-boca, outro número significativo de jovens pessoas a comprar certos produtos. Esta prática estaria sendo utilizada baseada na crença de que as pessoas jovens acreditarão em outras pessoas jovens, mais do que na mídia (Marisa, 2002).

Tal fato guarda uma relação muito próxima com o que tem sido praticado como "marketing oculto", uma nova técnica de comunicação de um produto que parte do princípio de que está cada vez mais difícil alcançar a atenção do consumidor por meio do anúncio tradicional[21]. Devido a isso, as agências de publicidade da Madison Avenue têm desenvolvido uma forma de apresentação do produto de maneira que não provoque resistência no possível consumidor, simplesmente porque ele não sabe que se trata de uma abordagem do mercado.

Algumas técnicas deste "marketing oculto" foram apresentados em um programa do "60 minutes"[22] de forma detalhada, a

---

21 O artigo de Eisenberger (2002) – "It's an ad, ad, ad, world" –, veiculado na revista *Time*, discute a crescente perda de efetividade do comercial de 30 segundos, junto a um questionamento da própria efetividade da TV.

22 Dados de reportagem de Safer (2003) no Programa *60 minutes* intitulada "Undercover Marketing Uncovered". Esta reportagem foi exibida originalmente nos EUA em 23 out. 2003. O caso do menino de treze

partir de três quadros específicos: uma nova luva para jogadores de videogames, um telefone celular que tira fotos, o lançamento de um novo filme. No primeiro caso, dois "agentes ocultos" foram a uma cafeteria Starbucks e começaram a brincar com a luva, de modo a chamar a atenção dos presentes para aquele gadget – o que, de fato, aconteceu. No segundo caso, em uma campanha chamada "turistas falsos", um casal de "agentes ocultos" aborda algumas pessoas na rua pedindo a elas que tirem fotos com seu novo celular, a fim de fazer com que essas pessoas conheçam o produto. No terceiro e último caso, um adolescente, de 13 anos, entra em uma sala de bate-papo e começa a falar de um filme, visando que o assunto venha à tona e o filme seja discutido e, obviamente, gere interesse de ser visto.

Não por acaso, o professor de comunicação de uma universidade em Vancouver, Gary McCarron, adverte que o público está, mesmo, imune à propaganda tradicional e que as novas pesquisas indicam que a propaganda que não parece propaganda é o novo modo de captar mentes "esgotadas" pelo excesso de anúncios comerciais (Ritter, 2003). Portanto, esse é um assunto que já está fazendo parte da pauta do novo marketing, embora as problemáticas questões éticas que está levantando estejam apenas começando.

A principal delas é que a comunicação mercadológica rompeu as fronteiras da mídia e embrenha-se, cada vez mais, na comunicação de uma forma mais ampla; e esta torna-se cada vez mais comercial. Já sabemos o quanto a relação entre mídia e mercado tem sido profundamente debatida, questionada, problematizada. Mas, se a comunicação mercadológica está invadindo outros campos da sociabilidade humana, para além do espaço midiático,

---

anos guarda uma relação muito próxima com o dos correspondentes das empresas coolhunting: ele é, de fato, fanático pelo filme e é um dos 350 voluntários que foi contratado pela empresa para fazer esse trabalho em troca de camisetas e pôsteres do filme.

isso nos mostra transformações não apenas nos meios midiáticos, mas na própria comunicação social, indicando novas configurações sócio-culturais e, especialmente, novas relações de poder em curso que precisam ser melhor investigadas.

BIBLIOGRAFIA

Blecher, Nelson. "A reinvenção da propaganda". In: Revista *Exame*, no. 24, 26/11/03.

Deleuze, Gilles. "O ato de criação". *Folha de S. Paulo*. São Paulo, 27 jun. 1999. Mais!, p. 4.

Eisenberger, Daniel. "It's an ad, ad, ad, world". *Time*. 02 set. 2002.

Ewen, Stuart. "Leo Burnett: Sultan of Sell". Revista *Time*, v. 152, n. 23, p. 92-95, 07/12/98 (Special Issue: Builders and Titans of the 20th. Century; Latin American Edition. p. 94).

Financial Times. "Vender a imagem da Coca-Cola é uma tarefa difícil. Trad. Danilo Fonseca". 10 mar. 2004. Disponível em: <http://noticias.uol.com.br/midiaglobal/fintimes/ult579u1021.jhtm>. Acesso em: 11 mar. 2004.

Fontenelle, Isleide. *O nome da marca: mcdonald's, fetichismo e cultura descartável*. São Paulo: Boitempo Editorial/Fapesp, 2002.

Gibson, William. "Pattern Recognition". Entrevista concedida à *Folha de S. Paulo*. Ilustrada, 03 jun. 2003.

Gladwell, M. "The merchants of cool: interviews". *Frontline*. PBS. WGBH, Boston, MA. 27 fev. 2001. Disponível em: <http://www.pbs.org/wgbh/pages/frontline/shows/ cool/interviews/gladwell.html>. Acesso em: 22 jul. 2004.

Gladwell, Malcolm. "The coolhunt". *The New Yorker*. 17 mar. 1997. Disponível em: <http://www.gladwell.com/1997/1997_03_17_a_cool.htm>. Acesso em: 22 jul. 2004.

Goldenstein, T. Gisela. *Comportamento do consumidor e estudos de tendências*. São Paulo: Fundação Getúlio Vargas. Núcleo de Pesquisas e Publicações. Série Textos Didáticos II, 1990.

40 Isleide Arruda Fontenelle

Gordon, D.; Lee, S. "The merchants of cool: interviews". *Frontline*. PBS. WGBH, Boston, MA. 27 fev. 2001. Disponível em: <http://www.pbs.org/wgbh/pages/frontline/shows/cool/interviews/gordonandlee.html>. Acesso em: 22 jul. 2004.

Grossman, Lev. "The quest for cool". *Time*. 08 set. 2003. (Special Report: What's Next).

Hobsbawm, Eric. *Era dos extremos*: o breve século XX, 1914-1991. São Paulo: Companhia das Letras, 1995.

Jameson, Fredric. "Fear and loathing in globalization". *New Left Review*. n. 23, September-October, 2003.

Kahney, Leander. "Apple vira preferência entre jovens". *Wired News*, 04 set. 2003. Disponível em: <http://br.wired.com/wired/cultura/0%2C1153%2C14156%2C00 .html>. Acesso em: 22 abr. 2004.

Lagneau, Gérard. *A sociologia da publicidade*. São Paulo: Cultrix e Edusp, 1981.

Marisa, Princess. "Style Biters: the commodification and commercialization of youth culture". *Individualized Studies Thesis*. Course Director John McCullough. 11 jun. 2002. Disponível em: <www.princessmarisa.com/media/stylebiters.doc>. Acesso em: 22 jul. 2004.

Marshall, Leandro. *O jornalismo na era da publicidade*. São Paulo: Summus Editorial, 2003.

Ries, Al & Ries, Laura. *As 22 consagradas leis de marcas: como transformar seu produto ou serviço em uma marca mundial*. São Paulo: Makron Books, 2000.

Ries, Al.; Ries, Laura. *A queda da propaganda: da mídia paga à mídia espontânea*. Rio de Janeiro: Campus. 2002.

Rifkin, Jeremy. *A era do acesso: a transição de mercados convencionais para networks e o nascimento de uma nova economia*. São Paulo: Makron Books, 2001.

Ritter, Jana. "Buyer Beware: uncovering undercover advertising". *The Galt Global Review*. 18 mar. 2003. Disponível em: <http://www.galtglobalreview.com/business/ buyer_beware.html>. Acesso em 22 jul. 2004.

Safer, Morley. "Undercover Marketing Uncovered". *60 minutes*. CBSNews. 23 out. 2003. Disponível em: <http://www.cbsnews.com/stories/2003/10/23/60minutes/printable 579657.shtml>. Acesso em 12 mar. 2004.

Schwartz, Gilson. "Prefácio" in: Martins, J.R. & Blecher, Nelson. *O império das marcas*. São Paulo: Negócio Editora, 1997.

Sennett, Richard. *O declínio do homem público: as tiranias da intimidade*. São Paulo: Companhia das Letras, 1988.

"The Merchants of Cool: A report on the creators and marketers of popular culture for teenagers". *Frontline*. Narr. Douglas Rushkoff. Writ. Rachel Dretzin. Dir. Barak Goodman. Prod. Barak Goodman and Rachel Dretzin. PBS. WGBH, Boston, MA. 27 feb. 2001. Disponível em: <http://www.pbs.org/wgbh/pages/frontline/shows/cool/>. Acesso em: 22 jul. 2004.

Zyman, Sergio. *O fim do marketing como nós conhecemos*. Rio de Janeiro: Editora Campus, 1999.

nas tramas da rede

a internet e o consumo de música digital

Gisela G. S. Castro[1]

Introdução

Reconhecido como um importante codificador social, o consumo vem crescentemente ocupando um lugar de destaque nas investigações das dinâmicas socioculturais contemporâneas. Entendido como sistema de representação e classificação simbólica, o consumo faz parte dos rituais de socialização por meio dos quais os indivíduos modulam suas subjetividades e se relacionam com o meio social. Nesse jogo simbólico, práticas de consumo e perfis identitários são constituídos simultaneamente, em um cenário de mercado globalizado, com seus jogos de inclusão e exclusão.

---

1 Psicóloga (IP-UFRJ), Doutora em Comunicação e Cultura (ECO/UFRJ) docente do Mestrado em Comunicação e Práticas de Consumo da Escola Superior de Propaganda e Marketing (ESPM), São Paulo.

44   Gisela G. S. Castro

Verifica-se que as principais estratégias do discurso publicitário teriam como finalidade última associar marcas, bens e serviços a significados simbólicos intangíveis que configuram o imaginário social. Mais ainda, de modo a atingir este objetivo, os significados simbólicos escolhidos para cada campanha devem favorecer a identificação com a experiência subjetiva dos consumidores que perfazem o público-alvo daquela marca, serviço ou produto. Somada à sua função mais imediata de informar sobre novos lançamentos, vemos que a publicidade participa substancialmente da disseminação e padronização de valores subjacentes a estilos de vida e interações sociais. Numa época em que há uma predominância de bens e serviços muito semelhantes, a marca ou grife funciona como característica de distinção e classificação em um mercado fortemente segmentado.

Embora se possa dizer que, a rigor, todo o consumo é um ato cultural, denomina-se consumo cultural o conjunto de práticas que envolvem a recepção de bens culturais tais como a literatura, o teatro, o cinema e música, por exemplo. Desde Adorno e Horkheimer, que cunharam o conceito de Indústria Cultural para descrever novos modos de produção e recepção de bens simbólicos no bojo da então nascente cultura de massas, observam-se importantes transformações nas estratégias e práticas culturais, tendo hoje como principais operadores desenvolvimentos tecnológicos como a microinformática digital.

O fim do século XX assistiu à emergência e exponencial proliferação das tecnologias digitais na produção e consumo de música. No começo da década de 1980, os CDs chegaram ao mercado como os primeiros produtos digitais consumidos em massa. Na mesma década, e causando um estardalhaço na produção musical, foi introduzida a Music Intrument Digital Interface, mais conhecida pela sigla MIDI. Graças a essa interface, sons de instrumentos musicais puderam ser sintetizados e codificados digitalmente.

Toda uma geração de telefones celulares tornou célebres os toques de chamada (ringtones) em formato MIDI. Concomitantemente, graças ao avanço da microeletrônica, estúdios digitais caseiros tornaram-se acessíveis e funcionais.

Em meados da década de 1990, foi lançado o Netscape Navigator, implementando a célere adoção internacional da internet. Ao longo daquela mesma década, o padrão MP3 de compressão de arquivos de áudio (lançado em 1994) e as tecnologias peer-to-peer como o Napster (lançado em 1999) tornaram a internet um importante meio de distribuição de música. Líder mundial no uso residencial da internet, o Brasil também lidera o volume de visitas a sites de música.

Este estudo focaliza o consumo de música, destacando apropriações sociais e mercadológicas de novas tecnologias digitais na estruturação dos modos de escuta e práticas de consumo. Visamos traçar uma cartografia das novas modalidades de consumo musical via internet, elaborando uma análise de suas principais estratégias.

Inegavelmente, a compressão espaço-temporal propiciada pela instantaneidade dos fluxos eletrônicos favorece a instauração de significativas novas práticas e experimentações no contexto que se convencionou chamar de cibercultura.

Devido ao permanente processo de negociação entre antigas e novas tecnologias que caracterizam a cultura contemporânea, cabe frisar que não se está tomando partido aqui da abordagem que pensa a cibercultura em ruptura com o processo histórico-social que antecede a emergência das novas tecnologias de informação e de comunicação (TICs). Sabemos que nossas subjetividades são em grande parte constituídas pelo jogo comunicativo que estabelecemos com os meios. Da mesma forma, sabemos que o desenvolvimento desses meios está diretamente ligado aos diferentes modos de apropriação social aos quais estão sujeitos.

46 Gisela G. S. Castro

Considerando-os como parte integrante dos mecanismos de modelização social, evita-se o equívoco de reificá-los, caindo em descabido determinismo tecnológico, já denunciado por Raymond Williams[2] (1974), dentre outros autores. Importa aqui observar o papel desempenhado pelas TICs e o consumo cultural no conjunto de dispositivos de subjetivação com os quais interagimos.

Sabemos que desde a segunda metade do século passado o boom da indústria fonográfica, incentivado pelos diferentes meios de comunicação, tornou a prática de ouvir música cada vez mais disseminada no quotidiano de grandes parcelas das populações do planeta. A ubiquidade dos potentes sistemas de som de automóveis e residências redesenha a ambiência sonora bem como a nossa escuta. Destaca-se ainda a onipresença dos telefones celulares e dos mais variados tocadores portáteis de música digital, que já fazem parte do vestuário urbano atual. Equipados com fones de ouvido, estes aparelhos garantem o fruir musical na privacidade dos ouvidos de seus portadores, não importa onde estejam.

A prática cada vez mais disseminada de escutar música em qualquer lugar e a qualquer momento, mesmo durante a realização de outras tarefas, faz que ouvir música seja um comportamento emblemático do contemporâneo. A sedutora ideia de personalizar o ambiente sonoro individual, criando um espaço acústico próprio e sob medida, parece cativar mais e mais fãs de música de todos os gêneros e estilos em um contexto em que o nomadismo dá a tônica. Sendo a música um dos mais populares produtos de consumo, a portabilidade da música digital tem sido apontada como um dos principais fatores que transformam a música no carro-chefe da economia digital atual.

---

2 Em: *Television: technology and cultural form*. Londres/Nova York: Routledge, 2003.

Talvez se possa compreender este comportamento de encapsular-se em um envelope acústico personalizado como forma codificação social, denotando o pertencimento do usuário-ouvinte, especialmente dentre o público jovem, a esta ou aquela tribo urbana. O conceito de tribo que está sendo utilizado nesta reflexão sobre Música e Internet remete aos estudos de Maffesoli[3] (1987) e Lemos[4] (2002), dentre outros autores, que identificam nesses coletivos novas formas de sociabilidade que seriam características de nossa cultura atual. Como afirma André Lemos, "entramos no ambiente social onde a dimensão estética e hedonista impregna todos os aspectos da vida contemporânea". (2002:69)

Sem pretender desfazer do importante conceito de classe social, que parece fazer especial sentido em países que apresentam graves desigualdades socioeconômicas, as tribos seriam caracterizadas como coletivos reunidos pontualmente por meio de laços afinitários em torno do lúdico, do imaginário, dos pequenos acontecimentos quotidianos, enfatizando o momento imediato e sem maiores preocupações com contratos futuros. Seriam instâncias gregárias, por vezes efêmeras, em que o estar junto visa poder compartilhar impressões, sentimentos, pequenos prazeres, diversão. Seus códigos, frequentemente transitórios, parecem ser estabelecidos pontualmente e reforçados por meio de sua representação nos diversos meios de comunicação. Pode-se entender essas tribos como sintomas de novos modos de produção de subjetividades, jogos identitários plurais cujos contornos seriam demarcados por determinados tipos de práticas de consumo e pela recepção coletiva e compartilhada de certos bens culturais, por exemplo.

---

3 Em: *O Tempo das Tribos:* o declínio do individualismo nas sociedades de massa. Rio de Janeiro: Forense.

4 Em: *Cibercultura:* tecnologia e vida social na cultura contemporânea. Porto Alegre: Sulinas.

48   Gisela G. S. Castro

No contexto dos meios eletrônicos, a lógica que rege a construção e veiculação de perfis identitários em redes de relacionamento como o Orkut, por exemplo, estabelece certa primazia para indicações de pertencimento a este ou aquele coletivo que tenha a música como mote. Esse pertencimento pode ou não indicar uma participação ativa nas comunidades selecionadas. Em muitos casos, ele serve apenas para indicar gostos e preferências musicais, vistos como importantes elementos na constituição de perfis identitários por meio dos quais interagem os diferentes usuários.

Percebe-se que a plasticidade das tecnologias digitais e as possibilidades abertas pela microinformática vêm contribuindo para modificar ainda mais radicalmente as formas de escuta ao tornar difusas as fronteiras entre consumidores e produtores, autores e editores, ouvintes e distribuidores, original e cópia. Nesse sentido, importa analisar e discutir a influente presença dos meios digitais como vetores na constituição de novas formas de acesso aos bens culturais.

Ao longo de nossa pesquisa, investigamos as práticas de consumo tornadas possíveis pela entrada em cena de novas tecnologias de gravação, manipulação, distribuição e reprodução de música em formato digital. Trata-se de estudar as transformações que tensionam as modalidades mais convencionais de produção, distribuição e recepção de produtos culturais, ocasionando novas modalidades de consumo. Como exemplo, a prática crescentemente disseminada do download (gratuito ou não) de faixas musicais, agora colecionadas em gigabytes. De certa forma, essa prática desestabiliza o CD como produto final de um trabalho de composição, desafiando a formatação comercial convencional da escuta. Como decorrência, percebe-se uma clara reorientação no mercado fonográfico, especialmente na era pós-Napster. Este sistema pioneiro de permuta on-line de arquivos de música chegou a aglutinar milhões de usuários no ano 2000, deflagrando pro-

Nas tramas da rede   49

fundas transformações ainda em curso nas práticas de consumo e distribuição de música digital.

O significativo crescimento do consumo de música digital nos últimos três anos pode ser creditado, em parte, aos altos investimentos na estruturação e regulamentação do mercado; à proliferação dos tocadores de MP3 e outros dispositivos portáteis de armazenamento e reprodução de música digital; à consolidação de redes peer-to-peer mencionadas acima e também ao aumento da largura de banda de transmissão de dados por via internet. Essa combinação de elementos, aliada ao forte esquema promocional que acompanha lançamentos no setor de eletroeletrônicos, contribui para fomentar práticas de consumo que apenas começam a ser examinadas do ponto de vista acadêmico.

Internet e Consumo no Brasil e no Mundo

Como condição de possibilidade de alcançar os objetivos de mapear e analisar estratégias em transformação no consumo musical por via internet, iniciamos nossa discussão com um levantamento dos principais indicadores que nos possibilitam situar nosso campo de estudo: a internet propriamente dita e, em especial, o mercado fonográfico. Verificamos que o Brasil ocupa o sétimo lugar em termos de acesso domiciliar à internet no mundo, sendo extremamente destacada a liderança norte-americana nesse quesito. Paradoxalmente, o Brasil é líder mundial no uso residencial da rede, com pouco mais de 12 milhões de internautas ativos navegando uma média de 18 horas por dia[5].

Dentre os usuários de internet residencial, em termos proporcionais, os brasileiros são campeões em visitas a sites de música.

---

5   Dados relativos a dezembro 2005 e janeiro 2006, fornecidos pelo Ibope/ NetRatings.

50   Gisela G. S. Castro

Como a transmissão de arquivos de áudio por via internet, mesmo compactados por meio de padrões de compressão como o MP3, requer o acesso banda larga, é importante saber que mais de 60% de nossos internautas ativos residenciais já utilizam banda larga[6].

Tendo em vista as desigualdades sociais no Brasil, não surpreende que o uso do computador e o acesso à internet revelem-se mais concentrados nas regiões e camadas de população mais ricas. Sobre acesso à internet nos municípios brasileiros, o IBGE informa que pode ser observado um alcance um pouco maior do que a TV a cabo, embora ainda seja baixo o acesso a ambos os tipos de novas tecnologias no País.

No que diz respeito à faixa etária e à escolaridade do nosso internauta, constata-se que a população mais jovem e mais escolarizada responde pela maior parte do uso do computador e da internet no Brasil. De fato, confirma-se a tendência de que quanto maior a renda, maior a escolaridade e menor a faixa etária, maior o interesse e acesso a novas tecnologias.

Nosso internauta é predominantemente um indivíduo jovem, alguém que cresceu e entrou na idade adulta já tendo a internet como realidade quotidiana. Dentre os internautas brasileiros, quase 21% são crianças e jovens abaixo de 16 anos. Importa destacar ainda que, mesmo que não tenha acesso à Internet em sua residência já que muito poucos domicílios das classes D e E possuem computador, nosso internauta das classes menos favorecidas consegue navegar da escola, trabalho, lan house ou casa de parentes ou amigos, marcando presença na rede.

Dentre as atividades que mais atraem a atenção do internauta brasileiro estão aquelas relacionadas com comunicação e relacionamento, além de visita a grandes portais (Como UOL, Globo. com, etc); buscadores como o Google, Yahoo etc. e instituições

---

6   Dados relativos a janeiro de 2006, fornecidos pelo Ibope/NetRatings.

financeiras, especialmente bancos e operadoras de cartões de créditos. Percebe-se a comunicação como atividade majoritária, caracterizando o internauta brasileiro como alguém que utiliza a rede primordialmente para estabelecer ou consolidar laços e relacionamentos interpessoais. A enorme popularidade de redes como o Orkut no Brasil demonstra essa tendência, sendo a presença brasileira dominante e o português língua franca em inúmeras comunidades virtuais no Orkut.

O e-mail, ou correio eletrônico, responde por mais da metade das atividades realizadas na internet brasileira. Sua popularidade parece estar relacionada ao fascínio da comunicação por meio dos fluxos instantâneos e ubíquos que perfazem a web, aliado à sua extrema praticidade. Embora o spam, ou lixo eletrônico, seja um problema crescente juntamente com os vírus que são disseminados por meio de mensagens eletrônicas, o e-mail tem servido para conectar pessoas, empresas e governo de forma eficiente.

Ocupando a segunda e a terceira colocações, outras duas atividades também funcionam como agregadores sociais: o Chat, ou bate-papo eletrônico, e a Mensagem Instantânea, mais conhecida pelas siglas em inglês IM (instant messenger) e SMS (simultaneous message system). Para atender ao primeiro caso, encontram-se serviços e salas de bate-papo sobre os mais variados temas e assuntos na web, disponíveis em caráter permanente. Quanto ao segundo, modalidade preferida entre os jovens internautas, destaca-se neste fórum o surgimento de uma nova forma de linguagem baseada em abreviaturas e signos não verbais, o que é compatível com a velocidade de digitação requerida pelo sistema. Essa modalidade de comunicação tem se tornado popular entre usuários de telefonia móvel, que utilizam o SMS para trocar mensagens de texto (ou "torpedos") uns com os outros. O Brasil é também líder mundial na utilização de serviços de mensagem instantânea, o que é creditado ao perfil predominantemente jovem do nosso usuário.

A música ocupa uma parcela bastante significativa do total de atividades desempenhadas pelos internautas brasileiros. Importa ressaltar que a música está entre as categorias que apresentam maior crescimento, em meio à tendência geral da diversificação do uso da internet no País. O aumento de penetração da banda larga, o crescimento na oferta de downloads de música legalizados e a popularização dos tocadores portáteis digitais, além de telefones celulares de última geração, são tidos como responsáveis por esse crescimento exponencial. Esses dados parecem confirmar nossa hipótese acerca da consolidação de novas estratégias e práticas de consumo musical no âmbito da internet.

Para finalizar esse segmento, vimos que dentre os principais usos da internet no Brasil destacam-se as diversas formas de sociabilidade on-line. Nesse contexto, chama a atenção o crescente volume de comunidades virtuais, chats e blogs que têm a música como tema principal. Dados como esses servem para corroborar nossa formulação de que o consumo de música pode ser tomado como prática emblemática na cultura atual.

RECONFIGURAÇÃO NA INDÚSTRIA FONOGRÁFICA

Importantes fontes de dados para esta investigação em curso sobre o consumo de música na internet são a ABPD (Associação Brasileira de Produtores de Discos) e a IFPI (International Federation of the Phonographic Industry), da qual a primeira é filiada. Embora os dados disponibilizados pela ABPD sejam referentes a pesquisas realizadas até o ano de 2004, algumas importantes tendências já podem ser observadas nos resultados apresentados. Dados divulgados pela ABPD acerca da diversidade de pontos de venda de música no Brasil permitem observar a baixa pregnância do consumo de música por via internet de 2001 a 2004 e a alta, porém decrescente, concentração do consumo de música por meio de lojas especializadas.

Ao cruzarmos esses dados com estudos do IBGE que indicam que aproximadamente 65% dos municípios brasileiros não possuem livrarias nem lojas de discos e fitas, percebemos mais claramente a especificidade do mercado nacional. Segundo o mesmo estudo, a existência de videolocadoras em nossos municípios é maior do que a de livrarias e lojas de discos e fitas.

Comparando com dados relativos ao comércio eletrônico no País, vemos que CDs e DVDs despontam como campeões de vendas, com quase 18% do total. O mesmo levantamento aponta a popularidade da venda eletrônica de livros, tanto em suporte digital quanto na forma impressa. Considerando a grande importância da música para os brasileiros, fica demonstrada a relevância do binômio necessidade-oportunidade no que diz respeito a modelos alternativos de consumo e negócios no país.

Hoje dominado por quatro grandes indústrias, que por sua vez participam de gigantescos conglomerados transnacionais cujos interesses são diversificados, estendendo-se a múltiplos e diferentes setores, o mercado fonográfico é composto ainda por gravadoras, produtoras e selos regionais e independentes que se valem de tecnologias digitais e da segmentação em larga escala propiciada pela internet para buscar sua viabilidade econômica. O quadro abaixo demonstra a distribuição atual de seus principais componentes, com indicação da fatia de mercado ocupada por cada uma das "quatro irmãs", desde a fusão das gigantes Sony e BMG em julho de 2004.

Universal Music Group (França / EUA)	**25,5%**
Sony BMG Music Entertainment (Japão / Alemanha)	**21,5%**
EMI Group (Reino Unido)	**13,4%**
Warner Music Group (EUA)	**11,3%**
Outros	**28,4%**

Fonte: IFPI 2006

Esta dominação se torna evidente na forma como o mercado fonográfico está orientado para todo o tempo promover os produtos das quatro principais gravadoras, deixando pouco espaço para produções alternativas no jorro majoritário midiático-mercadológico de difusão e distribuição. Dessa forma, os principais jornais, revistas, programas de rádio e TV, filmes etc. são controlados pela indústria fonográfica por meio de dispendiosos esquemas de marketing cultural que incluem os famosos "jabás". Os altos investimentos em produção e distribuição e a sempre fugaz preferência do público consumidor como target fazem que a indústria opere com extrema cautela de modo a reduzir seus riscos. Sua seleção atende a critérios muito mais mercantis do que culturais, o que contribui para reduzir a diversidade (e possivelmente também a qualidade) na cena de música massiva.

Acostumada durante décadas a dominar toda a cadeia produtiva – da gravação à distribuição – esta indústria se viu ameaçada pela utilização não hegemônica de tecnologias que, por exemplo, permitem que produções minoritárias obtenham níveis de qualidade profissional. Selos independentes proliferam num mercado em que não é mais necessário ser grande para ser bom. Entretanto, o escoamento da produção independente pode se constituir num problema em um cenário global dominado pelas grandes corporações transnacionais. Nesse contexto, a internet se configura como meio alternativo de distribuição e consumo. Destacam-se selos criados exclusivamente para distribuição de música em formato digital. Significativamente, o IFPI aponta a música como o principal fator de desenvolvimento do mercado digital, além de ser o mais popular produto do mundo industrializado.

Como dissemos, quase toda a música é distribuída hoje em formato digital. A tecnologia do CD (compact disc), que se tornou dominante nos anos 1980 e 90, quase tornando extinto o disco de vinil e as fitas cassetes, hoje convive com arquivos de áudio transmitidos diretamente por via Internet. Esses arquivos de dados digitalizados são estocados e reproduzidos nos HDs dos computadores domésticos ou em dispositivos digitais portáteis como o iPod e outros.

O desenvolvimento do padrão MP3 de compactação de arquivos de áudio digital tornou possível esta transformação nos modos de distribuição e consumo de música. Arquivos compactados em formato MP3 ocupam aproximadamente 1/12 do espaço de disco que os arquivos não compactados ocupariam, o que facilita sua transmissão e armazenamento.

Rapidamente adotado por fãs de música, o padrão MP3 foi também adotado por músicos desejosos de distribuir sua produção de maneira eficiente e barata, por via internet. Redes peer-to-peer (p2p) reunindo especialmente jovens internautas interessados em música, fossem eles músicos ou fãs, rapidamente fizeram do ciberespaço um reservatório de música diversificada e, acima de tudo, gratuita. Acessar e copiar essa música, que em trabalhos anteriores chamei de web music, tornou-se um must no começo dos anos

56 Gisela G. S. Castro

2000. A proliferação dos gravadores de CD nos computadores de uso pessoal, a boa qualidade das cópias caseiras, a facilidade de transmissão por meio da banda larga e o desenvolvimento dos players portáteis digitais colaboram para que boa parte dos internautas veja hoje a web como um reservatório ilimitado de música gratuita. Esse uso não hegemônico das TICs atinge diretamente a indústria fonográfica, forçando a sua reorganização. Podendo encontrar na web o conteúdo que deseja sem ter que pagar por ele, o consumidor habituado na prática do download gratuito dificilmente migra para sites comerciais. O desafio de tornar fácil, barato e atraente o consumo de música digital por meio de serviços legalizados tem sido preocupação constante da indústria fonográfica, especialmente nos últimos anos. Diversas iniciativas têm sido tomadas no sentido de criminalizar o download gratuito, com duras medidas judiciais contra sites e grandes usuários desses serviços além de campanhas educativas dirigidas especialmente ao público jovem e seus pais. Uma análise mais detalhada dessas ações foge ao escopo do presente trabalho[7].

Outra estratégia utilizada para incentivar o download comercial legítimo tem sido a progressiva e crescente digitalização do acervo das principais gravadoras. Só nos últimos três anos, o volume de músicas disponíveis (por faixa e por álbum) para download nos principais sites vem dobrando a cada ano.

Enfatizando que este é ainda um mercado em configuração, o Relatório de Música Digital 2006 elaborado pela IFPI aponta para um crescimento bastante significativo da participação da música digital por via internet ou por via telefonia móvel no cômputo geral das vendas de música em todo o mundo. Dentre os novos modos de escuta estimulados pela cena de digital, está o download à la carte, impulsionando o consumo por faixa (track)

---

7 Para análises desse tipo, ver Castro 2006 e 2007.

musical ou sequência (playlist) selecionada, como alternativa ao consumo por álbum completo.

A customização e a portabilidade dos ambientes acústicos individuais são estimuladas pelas coleções de música em formato digital. Dispositivos como os tocadores de MP3 e telefones celulares contribuem para esta expansão da música "pra viagem". Destaca-se ainda a escuta aleatória propiciada pelo shuffle, modalidade de seleção randômica presente em boa parte dos equipamentos e, finalmente, a escuta prolongada com visitas a sites de artistas e bandas, comunidades de fãs, etc. Sistemas eletrônicos de recomendação de música baseados em perfis estatísticos de consumo favorecem a expansão do repertório individual de cada consumidor. Considerando as gigantescas bases de dados dos principais provedores de conteúdo na internet, varreduras algorítimicas já podem ser modeladas com rigor e precisão.

Como estratégias promocionais e modelos de negócios relacionados com o consumo de música digital, além da facilidade da compra on-line de CDs e DVDs, de qualquer ponto e a qualquer hora, amostras grátis de 30 segundos de música geralmente são oferecidas pelos principais portais. Além disso, merecem destaque os pré-lançamentos exclusivos para download ou transmissão por via telefonia móvel e as ofertas exclusivas para encomendas adiantadas de álbums ou DVDs no comércio eletrônico, incluindo mixes inéditos de produtos.

Evidentemente, uma das mais polêmicas questões envolvendo a distribuição de música por via internet tem sido a proteção aos direitos autorais. Como ainda não se tem um padrão único que seja compatível com os diversos tipos de sistemas de distribuição e formatos digitais disponíveis no mercado, torna-se problemático o controle de cópias não autorizadas de material protegido por leis de copyright. Sistemas DRM (Digital Rights Management)[8] vêm sendo desenvolvidos, como o implantado no Windows Media Player, da Microsoft. Seu funcionamento leva-o a identificar individualmente o computador de cada usuário, monitorando assim o número de cópias de material protegido executado. Outra função de tecnologias DRM é a de impedir que conteúdo protegido possa ser disponibilizado na rede (upload) e copiado por terceiros. O streaming, outra forma de difusão por via internet, também pode ser bloqueado por programas DRM embutidos em CDs ou DVDs, por exemplo.

A diferença de formatos digitais e de tecnologias DRM torna incompatíveis conteúdos adquiridos em diferentes provedores, tanto para sistemas digitais de reprodução (virtual jukeboxes) nos computadores pessoais quanto para aparelhos portáteis de como Walkman e iPod, CD e DVD players, home theaters, consoles de jogos eletrônicos e sistemas de som de automóveis. No caso dos formatos, o MP3 continua sendo o mais universal, embora não seja o mais avançado em termos de qualidade de som. Quanto a tecnologias DRM, sua utilização crescente pode ser problemática. Em fevereiro de 2007, Steve Jobs o todo-poderoso da Apple, conclamou as gravadoras para a eliminação da proteção DRM. Algum tempo depois, o iTunes Music Store, loja on-line da Apple e líder do mercado downloads comerciais, passou a operar também com faixas não controladas por DRM, com melhor qualidade de som e vendidas a maior custo. Como parte da reorganização em curso, hoje algumas gravadoras começam a distribuir música sem restrição anti-cópia, que foi mal recebida pelos consumidores.

---

8 Também chamado, pelos seus detratores, de *Digital Restriction Management*.

Nas tramas da rede 59

CREATIVE COMMONS: DIREITOS AUTORAIS NA ERA DIGITAL

Em uma influente obra intitulada "Free Culture", Lawrence Lessig[9] defende a ideia de que os bens culturais devem ser entendidos como patrimônio comum da humanidade, não devendo ficar indefinidamente sujeitos ao tratamento mercadológico dispensado pelas práticas majoritárias da indústria cultural globalizada. Ao contrário do que possa parecer ao leitor mais desavisado, não se trata de uma proposta que implica o não reconhecimento dos direitos autorais. Como tantos outros, Lessig também acredita que o autor de uma obra criativa deva ser reconhecido – e remunerado. Entretanto, este defensor da cultura livre (também denominada cultura copyleft) propõe uma revisão cuidadosa das atuais leis de deireitos autorais, adequando a legislação aos interesses dos criadores atuais.

Segundo a discussão proposta, novos modos de produção, distribuição e consumo de produtos culturais estão sendo gerados pelo uso das tecnologias digitais. Isto torna relevante e necessária a elaboração de mecanismos alternativos de regulamentação dos direitos de propriedade intelectual em um ambiente em mutação. O argumento de Lessig a favor da liberalização dos direitos autorais baseia-se na compreensão de que as regras que valem para o mundo físico não se aplicam textualmente ao mundo dos bits e bytes. Ao se acessar uma obra por via internet – seja ela música, texto ou imagem – está se acessando, necessariamente, uma cópia. Por essa razão, regras restritivas à reprodução implicam em restrições ao acesso àquele produto digital.

As tradicionais leis de copyright consideram exclusivos, ou reservados, todos os direitos referentes à reprodução, modificação e

---

9 Advogado e professor de direito na Universidade de Stanford, o autor tornou sua obra também disponível para download gratuito, em:www. free-culture.cc (acesso em fev/2009).

60   Gisela G. S. Castro

distribuição de uma obra. As licenças alternativas propostas pelo coletivo Creative Commons, entidade fundada e dirigida por Lessig até alguns anos, reservam alguns direitos como exclusivos do autor, deixando livres os demais. Cabe ao artista que deseja disponibilizar uma obra na internet selecionar o tipo de licença que deseja atribuir a esta obra. A seleção atende aos tipos de direitos que ele deseja reservar ou liberar.

Considerações finais

A liberdade para apropriar-se de obras de domínio público, atualizando-as em novos arranjos e combinações tem sido importante parte do processo de criação de bens culturais em todos os tempos. Da pena de William Shakespeare ao hipertexto atual, de Haendel aos DJs, o patrimônio cultural da humanidade vem sendo fecundado por meio do domínio público. No que diz respeito às tecnologias DRM descritas acima, não se tem notícia de que sejam embutidos mecanismos que liberem as obras protegidas uma vez decorridos os prazos de vigência dos direitos autorais. É nesse sentido que a limitação do domínio público e a utilização indiscriminada de tecnologias restritivas levantam questões altamente preocupantes.

O aumento da penetração da internet e a crescente utilização de tecnologias digitais na produção, distribuição e consumo de bens culturais nos levam a constatar, no caso da música, significativas transformações em curso no mercado fonográfico. Apesar de fortemente dominado por quatro megacorporações transnacionais, o mercado hoje assiste a uma significativa proliferação de pequenos selos independentes, diversos dos quais especializados em formatos digitais.

Uma cartografia de novas práticas de consumo no âmbito do que denominamos web music deve levar em conta ainda a multiplicação de formatos e padrões incompatíveis, regidos por patentes que tornam seu uso exclusivo ou obrigam o pagamento

Nas tramas da rede 61

de royalties aos detentores dos direitos de propriedade intelectual. Além de limitar o acesso a obras protegidas, as restrições geram situações esdrúxulas, como a que impede que o mesmo arquivo de música seja executado no player portátil e no sistema de som do automóvel de seu proprietário.

Por fim, ao discutir a influência dos meios digitais como vetores na constituição de novas práticas de consumo de bens culturais na contemporaneidade, importa discutir a problemática questão da pirataria digital. A atualidade do tema ainda não permite análises conclusivas, sendo necessário examiná-lo em seus diversos ângulos, acompanhando os desdobramentos por vezes surpreendentes dos acontecimentos a ele relacionados.

REFERÊNCIAS BIBLIOGRÁFICAS

BERRY, Colin. *Music on the Internet*. São Francisco: Sybex, 1995.

BOLTER, J. D. & GRUSIN, R. *Remediation*: understanding new media. Massachusetts e Londres: MIT Press, 2000.

BORELLI, Silvia H. S. "Universalidades e singularidades juvenis: cotidiano, nomadismo, consumo cultural". In: Revista *Eco-Pós* vol. 6, n.1, Rio de Janeiro: UFRJ, 2003.

BRIGGS, A. & BURKE, P. *Uma história Social da Mídia*: de Gutenberg à Internet. Rio de Janeiro: Jorge Zahar, 2004.

BRITTOS, V. & OLIVEIRA, A. P. "Processos midiáticos musicais, mercado e alternativas". In: Revista *Comunicação, Mídia e Consumo*, vol. 2, n. 5. São Paulo: ESPM, 2005.

BURNETT, Robert. *The global jukebox*: the international music industry. Londres: Routledge, 1996.

CASTELLS, Manuel. *A Galáxia da Internet*: reflexões sobre a internet, os negócios e a sociedade. Rio de Janeiro: Jorge Zahar, 2003.

CASTRO, Gisela G. S. "Web Music: produção e consumo de música na cibercultura". In: Revista *Comunicação, Cultura e Consumo* n. 2. São Paulo: ESPM, 2004.

_____ "Novas posturas de escuta na cultura contemporânea". In: Revista *INTEXTO* vol. 1 , Porto Alegre: UFRGS, 2004.

_____"Podcasting e consumo cultural". In: Revista *E-Compós* n. 4, Brasília, 2005.

_____"As Tribos de Ciberouvintes". In: Revista *Logos* n. 22, Rio de Janeiro: UERJ, 2005.

_____ "Nas Tramas da Rede: estratégias no consumo de música digital". Relatório de Pesquisa publicado em Cadernos de Pesquisa ESPM, Ano II, n. 1, São Paulo: ESPM, 2006.

_____ "Não é propriamente um crime." In: Revista *Comunicação, Mídia e Consumo*, n. 10, São Paulo: ESPM, 2007.

COLEMAN, Mark. *Playback*: from the Victrola to MP3, 100 Years of Music, Machines, and Money. Cambridge, MA: Da Capo Press, 2003.

LEMOS, André. *Cibercultura*: tecnologia e vida social na cultura contemporânea. Porto Alegre: Sulina, 2002.

LESSIG, Lawrence. *Free Culture*: the nature and future of creativity. Nova York: Penguin Books, 2005.

LÉVY, Pierre. *Cibercultura*. Rio de Janeiro: Ed. 34, 2003.

MAFFESOLI, Michel. *O Tempo das Tribos*: o declínio do individualismo nas sociedades de massa. Rio de Janeiro: Forense, 1987.

SÁ, Simone P. & DeMARCHI, Leonardo. "Notas para se pensar as relações entre música e tecnologias da comunicação". In: Revista *Eco-Pós*. vol. 6, n. 2. Rio de Janeiro: UFRJ, 2003.

SPAR, Debora L. *Ruling the Waves*: cycles of discovery, chaos and wealth from the compass to the internet. Nova York: Harcourt, 2001.

STERNE, Jonathan. *The Audible Past*: cultural origins of sound reproduction. Durham & Londres: Duke University Press, 2003.

WILLIAMS, Raymond. *Television*: technology and cultural form. London & Nova York: Routledge, 2003.

Linguagens publicitárias e os meios digitais

Vinícius Andrade Pereira[1]

The art of advertising has wondrously come to fulfill the
early definition of anthropology as
"the science of man embracing woman"
Marshall McLuhan

---

1 Este artigo se inspira em reflexões elaboradas ao longo do desenvolvimento de duas pesquisas. A primeira delas, intitulada *Transficção: Narrativas Multilineares, Mídias Híbridas e Ambientes Pró-Branding*, foi desenvolvida ao longo do ano de 2006, no Laboratório de Mídias da ESPM-RJ, financiada pelo CAEPM – Centro de Altos Estudos em Propaganda e Marketing da ESPM. Esta pesquisa contou com a colaboração do aluno de iniciação científica Darwin Ribeiro. A segunda pesquisa, intitulada *Práticas de Comunicação em Redes Tele-informáticas e A Lógica das Linguagens Digitais - Construindo Modelos de Propaganda e de Marketing no Ciberespaço*, que teve a Prof.ª Andrea Hecksher como coautora, foi desenvolvida com o apoio do CAEPM, no ano de 2007. O autor agradece ao CAEPM e à ESPM-RJ as condições e o apoio dados, sem os quais o desenvolvimento de ambas as pesquisas não seria possível. O autor é Doutor em Comunicação. É professor da ESPM-RJ e, também, da Faculdade de Comunicação Social e do Programa de Pós-Graduação em Comunicação da UERJ, onde coordena a Linha de Pesquisa *Tecnologias e Cultura*. É, ainda, Diretor Científico da ABCiber e Pesquisador Associado do *McLuhan Program in Culture and Technology*, da Universidade de Toronto, Canadá.

É relativamente comum a ideia de que a vida de alguém que passa por uma experiência de quase morte, nos instantes que pareciam ser os derradeiros, apresenta-se como um filme para o desesperado em questão. É como se os momentos mais significativos da existência — por exemplo, o primeiro dia de escola, o primeiro beijo, a primeira transa, o primeiro emprego, o casamento, os nascimentos dos filhos etc. — se enfileirassem na forma de uma memória audiovisual, em uma bem cuidada edição, e por meio de uma narrativa linear contassem uma última vez, para o personagem principal da história, ao que se resumiu a sua existência.

Uma pergunta possível que um estudioso das mídias ou da cultura poderia fazer diante desta ideia seria: mas, como será que a própria vida passaria a este mesmo sujeito hipotético que quase morre se ele tivesse vivido em algum momento da história antes do aparecimento da tecnologia filme? De outro modo, pode-se indagar: há uma memória das próprias vivências que se estrutura naturalmente como gramática de um filme, isto é, reproduzindo uma realidade socialmente construída, de forma linear e coerente, independentemente da cultura em que se tenha vivido? Ou, ao contrário, a memória seria construída e moldada a partir das tecnologias de comunicação de cada época, e sendo o filme uma forma de expressão hegemônica na cultura ocidental nos últimos 60 anos, tal tecnologia se refletiria ainda hoje na estruturação dos relatos mnêmicos mais expressivos, como na rápida recuperação da história pessoal do indivíduo que quase morre?

Estas indagações iniciais podem alimentar todo um conjunto de reflexões que interessam para analisar os possíveis efeitos das tecnologias de comunicação nas sociedades. Mais especificamente, pensar até que ponto o encontro com as mídias digitais pode estar propiciando novas formas de narrativas a partir das quais novos modos de representação de si e do mundo podem estar

Linguagens publicitárias e os meios digitais   65

em processo e, assim, pensar como as dinâmicas das linguagens midiáticas evoluem e, em paralelo, como se transforma a cultura contemporânea.

Se o filme comparece como uma referência importante para se pensar os modos de produção de representações que chegam até a contemporaneidade, a televisão e, dentro desse meio, os filmes publicitários, têm relevante participação neste processo. McLuhan escreveu que

> Os historiadores e arqueólogos um dia descobrirão que os anúncios de nosso tempo constituem os mais ricos e fiéis reflexos diários que uma sociedade pode conceber para retratar todos os seus setores de atividades[2].

Se ainda podem ser válidas as palavras do pensador canadense, lançar um olhar para as linguagens publicitárias, para as formas que assumem na contemporaneidade, pode ajudar a compreender parte dos modos pelos quais as subjetividades dos públicos são constituídas hoje em dia, nas suas relações com os meios de comunicação. E isso pode significar alargar a compreensão acerca da própria cultura contemporânea.

Entretanto, reconhecendo que a história das linguagens publicitárias sempre esteve ligada à evolução dos meios de comunicação, chegar à contemporaneidade e se deparar com uma infinidade de artefatos que atendem pelo genérico nome de mídias digitais - PDAs, laptops, telefones celulares, TVs digitais, câmeras de vídeo e de fotografia digitais, computadores pessoais, iPods etc. — implica em reconhecer enormes dificuldades na empreitada de compreender como devem ser as linguagens publicitárias nesses novos meios. De imediato, duas estratégias parecem possíveis.

---

2   McLuhan, M. *Understanding Media*: The Extensions of Man, p. 206.

A primeira seria tomar os artefatos digitais como distintos e singulares, implicando em pensar para cada um deles um conjunto de características que os defina a partir da suas lógicas de funcionamento e, assim, pensar uma linguagem publicitária específica para cada um dos diferentes meios. Uma segunda perspectiva seria considerar todos os diferentes meios como representantes de um mesmo gênero — os meios digitais — e, assim, buscar uma lógica de funcionamento suficientemente abrangente, capaz de abarcar a todos eles, explicitando pontos fundamentais das suas dinâmicas, lógica sobre a qual deva ser montada as estratégias publicitárias para os meios que, afinal, não seriam tão diferentes assim. Essa perspectiva não deverá ser entendida como oposta e excludente em relação à primeira, desde que se compreenda que, em termos lógicos, diferentes linguagens para diferentes meios obedecerão a um conjunto de princípios comuns.

Os meios e seus espaços

Adotar a perspectiva de estudos dos meios que tomariam as mídias digitais como próximas entre si, para pensar uma lógica passível de ordenar as linguagens publicitárias, contudo, exigirá uma manobra teórica sutil, que consiste em deslocar a ênfase dos estudos das linguagens publicitárias das suas relações com os meios de comunicação em geral para as suas relações com os espaços engendrados pelos diferentes meios. Em outros termos, significa que para se pensar as características das linguagens publicitárias em meios distintos tais como um jornal, um rádio, ou uma TV, por exemplo, não se deve buscar compreender especificamente o que seja cada um desses meios em termos de suas características formais e funcionais, apenas, mas compreender os espaços que tais meios engendram, espaços esses que são tomados, apropriados, pelas linguagens publicitárias. Assim, a história da propaganda e, mais especificamente, do anúncio publicitário, dentre outras abordagens possíveis, poderia ser pensada por meio de uma história dos espaços, possibilitados por diferentes meios. A ideia de um espaço gerado por um meio deve ser entendida, inicialmente, diretamente relacionada com a ideia de extensão, que pode ser bi ou tridimensional, em que determinados eventos e ou acontecimentos ocorrem[3].

Por exemplo, o rádio irá propor um espaço que é a extensão dos comprimentos de ondas dentro das quais opera, extensão esta dentro da qual os eventos (a transmissão de uma mensagem sonora) se dão. Pensar um marco zero para a história que se quer seguir, das relações entre espaços midiáticos e espaços publicitários, significa partir da Modernidade. É somente a partir desse período, mais especificamente do final do século XVIII, que se pode falar de forma plena da constituição de sociedades de consumo. Assim, ao se voltar os olhos para as cidades modernas, serão dos espaços arquitetônicos e dos espaços gráficos dos meios de comunicação de massa que se deve ocupar.

As primeiras formas de anúncios publicitários irão ocupar os espaços das cidades de maneira difusa, por meio especialmente da ocupação dos muros e das paredes, e dos espaços em papel dos meios de comunicação de massa. No primeiro caso, meio seriam os cartazes, principalmente, e no segundo, os jornais, catálogos de lojas, revistas e impressos afins. Em ambos os casos, trata-se de um espaço limitado pelas variáveis largura, altura e comprimento, ou seja, por características bidimensionais, típicas do espaço visual gráfico. Considerar o espaço publicitário a partir das variáveis físicas inerentes à bidimensionalidade do espaço gráfico significa

---

3 Ainda, quando se falar de espaço dos meios para os objetivos desta investigação, será considerada inclusa a variável tempo que todo espaço midiático implica, uma vez que não podem haver acontecimentos a não ser que possuam alguma duração.

68   Vinicius Andrade Pereira

pensar que toda forma de anúncio publicitário, seja na forma de texto, seja na forma de imagens, estará constrangida pelas variáveis mencionadas, no ato da sua execução. Ou seja, aqui, como em qualquer outro meio de comunicação, valerá a máxima proposta por Marshall Mcluhan de que o meio é a mensagem[4].

Na virada do século XIX para o século XX, contudo, observa-se a emergência de novos espaços dentro da cultura urbana e massiva. Os meios eletrônicos de comunicação, particularmente o rádio e o cinema, inicialmente, e a TV, em seguida, irão possibilitar novos espaços, capazes de suportarem mensagens não mais determinadas exclusivamente por variáveis típicas do universo visual gráfico, mas, por outras, relativas ao tempo. Ou seja, as mensagens radiofônica, cinematográfica e televisiva irão inaugurar novos espaços publicitários, submetidos a novas varáveis, que não apenas aquelas típicas da mensagem visual gráfica. O tempo se impõe, assim, como uma nova variável condicionante da mensagem publicitária, dentro dos espaços eletrônicos.

Nesse ponto, pode-se observar a evolução dos espaços publicitários urbanos por meio de uma estrutura que poderia ser pensada na forma de camadas. Camadas espaciais. O desafio constante da linguagem publicitária será se adaptar às características de cada uma dessas camadas. Espaço das ruas, espaço dos meios impressos e espaço dos, então, novos meios eletrônicos: rádio, cinema e televisão. O próximo desafio a ser enfrentado pelas linguagens publicitárias será pensar como se constituir em um novo espaço: o ciberespaço[5].

---

4   McLuhan, M. *Op.cit.*

5   O termo Ciberespaço aparece primeiramente na obra de ficção científica *Neuromancer*, em 1984, do escritor William Gibson, designando um espaço paralelo, não físico, onde as relações comunicacionais e cognitivas são marcadas por uma instantaneidade e por uma dimensão lúdica possibilitadas pelo desenvolvimento das infotécnicas. Para uma apreciação crítica

Linguagens publicitárias e os meios digitais 69

O que se conjectura é a ideia de que os meios de comunicação possuem lógicas que estruturam seus espaços e suas linguagens e que, assim, toda linguagem publicitária deve falar a linguagem do meio em que se expressa, do contrário não será compreendida pelo público usuário do meio em questão. Mas, o que seria, afinal, a linguagem de um meio e como ela estaria ligada diretamente aos espaços gerados por este mesmo meio? Não há uma única e absoluta resposta a esta questão e apresenta-se, em seguida, qual o encaminhamento adotado neste estudo.

AS MATERIALIDADES DOS MEIOS E DOS SEUS ESPAÇOS

A ideia de linguagem de um meio deve ser entendida, neste artigo, como um conjunto de fatores que implicam as características materiais dos meios (e dos seus espaços), as características materiais do corpo humano e os usos dos meios (as práticas de comunicação). Avançar-se-á mais pausadamente sobre cada um destes elementos. A ideia de materialidades dos meios deve ser compreendida como o conjunto de características físicas dos próprios meios e dos espaços que estes meios engendram. Tal ideia foi desenvolvida, especialmente, pela Escola de Toronto de Comunicação, com os trabalhos de Harold Innis, Eric Havelock e Marshall McLuhan[6].

Os estudos pioneiros de Innis observaram como as características físicas de determinadas tecnologias da comunicação implicariam em tendências promovidas por tais tecnologias que afetariam diretamente não apenas os modos de certas culturas

---

desse conceito, ver Pereira, Vinícius A., *Ciberespaço: Um passo na dança Semiótica do Universo*, 2000.

6 Sobre a Escola de Toronto de Comunicação, ver Pereira, V. A, *Tendências das Tecnologias de Comunicação: da fala às mídias digitais*, 2004.

70 Vinicius Andrade Pereira

se comunicarem, mas até de se organizarem e de ocuparem um determinado espaço[7].

AS MATERIALIDADES DO CORPO

As materialidades do corpo, por sua vez, devem ser entendidas como o conjunto de características perceptivas e cognitivas que o humano apresenta como espécie, mais o conjunto de características culturais e acontecimentos fortuitos, de caráter pessoal — como um acidente, por exemplo — que marcam um corpo em termos de gostos, de habilidades variadas, como a destreza em tocar um instrumento ou de se movimentar em certa dança, dos prazeres sexuais, gastronômicos, das formas de percepções visuais etc[8].

A ideia de materialidade do corpo, tal como se emprega neste texto permite compreender melhor, não só as diferenças entre membros de diferentes culturas, mas também as diferenças entre membros de uma mesma cultura. Ou seja, se por um lado a cultura promove certas transformações e marcas no corpo por meio de técnicas de adestramento e de condicionamento — e com frequência utilizando os meios de comunicação como instrumentos dessas técnicas — os acontecimentos pessoais e fortuitos podem promover outras que alteram e singularizam os corpos, mesmo entre membros de um mesmo grupo social.

OS USOS DOS MEIOS

Os usos dos meios devem ser entendidos como as diferentes apropriações que uma dada sociedade faz dos meios e dos espaços

---

7   Cf. Innis, H., em *Bias of Communication*, 1951.

8   Nesse sentido, a ideia de materialidades do corpo está próxima daquela empregada por T. Csordas com o conceito de *embodiment*. Cf. Csordas, T., em *Embodiment and Experience*, 1984.

Linguagens publicitárias e os meios digitais   71

engendrados por tais meios. Assim, os usos dos meios deverão, em primeiro lugar, adequar-se às relações entre as materialidades mencionadas, de modo que qualquer linguagem midiática deva ser pensada, primeiramente, como submetida à condição sine qua non de respeitar os limites das materialidades dos meios e dos seus espaços, nas suas relações com os corpos. Isso significa que quaisquer mensagens ou signos emitidos por um meio apresentarão um conjunto de atributos físicos que deverá ser compatível com o conjunto de materialidades de um dado corpo, caso contrário o processo de comunicação estará prejudicado. Isto implica, diretamente, pensar um espaço físico onde estas relações entre materialidades se dão. Por exemplo, qualquer signo visual que não se expressar dentro dos limites de comprimentos de ondas luminosas que o olho humano enxerga, em um intervalo que vai, aproximadamente, de 400 a 700 nanômetros, não poderá ser visto e, consequentemente, não poderá fazer parte de processos de comunicação visual mais comuns.

Outro exemplo da questão aqui tratada poderia ser o processo de produção de ilusão de movimento do cinema, que só consegue esse efeito — fundamental para o desenvolvimento das narrativas fílmicas dramáticas e mesmo documentais — ao apresentar uma dinâmica de exposição de imagens aos olhos na ordem de 24 quadros por segundo. Para que o cérebro humano possa perceber imagens isoladas como um todo em movimento, é necessário que as imagens sequenciais se apresentem dentro de um ritmo de, no mínimo, 16 quadros por segundo. Sem o ritmo de 24 quadros por segundo, contudo, a ilusão do movimento realista se perde e o processo comunicacional pode se comprometer.

Por outro lado, há a questão dos usos dos meios, ou a dimensão social das práticas midiáticas. Ou seja, a forma como um grupo social se apropria de um meio poderá influir na linguagem deste meio, embora haja uma estrutura, digamos, mais profunda

72 Vinicius Andrade Pereira

da linguagem midiática que diz respeito às relações entre as materialidades dos meios, dos seus espaços e dos corpos, tal como exposto.

Quando se observa a questão do uso dos meios, se recorrermos à história das tecnologias de comunicação, mais uma vez, pode-se observar que nos momentos em que um novo meio surge, de maneira geral, as linguagens específicas desse meio ainda não foram geradas de forma plena. Essa ideia pode parecer estranha, afinal, se uma tecnologia é criada, é de se supor que ela já nasça pensada para um determinado fim e, portanto, acompanhada por um conjunto de indicações de como utilizá-la, que definiria a estrutura da sua mensagem, ou seja, a estrutura da sua linguagem. Ao se acompanhar a história das principais tecnologias de comunicação que transformaram o ocidente, contudo, observa-se que as coisas não se deram exatamente assim.

Os usos dos meios como "remediação"

Bolter e Grusin (1998), retomando ideias inspiradas em McLuhan — particularmente a de que o conteúdo de um meio é sempre um outro meio[9] —, defendem a ideia de que todo meio de comunicação, quando surge em uma dada sociedade, precisa contar com o meio anterior para se afirmar e para desenvolver as suas próprias linguagens. É como se um meio pegasse carona no meio anterior, chegando a se confundir com esse, em um jogo ambíguo de continuidade e ruptura, provocando o meio anterior a se definir enquanto singular, enquanto o próprio meio novo tenta afirmar a novidade que traz em si.

Dentro desse raciocínio o rádio, por exemplo, quando surge estará marcado por linguagens ora mais próximas dos jornais

---

9 McLuhan, *Understanding Media:* The Extensions of Man, p. 23.

Linguagens publicitárias e os meios digitais   73

impressos, ora por linguagens típicas do teatro, e isso se refletiria nos formatos iniciais dos seus noticiários (muitas vezes sendo lidas notícias diretamente de jornais) e da sua dramaturgia. Aos poucos, com a percepção mais apurada das características do espaço radiofônico, suas linguagens se tornariam mais específicas, singularizando o rádio como um novo meio.

Do mesmo modo, a TV quando surge se assemelha em muitos aspectos ao rádio, e mais uma vez as linguagens dos noticiários e das novelas dramáticas são exemplares — não é a toa que boa parte do casting de atores e os speakers do rádio migram diretamente para a TV, nos seus primórdios. Novamente, aos poucos, a TV irá encontrar os melhores formatos para as suas linguagens e se distanciar radicalmente do rádio. Este, por sua vez, lutará para redefinir suas linguagens, em busca de competitividade com o novo meio[10]. A esse processo Bolter e Grusin chamam de remediação (remediation, no original)[11].

Assim, é interessante observar que as linguagens são definidas, para além das suas estruturas materiais, pelos usos que se faz dos meios. O cinema, por exemplo, quando surgiu não tinha sido concebido propriamente como um meio para a expressão de narrativas dramáticas, como se dá hoje com quase 90% das atividades da indústria cinematográfica mundial. As intenções dos irmãos Lumiére pareciam apontar na direção de se ter com o cinema uma espécie de câmera fotográfica capaz de registrar movimentos e nada mais (remediação entre o cinema e a fotografia). Ou seja, os

---

10   Nesse ponto, é particularmente interessante a história da propaganda, quando se pode observar que muitas peças criadas para a TV eram reproduzidas quase integralmente como peças para o rádio. Da mesma forma, *jingles* e vinhetas sonoras originalmente produzidas como peças para o rádio eram frequentemente reproduzidas na TV.

11   Cf. Bolter e Grusin; *Remediation: Understanding New Media*.

usos iniciais do cinema eram muito mais relacionados à produção de memórias visuais, como a fotografia, originalmente.

É com o passar dos tempos que o cinema irá se mostrar como um excelente meio para se contar histórias, ficcionais ou não, e será transformado radicalmente, desenvolvendo as suas linguagens específicas com este novo uso que ganha. Com esse exemplo, pode-se ver com clareza a ideia exposta de que as linguagens de um meio são determinadas não apenas pelas relações entre as materialidades dos meios, seus espaços e dos corpos, mas também pelos usos que esse meio permite.

Por fim, pode-se observar que se o processo de remediação caracteriza a história das linguagens midiáticas, isso não será diferente hoje, com a emergência das mídias digitais. Ao contrário, tal processo parece ocorrer de modo ainda mais intensificado no cenário midiático atual[12].

AS LINGUAGEM DAS NOVAS MÍDIAS COMO "REMEDIAÇÃO"

Em busca de uma linguagem própria, e dada a sua natureza multimidiática, as novas tecnologias de comunicação parecem remediar quase todas as principais linguagens dos veículos de comunicação de massa: jornais impressos, rádio e TV. Isso pode ser percebido, especialmente quando se analisa as interfaces gráficas da maioria de sites e home pages e informativos de diferentes ordens na web — o famoso "www – world wide web", serviço mais popular da internet.

Apesar das metáforas que apontavam para um novo espaço constituído pelos novos meios digitais, como a ideia de um espaço líquido, fluido, que o termo navegar traz, o que se observa é que

---

12 Cf. Pereira, V. A., *Tendências das Tecnologias de Comunicação:* da fala às mídias digitais.

Linguagens publicitárias e os meios digitais 75

a maioria das interfaces gráficas da web ainda são, de muitas formas, apropriações das linguagens gráficas dos meios impressos, reeditando a prática da remediação. Isso se evidencia, por exemplo, nas críticas que Ted Nelson, um dos grandes estudiosos das novas mídias e criador dos termos hipertexto e hipermídias, faz às linguagens gráficas computacionais. Apostando na urgência da superação do fechamento dos modelos visuais gráficos tipificados pela cultura do impresso, na sua maioria com formatos bidimensionais e lineares, Nelson argumenta em favor de novas lógicas de organização da informação para as interfaces gráficas em meios digitais.

> O pessoal da Informática não entende os computadores. Bem, eles entendem a parte técnica, sim, mas não entendem as possibilidades. Principalmente, eles não entendem que o mundo dos computadores é totalmente feito de arranjos artificiais e arbitrários. Editor de textos, planilhas, banco de dados não são fundamentais, são apenas ideias diferentes que diversas pessoas elaboraram, ideias que poderiam ter uma estrutura totalmente diferente. Mas essas ideias têm um aspecto plausível que se solidificou como concreto em uma realidade aparente(...) Mas o mundo da tela poderia ser qualquer coisa, não apenas uma imitação do papel (sem grifos no original).[13]

Por outro lado, como dito, para além dessa influência dos meios impressos, como a mídia digital tem como uma de suas características seu caráter multimidiático, meios analógicos anteriores, como a TV, o rádio, os jornais e as revistas estarão também sendo tomados em suas linguagens, como prática de remediação .

Pode-se ver, assim, que as interfaces que os computadores apresentam nos processos de mediação de práticas comunicacio-

---

13 Nelson, T. em *Libertando-se da Prisão*, 2005.

76   Vinicius Andrade Pereira

nais, não raramente evocam linguagens que ora se assemelham às da TV, ora às do rádio, ora às dos jornais, ora às dos livros, dentre outras. Do mesmo modo, todos estes meios tentam, a partir do acossamento dos meios digitais, redefinir suas linguagens, tentando incorporar, muitas vezes, elementos que seriam associados ao universo digital, como interatividade, imagens em texto simultâneas com mensagens audiovisuais (em que se destaca, por exemplo, as telas propostas pelo canal de TV CNN), telas com possibilidades para receber mensagens tipo MSM (MTV, por exemplo), dentre outros[14].

AS LINGUAGENS PUBLICITÁRIAS EM MEIOS DIGITAIS COMO PRÁTICAS DE "REMEDIAÇÃO"

A história das linguagens publicitárias, se pode ser aceita como em estreita relação com a história do desenvolvimento dos meios, como procurou-se argumentar, revela-se, portanto, como um reflexo direto das linguagens e dos espaços engendrados pelos meios. Assim, se todo meio se apropria das linguagens dos meios anteriores como os primeiros passos na gênese de suas próprias linguagens, é bastante lógico que as linguagens publicitárias também reproduzam esta dinâmica. Ou seja, é plausível pensar que as linguagens publicitárias nos meios digitais reproduzam linguagens publicitárias de meios anteriores, até que as linguagens dos novos meios em que operam estejam suficientemente maduras para que, então, possam se expressar de modo diferenciado e próprio.

Assim, é ainda plausível conjecturar que as linguagens publicitárias nos meios digitais ainda não correspondem às potencialidades deste novo espaço midiático, estando aquém das possibilidades que esse espaço oferece em termos de linguagens específicas

---

14   Cf. Bolter e Grusin, *Op. cit.*

e de práticas de comunicação. Essa hipótese é sustentada em dois pontos, sendo um teórico e outro empírico.

O ponto teórico que fundamenta a conjectura exposta é a própria reflexão trazida com a ideia de remediação, proposta por Bolter e Grusin, amplamente explorada neste texto, e que ajuda a compreender a recorrência, por parte das mídias digitais, a diferentes linguagens midiáticas. Por outro lado, como ponto empírico de sustentação da hipótese aventada, vale-se de alguns dos resultados obtidos com a pesquisa Transficção: Narrativas Multilineares, Mídias Híbridas e Ambientes Pró-Branding[15].

Como parte das estratégias de investigação de como a cultura contemporânea está se comunicando a partir das novas mídias, que era parte dos objetivos daquela pesquisa, buscou-se fazer um mapeamento das principais estratégias de propaganda e marketing utilizadas pelas principais agências que atuam na web. Tal investigação foi realizada a partir de clippings semanais e tiveram como foco estratégias de propaganda e marketing em meios digitais. Essa investigação revelou como há todo um conjunto de práticas de promoção de produtos em meios digitais que parecem reproduzir a lógica das mídias massivas, como um exercício de remediação, tal como se apostou quando foi apresentada a ideia dos ambientes pró-branding, dentro da descrição da pesquisa Transficção[16]:

A TV, o rádio e os veículos impressos massivos possuem uma forma mais ou menos idêntica de apresentarem suas linguagens publicitárias(...) a partir de um corte, uma interrupção da narrativa principal

---

15 Para uma melhor ideia dessa pesquisa, ver Pereira, Vinícius A, *Transficção: Narrativas Multilineares, Mídias Híbridas e Ambientes Pró-Branding*; artigo publicado nos Anais I Encontro em Comunicação – Mídia e Consumidor do Futuro, promovido pelo CAEPM em São Paulo, em 2005.

16 Cf., Pereira, Vinicius A., *Op. cit*

de um meio(rádio, TV, jornal, etc). Assim, o anúncio publicitário se faz quase sempre interrompendo uma narrativa — novela, filme, telejornal, texto, etc — impondo a mensagem publicitária como condição intermediária para se acessar o restante da narrativa na qual está envolvido o potencial consumidor. A contra-ação a esta estratégia seria evitar a mensagem publicitária em questão, mudando de canal ou de emissora, no caso da TV ou do rádio, passando rapidamente as páginas, no caso dos impressos e, mesmo nos meios digitais, desativando os banners e popups, antes mesmo que eles se apresentem plenamente (antes de estarem carregados).[17]

Observe-se que os modos de intromissão das mensagens publicitárias em meio a uma narrativa, típicos das linguagens massivas e sua lógica da oferta, são reproduzidos nas estratégias publicitárias em meios digitais, caracterizando o processo de remediação. Isto sem falar em mensagens explicitamente reproduzidas dos veículos de comunicação de massa como filmes de propaganda (TV), fotografia e chamadas textuais (meios impressos), dentre outras possibilidades, como já mencionado.

Entretanto, esse processo de remediação identificado nas práticas das linguagens publicitárias não deve ser visto como algo negativo, mas, como parte do processo de gestação de novas linguagens nos meios digitais. E se as linguagens digitais ainda estão sendo gestadas, os seus espaços, do mesmo modo, também ainda estão em processo de formação. Lembrando que as linguagens dos meios implicam em articulações entre as características materiais dos meios e dos seus espaços, as características materiais dos corpos e os usos dos meios, consequentemente, as linguagens publicitárias estarão sujeitas a essas mesmas variáveis.

---

17   Pereira, Vinícius A, *ibid.*

Linguagens publicitárias e os meios digitais   79

Em certo sentido, já se pode reconhecer que com as apropriações facilitadas dos meios, tal como é possível hoje na cultura digital — em que os modos de produção e de difusão de bens simbólicos como filmes, música, textos, imagens etc., ganham cada vez mais expressões no cotidiano — as práticas de remediação parecem refletir traços da própria cultura contemporânea. Ou seja, de posse de variados gadgets há toda uma geração experimentando exercícios de composição de mensagens variadas, a partir de impressões estéticas e afetivas que advêm de linguagens anteriores, típicas da era dos veículos de comunicação de massa, em permanente negociação com tais referências. Assim, os blogs, flogs, as produtoras de filmes trash, as bandas e músicas que circulam pela rede, os jogadores de games on-line, por exemplo, contribuem para o desenvolvimento das linguagens e dos espaços dos novos meios, remediando, ao mesmo tempo, linguagens midiáticas anteriores e atuais e seus espaços correlatos.

Por outro lado, as linguagens publicitárias nos meios digitais, que em um primeiro momento pareciam meras cópias das linguagens publicitárias massivas, reproduzindo, inclusive a sua lógica de funcionamento de explorar furtivamente o espaço midiático de modo intrusivo, como exposto, parecem descobrir que repetir velhas fórmulas dos veículos de comunicação de massa para anunciar nos meios digitais pode até funcionar precariamente e por um tempo relativo, mas certamente não resistirá à velocidade das mudanças cognitivas e culturais que o público usuário das novas mídias vem experimentando.

Assim, parece que as agências publicitárias começam a aceitar se instruírem pelo próprio público que almejam atingir pelos meios digitais, estando mais sensíveis a todo um conjunto de práticas lúdicas, de entretenimento e de interações sociais que ocorrem hoje na rede, considerados por muitos como lixo digital — games, Orkut, blogs, fotologs, MySpace, YouTube, sites, home pages e

80   Vinicius Andrade Pereira

produtoras de filmes trash como, por exemplo, Gaveta Filmes, TV LIXO etc.

Estar em contato de forma aberta e curiosa com todo esse mundo significa estar em contato com novas práticas de comunicação e de interação social que, para o profissional de publicidade competente e atencioso, pode significar um mundo de novas oportunidades para a identificação de novas linguagens midiáticas, em primeiro lugar, e de novos espaços publicitários em segundo lugar. Nesse sentido, mais uma vez, as palavras do velho McLuhan parecem ganhar validade, quando escreve: "Trata-se de fazer com que o anúncio inclua a experiência do público. O produto e a resposta do público se tornam uma única estrutura complexa"[18]. E essa estrutura complexa pode se revelar como um rico objeto a ser explorado por estudiosos das mídias e da cultura, na busca de uma melhor compreensão da contemporaneidade.

REFERÊNCIAS BIBLIOGRÁFICAS:

BOLTER, Jay D. e GRUSIN, R. *Remediation*: Understanding New Media. Cambridge, Mass./ Londres, Inglaterra: MIT, 1998.

CSORDAS, T. *Embodiment and Experience*. Nova York: Hunter Books. 1984.

INNIS, H. *The Bias of Communication*. Toronto: University of Toronto Press, 1999.

NELSON, T. *Libertando-se da Prisão*. Publicação do FILE – FESTIVAL INTERNACIONAL DE LINGUAGENS ELETRÔNICAS, S.P. 2005.

McLUHAN, Marshall. *Understanding Media*: The Extensions of Man. New York: McGraw-Hill Books Co. 1964.

PEREIRA, Vinícius A. *Transficção*: Narrativas Multilineares, Mídias Híbridas e Ambientes Pró-Branding; artigo publicado nos Anais do I Encontro em Comunicação CAEPM/ESPM – Mídia e Consumidor do Futuro, dis-

---

18   McLuhan, M., *Op. cit*. p. 201.

Linguagens publicitárias e os meios digitais   81

ponível em cd-rom na *Revista da ESPM*, vol. 13; ano 12; ed. n. 1; Jan/ Fev 2006.

_____. Tendências das Tecnologias de Comunicação: da fala às mídias digitais., in Sa, S. e Enne, A., *Prazeres Digitais*: Computadores, Entretenimento e Sociabilidade. Rio de Janeiro: e-Papers Seviços Editoriais Ltda., 2004.(c)

_____. Ciberespaço: Um passo na dança Semiótica do Universo. Artigo publicado na Revista *Contracampo*, n. 4, publicação do Mestrado em Comunicação Imagem e Informação. Niterói, 2000.

Identidades flexíveis como padrão da retórica de consumo

algumas hipóteses sobre publicidade e ideologia em sociedades pós-ideológicas

Vladimir Safatle[1]

Durante o ano de 2006, foi realizada uma pesquisa no intuito de analisar o processo de formação do imaginário de consumidores globais, ou seja, consumidores de marcas de produtos distribuídos mundialmente que se comunicam de maneira relativamente uniforme em todos os locais onde atuam. Partiu-se da hipótese de que a eficácia da comunicação de tais marcas pressupõe a existência de consumidores capazes de codificar mensagens de maneira idêntica a partir de conjuntos de referências culturais

---

1 Esta pesquisa foi conduzida pelo autor, que teve o auxílio inestimável e decisivo do bolsista Gustavo Monteiro. Ela foi financiada pelo Centro de Altos Estudos em Propaganda e Marketing (CAEPM), centro de pesquisas vinculado à ESPM/SP. Vladimir Safatle é professor do Departamento de filosofia da USP, autor de *Cinismo e falência da crítica* (Boitempo, 2008), *Lacan* (Publifolha, 2007), *A paixão do negativo: Lacan e a dialética* (Unesp, 2006) e responsável por pesquisas financiadas pelo CAEPM.

84 Vladimir Safatle

simétricos. Tal comunicação publicitária de marcas globais pressupõe a existência de um conjunto de representações sociais partilhadas por consumidores em várias partes do mundo. Podemos mesmo falar, nesse caso, da existência de um imaginário global de consumo e de socialização. Ele nos coloca diante de um setor privilegiado dos processos de reprodução simbólica das estruturas sociais no capitalismo contemporâneo.

Tal imaginário seria composto por várias representações sociais que podem ser individualizadas e analisadas de maneira relativamente independente. Algumas dessas representações mais importantes dizem respeito ao corpo e à sexualidade, já que são representações determinantes na constituição da noção de auto-identidade socialmente reconhecida. O objeto desta pesquisa consistiu exatamente na análise do processo de reconstrução de tais representações sociais na publicidade dos anos 90 e 2000 veiculada na mídia globalizada. Para tanto, a metodologia utilizada serviu-se de dois procedimentos.

Por um lado, tratou-se de construir "constelações semânticas" visando definir os tipos ideais de corpo e sexualidade nos anos 90 e 2000. Isto implicou na determinação de redes de importação entre as diversas esferas da cultura de consumo: cinema, games, moda, publicidade. Tal rede foi o resultado mais visível da aplicação de uma abordagem histórico-social visando estabelecer uma cartografia capaz de identificar as mutações mais substanciais das representações hegemônicas do corpo e da sexualidade na publicidade de veiculação mundial. Uma cartografia que não procurou, nem julgou necessário, ser exaustiva, pois ela devia ser sobretudo axial e expor os eixos maiores de desenvolvimento de tais representações para que a interação entre publicidade e forças socioculturais se deixe apreender.

Dessa maneira, procurou-se organizar uma abordagem sistêmica dos fatos culturais capaz de identificar a origem e os processos

Identidades flexíveis como padrão da retórica de consumo   85

de migração dessas representações sociais que, a partir dos anos 90, comportar-se-ão como hegemônicas. Se partirmos da hipótese adorniana de que a cultura de massa articula-se como um sistema, poderemos estar mais atentos à maneira com que certos conteúdos sociais utilizados pela publicidade são sintetizados primeiramente em outras esferas da cultura (cinema, música pop, moda, artes visuais etc.). O que nos permitirá colocar uma questão central: o que acontece a certos conteúdos quando eles migram de outras áreas da cultura em direção à publicidade?

Lembremos como Adorno e Horkheimer, ao refletirem sobre a estrutura monopolista da industria cultural, afirmam: "Tudo está tão estreitamente justaposto que a concentração do espírito atinge um volume tal que lhe permite passar por cima da linha de demarcação entre as diferentes firmas e setores técnicos. A unidade implacável da indústria cultural atesta a unidade em formação da política" (Adorno e Horkheimer, 1991, p. 116). Podemos encontrar uma confirmação suplementar deste caráter sistêmico da cultura de massa dos cool-hunters, ou seja, profissionais pagos por grandes multinacionais que procuram ver, na produção cultural, os traços para as novas tendências do consumo de massa (Fontennelle, 2008). Sua função é identificar "novas tendências culturais que possam ser empacotadas, transformadas em commodities, e vendidas no mercado comercial" (Rifkin, 2001, p. 149), mostrando assim a articulação sistêmica entre cultura, mídia e mercados.

Por outro lado, a metodologia também consistiu em pesquisas qualitativas baseadas em entrevistas diretas com consumidores brasileiros e europeus de algumas marcas escolhidas como representativas. Tais entrevistas procuraram não apenas constituir tais constelações semânticas do ponto de vista das individualidades, mas também identificar a maneira com que a comunicação de tais marcas insere-se em reflexões mais amplas, fornecendo referenciais para as experiências subjetivas relacionadas ao corpo

86 Vladimir Safatle

e à sexualidade. Foram realizadas 34 entrevistas com consumidores brasileiros, franceses, romenos e letãos (o que configura uma amostra em que temos consumidores de países centrais com relação à inserção no capitalismo global e de países periféricos, sendo que dois – Romênia e Letônia – são países retardatários cuja inserção no capitalismo global se deu no exato momento de produção das campanhas que analisaremos). Na escolha da mostra, as variáveis fundamentais foram: idade, sexo e tipo de consumo das marcas (hard sell ou soft sell). Não entrou a variável classe social porque a concentração dos consumidores na classe A/B é quase total.

Sobre a lógica inerente à metodologia de pesquisa, faz-se necessário aqui uma explicação. Pois pode-se perguntar qual o valor de uma pesquisa que se serve de uma amostra tão pequena comparada a um universo potencial composto consumidores globais espalhados por vários países. Levando em conta a impossibilidade material de realizar uma pesquisa com números significativos de amostragem, optou-se por uma alternativa que nasce da articulação entre análise da produção da comunicação de massa e entrevistas pontuais. Pois devemos partir da existência de uma produção cultural global que articula diversas esferas da cultura de consumo: cinema, games, moda, publicidade. A presença de tal produção com suas representações sociais indica uma linha de força importante na constituição de padrões culturais de referência e estruturas de conduta que, de uma forma ou de outra, tendem a ser internalizados por consumidores globais. Nesse sentido, não é absolutamente necessário tentar identificar a existência de tais padrões e estruturas por meio de pesquisas quantitativas. Elas já demonstram sua existência nas produções da cultura de consumo. Ou seja, já há uma estrutura em operação que deixa marcas visíveis retórica do consumo. Devemos apenas identificá-las por meio de uma interpretação sistematizadora.

No entanto, a significação de tais produções, ou seja, a maneira com que elas são recebidas sofre, necessariamente múltiplas inflexões subjetivas. É a fim de identificar a dinâmica de tais inflexões que a entrevistas qualitativas são feitas. Sua função é apenas indicar ao pesquisador esquemas de interpretação desta produção da cultura de consumo. O número necessário de entrevistas é, na verdade, o número que fornece ao pesquisador segurança para a identificação de tais esquemas de interpretação. É claro que tal estratégia de pesquisa não pode excluir a existência possível de outros esquemas de interpretação que não teriam sido porventura identificados. Na verdade, nenhuma metodologia de pesquisa pode, em última instância, assegurar tal exclusão, por maior que seja seu universo. A análise de uma multiplicidade limitada de casos, por maior que seja tal multiplicidade, não garante a intelecção segura dos processos e leis. Não se alcança a intelecção de processos e leis por indução de pretensos dados imediatos, mas pela verificação regional de hipóteses que não foram fruto da espontaneidade da imaginação do pesquisador. Hipóteses que têm atrás de si reflexões sobre o processo de constituição social de individualidade e sobre a relação entre mercados e cultura que já demonstraram, em várias ocasiões, seu potencial explicativo. É claro que tal verificação regional pode ser revista, mas esse é um adendo trivial que vale para toda e qualquer pesquisa, por mais impressionante que seja seu aparato de coleta de dados.

Nesse sentido, a articulação entre contato direto com consumidores particulares e análise de estruturas gerais de organização do imaginário social, tal como a proposta aqui, permite a construção de perspectivas relativamente seguras de análise. Vale a pena ainda dizer que o pesquisador foi ainda animado por uma teoria geral da indústria cultural no capitalismo tardio que irá se fazer sentir no decorrer desta pesquisa. Tal teoria nasce de uma reflexão de larga escala a respeito de modos

88 Vladimir Safatle

hegemônicos de relação entre ideologia e indústria cultural na contemporaneidade[2].

CONGLOMERADOS

Há uma década, o fotógrafo italiano Oliviero Toscani acusava a publicidade global de sustentar um ideal ariano de beleza capaz de sintetizar apenas corpos harmônicos, saudáveis e jovens. Sua crítica também não poupava certa noção falocêntrica de sexualidade que guiaria a produção de representações sociais na comunicação de massa. Mas, durante o decorrer da década de 90, percebemos um lento processo de reconfiguração de representações sociais midiáticas vinculadas ao corpo e à sexualidade. Processo esse que, aos poucos, colocou em circulação imagens do corpo e da sexualidade até então nunca investidas libidinalmente pela publicidade. Graças às campanhas mundiais de marcas como Bennetton, Calvin Klein, Versace e Playstation, corpos doentes, mortificados, desidênticos, portadores de uma sexualidade ambígua, autodestrutiva e muitas vezes perversa marcaram a trajetória da publicidade nos anos 90. Compreender a lógica imanente ao processo de reconstrução de tais representações sociais na mídia globalizada aparece como fundamental para a caracterização das mutações da retórica contemporânea do consumo e de suas implicações na cultura. A comunicação dessas marcas foi o objeto do estudo aqui apresentado.

A escolha em centrar a análise na publicidade mundial a partir dos anos 90 teve uma razão que se articula com um problema próprio a economia política da mídia. A partir dos anos 90, a mídia mundial adquiriu mais claramente a forma de grandes

---

2   Ela se encontra presente em Safatle, *Cinismo e falência da crítica*. São Paulo: Boitempo, 2008.

Identidades flexíveis como padrão da retórica de consumo   89

conglomerados multimídias transnacionais nos quais convergem: controle dos meios de comunicação, dos processos de produção de produtos midiático-culturais e das pesquisas tecnológicas em novas mídias. Centros de tecnologia/entretenimento/informação formam hoje um tripé fundamental da economia mundial. Na história da mídia, os anos 90 serão lembrados pela criação de conglomerados como: AOL Time Warner, Vivendi Universal e a News Corporation de Rupert Murdoch; além da consolidação de outros como Sony, Viacom, Disney e General Eletric (Albarran, 1998). Podemos insistir, por exemplo, que já no início dos anos 90, quatro grandes grupos de mídia controlavam cerca de 92% da circulação de jornais diários e cerca de 89% da circulação dos jornais de domingo na Inglaterra (Thompson, 1997, p. 74)[3]. Longe de termos uma pulverização das instâncias de produção de conteúdo midiático, como alguns esperaram devido ao desenvolvimento exponencial de novas mídias, vimos uma convergência cada vez maior de produção de conteúdo, canais de distribuição e de gestão de recepção em escala global, isso depois principalmente do advento das televisões à cabo, da internet e da transformação de telefones celulares em provedores de conteúdo de produtos de entretenimento. Esse é um dado de extrema relevância, pois vários foram aqueles que insistiram na obsolescência de conceitos como "indústria cultural" para descrever a realidade atual dos processos de produção cultural e de controle dos modos de difusão nas mídias. No entanto, uma análise da economia política da mídia demonstra como a natureza oligopolista descrita por Adorno e

---

3   A título de exemplo, um conglomerado como AOL Time Warner é composto pelas empresas: AOL, Home Box Officer (HBO), Time inc., Time Warner Cable e Warner Bros Entertainment. Ou seja, ela detém toda a "cadeia econômica" da cultura, desde a produção, até a difusão e os meios em que a avaliação dos produtos é veiculada. O mesmo vale para Vivendi Universal, composta por: Universal music group, Canal plus, SFR (telefonia celular), Maroc Telecom e Activision blizzard (games).

90 Vladimir Safatle

Horkheimer no momento da criação do conceito de indústria cultural apenas aprofundou-se por meio da globalização e da criação de Centros de teconologia/entretenimento/informação[4].

Tal processo de globalização das mídias chegou rapidamente ao mercado publicitário, que viu durante os anos 90 numerosas fusões e joint-ventures que, em muitos casos, centralizaram boa parte do processo e decisão criativa na matriz mundial, cabendo às filiais regionais apenas a tradução de campanhas e pequenas adaptações (De Mooij, 1994). A conjugação desses fatores, impulsionada pelo desenvolvimento tecnológico da comunicação global (TV a cabo, internet etc.) consolidou o reaparecimento de uma publicidade produzida e veiculada mundialmente direcionada a um "público global".

Notemos ainda que essa publicidade mundial foi talvez o melhor veículo de uma ideologia da globalização e da abolição de fronteiras culturais que ganhou força por meio da euforia alimentada pela queda dos países de regime comunista na Europa do Leste a partir de 1989 e pela ascensão do multiculturalismo como projeto maior das sociedades liberais, ao menos até seu esgotamento progressivo a partir de 11 de setembro de 2001. Nesse sentido, não devemos descartar a possibilidade de convergência entre os conteúdos das representações sociais do corpo e da sexualidade a serem aqui apresentados e certos imperativos próprios à constituição de identidades globais.

---

4 Lembremos ainda que o conceito de "indústria cultural" não visa apenas mostrar as mutações pelas quais a cultura passou na sociedade industrial, mas também revelar a maneira por meio da qual a cultura é peça fundamental dos modos de reprodução econômica. Adorno e Horkheimer já indicam, à sua maneira, a transformação do capitalismo em "capitalismo cultural", capitalismo em que a cultura desempenha, ao mesmo tempo, papel econômico fundamental (por ser espaço privilegiado de autovalorização do Capital) e um papel social maior (por multiplicar formas de vida que serão veículos de socialização de sujeitos a partir de exigências de internalização de disposições de conduta adaptadas à lógica do capitalismo avançado).

Identidades flexíveis como padrão da retórica de consumo   91

A MERCANTILIZAÇÃO DA RECUSA À PUBLICIDADE

No entanto, o que salta primeiramente aos olhos é que esse processo de constituição de um imaginário global de consumo não se deixa ler a partir da noção de repetição massiva de estereótipos e tipos ideais de conformação do corpo e da sexualidade. Ao contrário, tudo indica que os anos 90 formam o momento em que, de certa forma, a publicidade mercantilizou o discurso da dissolução do Eu como unidade sintética.

Sabemos como o Eu está profundamente vinculado à imagem do corpo próprio, ao ponto em que desarticulações na imagem do corpo próprio afetarem necessariamente a capacidade de síntese do Eu (Lacan, 1966). O processo de formação do Eu como instância de autoreferência e como unidade sintética de percepções é fundamentalmente dependente da constituição de uma imagem do corpo próprio capaz de servir como matriz imaginária para distinções entre ipseidade e alteridade, entre interior e exterior, entre o que é submetido à minha vontade e o que me é heterônomo. De fato, há uma proeminência da imagem do corpo sobre os "dados e sensações imediatas" do corpo. Para que existam sensações localizadas e percepções, é necessário que exista um esquema corporal (fundamentalmente vinculado às capacidades organizadoras da imagem) capaz de operar a síntese dos fenômenos ligados ao corpo. A imagem aparece assim em posição transcendente e unificadora.

Por outro lado, a teoria psicanalítica, em especial a lacaniana, mostrou-nos como a imagem do corpo próprio é resultado de processos de identificação que ocorrem já a partir do sexto mês de vida de um bebê (como podemos ver em sua teoria do "estádio do espelho"). Lacan quer mostrar como a formação do Eu só se daria por identificações: processos por meio dos quais o bebê introjeta uma imagem que vem de fora e que é oferecida por um Outro. Assim, para orientar-se no pensar e no agir, para aprender a desejar, para ter um lugar na estrutura familiar, o bebê inicialmente precisa raciocinar por analogia, imitar uma imagem na posição de tipo ideal adotando, assim, a perspectiva de outro. Tais operações de imitação não são importantes apenas para a orientação das funções cognitivas, mas têm valor fundamental na constituição e no desenvolvimento subsequente do Eu em outros momentos da vida madura. O que levava Lacan a afirmar que "nada separa o Eu de suas formas ideais" absorvidas no seio da vida social. Pois: "o eu é um objeto feito como uma cebola, podemos descascá-lo e encontraremos as identificações sucessivas que o constituíram" (Lacan, 1975, p. 194).

No entanto, isto significa assumir que não há nada de próprio na imagem do si. Antes, ela seria uma determinação rígida e estática de identificações introjetadas descritas por Lacan como responsáveis por uma "fixação formal"[5] fundamental para a constituição de uma noção opositiva e excludente de identidade. Experiências de estranhamento diante de imagens do corpo próprio em fotografias e espelhos seriam manifestações fenomenológicas exemplares dessa natureza alienante da imagem de si. Fantasmas de despedaçamento do corpo, tão comum em crianças com menos de 5 anos, fornecem-nos outro exemplo da precariedade do enraizamento da imagem corporal.

Mas, se voltarmos os olhos para a retórica do consumo e da indústria cultural, veremos como elas passaram por mutações

---

5   Sobre essa fixação formal própria à estrutura imaginária do Eu, Lacan dirá: "esta estagnação formal é parente da estratura mais geral do conhecimento humano, a saber, esta que constitui o Eu e os objetos sob atributos de permanência, identidade e substancialidade; em suma, sob a forma de entidades ou 'coisas' muito diferentes destas *gestalt* que a experiência nos permite isolar no domínio do campo disposto segundo as linhas do desejo animal" (Lacan, 1966, p. 111).

Identidades flexíveis como padrão da retórica de consumo   93

profundas que afetaram o regime de disponibilização das imagens ideais de corpo. Em vez de locus da identidade estável e da fixação formal, o corpo fornecido pela industria cultural e pela retórica do consumo aparece cada vez mais como matéria plástica, espaço de afirmação da multiplicidade. Isso levou um sociólogo como Mike Featherstone a afirmar que "no interior da cultura do consumo, o corpo sempre foi apresentado como um objeto pronto para transformações" (Featherstone, 2000, p. 4). Esta afirmação é importante por nos lembrar que, por meio do culto midiático às dietas, ginástica, cosméticos, lipoesculturas e operações plásticas, uma espécie de retórica da reconfiguração plástica de si a baixo preço foi se consolidando como peça central do discurso social contemporâneo. Retórica que se mostrou fundamental para a sustentação dos vínculos subjetivos com uma ordem econômica (o capitalismo tardio) marcada exatamente pela realidade da desterritorialização.

À sua maneira, tal retórica pode ser compreendida como uma resposta à angústia advinda da radicalização contemporânea da dissolução dos horizontes estáveis de determinação de identidades e da aceleração da ruptura de modos tradicionais de vida. Podemos mesmo seguir aqueles que falam de uma "insegurança ontológica" a respeito da autoidentidade e da identidade corporal que teria nos impulsionado a "sermos responsáveis pelo design do nosso próprio corpo" (Giddens, 1991, p. 102)[6] e da nossa própria sexualidade (Butler, 1999).

Claro que esta pressuposição de um sujeito responsável pela execução do projeto individual de constituição imaginária de seu próprio corpo não deixa de colocar problemas. É sintomático que

---

6   Ou ainda: "Na afluência ocidental, há uma tendência do corpo ser visto como uma entidade em um devir contínuo, um *projeto* que deve ser trabalhado e realizado como parte de uma auto-identidade individual" (Schilling, 1993, p. 5).

94 Vladimir Safatle

tais teorias normalmente trabalhem com uma realidade social do fim da modernidade e conceitos de reflexividade e de responsabilidade próprios ao início da modernidade. Esse ponto será retomado mais a frente.

Por enquanto, vale a pena salientar como tal situação parecia marcar com o selo da obsolescência a ideia frankfurtiana da indústria cultural como negação absoluta da individualidade. Pois, uma vez das operações de socialização por meio da exigência de identificação com um conjunto determinado de imagens ideais, estaríamos agora diante de uma indústria cultural que incita a reconfiguração contínua e a construção performativa de identidades. Na verdade, o setor mais avançado da cultura do consumo não forneceria mais ao Eu a positividade de modelos estáticos de identificação. Ele forneceria apenas a forma vazia da reconfiguração contínua de si que parece aceitar, dissolver e passar por todos conteúdos[7]. Isso poderia nos explicar porque temos cada vez menos necessidade de padrões claros de conformação do corpo a ideais sociais.

Foi tendo esse processo em vista que a pesquisa se debruçou sobre a análise do posicionamento mundial de comunicação de quatro marcas nos anos 90: Benetton, Calvin Klein, Versace e PlayStation. Esse conjunto se impôs porque estamos diante de marcas que influenciaram de maneira decisiva o desenvolvimento da publicidade dos anos 90 por meio de uma conjunção entre novidade estilística e apresentação de novas representações sociais. A estética heroína chic da Calvin Klein, assim como sua a androginia e a indeterminação sexual, que encontramos também nas campanhas de Versace; a publicidade que questiona os parâmetros da linguagem publicitária da Benetton, assim como o

---

7 Cindy Sherman forneceu a melhor representação estética desse processo. A esse respeito, ver Safatle; 2007.

Identidades flexíveis como padrão da retórica de consumo   95

corpo maquínico, fusional e mutante da PlayStation modificaram sensivelmente os limites e as estratégias da retórica publicitária. Outro dado importante a lembrar é que todas essas campanhas foram criadas por fotógrafos e agências internacionais. Agências nacionais decidem apenas a veiculação. No caso da Playstation, sequer a veiculação é feita no Brasil. Os espaços são comprados em veículos internacionais (TV a cabo, revistas de circulação internacional etc.).

No que diz respeito ao nosso objeto de estudos, podemos dizer que elas estruturaram três representações sociais que foram analisadas detalhadamente nesta pesquisa. A primeira é o corpo doente e mortificado como objeto do desejo (Calvin Klein, Benetton[8]). Tal representação já havia aparecido anteriormente na estética dos videoclipes e da moda, assim como no cinema de entretenimento. A beleza anoréxica de Kate Moss, por exemplo, tinha necessariamente algo desta ordem de representação do corpo doente. Desde os anos 80, era possível encontrar setores da indústria fonográfica que constituíam certo imaginário de morbidez e recurso à estilização de uma apologia à doença. Devemos lembrar aqui de movimentos hegemônicos da produção fonográfica britânica que sintetizou uma estética gótica (Bauhaus, Siouxsie and the Banshees, etc.) que, à sua maneira, acabou por influenciar esferas mais amplas da produção cultural, como o cinema, a publicidade e mesmo os desenhos animados e histórias em quadrinhos. No entanto, não é difícil mostrar como tal apologia da doença e da

---

8   Lembremos da provocação de Oliviero Toscani: "A publicidade não conhece a morte" In (Toscani, 1998, p. 5). Devemos acrescentar, nesta mercantilização do corpo doente e mortificado, a transformação de um certo "sadomasoquismo chic" em paradigma do comportamento sexual socialmente aceito e veiculado pela publicidade. Ao analisar certas publicidades de moda dos anos 90, Diane Barthel afirma: "In such advertisements sadism becomes understandable and aggression is presented as a daily part, even a desirable part of daily life" (Barthel, 1988, p. 81).

96 Vladimir Safatle

autodestruição é uma peça constitutiva das representações da indústria fonográfica desde os anos sessenta (Velvet Underground). Lembremos aqui, rapidamente, como o mercado fonográfico é uma peça fundamental para a constituição de tendências estilísticas para a retórica de consumo durante os últimos vinte anos.

A segunda diz respeito ao corpo como interface e superfície de reconfiguração que coloca o sujeito diante da instabilidade de personalidades múltiplas e da desidentidade subjetiva (PlayStation). No caso das campanhas da Playstation, o corpo deixa de ser concebido com um limite entre o sujeito e o mundo para ser uma interface de conexão. A questão da autoidentidade, tão ligada à noção de integridade do corpo, modifica-se necessariamente.

Por exemplo, em uma peça publicitária da Playstation para mídia impressa (Supermarket, TBWA/Paris), vemos apenas a foto de um corpo diante de prateleiras com várias cabeças à disposição e a assinatura do anunciante. Um corpo que escolhe com qual cabeça sair demonstra perfeitamente como a questão da autoidentidade, tão ligada à noção de integridade do corpo, modifica-se necessariamente no interior deste jogo de máscaras prometido pelo virtual. O premiado filme Double Life, de 1999, segue a mesma lógica. A estrutura é simples: um texto é declamado durante 1 minuto por várias pessoas de maneira sequencial (ou por uma pessoa que se transforma a todo momento). Enquanto essa multiplicidade de personas vai se desdobrando, o consumidor ouve um texto envolto em música apoteótica que diz: "Durante anos, eu vivi uma vida dupla. Durante o dia, faço meu trabalho, pego o ônibus (...) Mas perdi adrenalina e exibi desprezo pela vida (...) Por isto, comecei a levar uma vida dupla (...) Eu comandei exércitos e conquistei mundos. Não tenho arrependimentos – ao menos posso dizer: Eu vivi".

Identidades flexíveis como padrão da retórica de consumo   97

Para além da constatação catastrófica de que o único espaço de experiência real na contemporaneidade é exatamente o virtual (já que o espaço da vida prosaica seria dominado pela alienação no trabalho e pelo tédio), o filme coloca claramente em cena um desejo de multiplicidade necessariamente vinculado à possibilidade de reconfiguração plástica do corpo. O fato de a declamação do texto unir várias personas (algumas extremamente caricatas e com maquiagem carregada a fim de evidenciar seu caráter de pura máscara) nos coloca diante da possibilidade de o sujeito enunciador estar em constante mutação e ter abandonado de vez as aspirações de integridade identitária.

Mas há ainda outro ponto interessante nas campanhas da Playstation. Pois tal possibilidade de mutação contínua pressupõe, entre outras coisas, que o corpo deixe de ser concebido como um limite entre o sujeito e o mundo para ser uma interface de conexão reconfigurável a qualquer momento. Em outro filme publicitário, Can you see it?, vemos uma garota em uma bicicletacross diante de uma decida íngreme. Enquanto ela olha a descida, a câmera perfaz um zoom que fecha em seu olho e seguem-se cenas de um game de cross. Ou seja, entramos no olho da protagonista do filme publicitário e descobrimos que ela vê os desafios da realidade como se estivesse em um game. Seu olho já é interface de conexão com o espaço virtual.

Nesse sentido, podemos ver aí o esforço publicitário de incorporação da lógica corporal de interface desenvolvida por artistas como Orlan, Sterlac e por cineastas como David Cronemberg (Ex-sistenz, Videodrome). De fato, temos a partir dos anos 80 a presença de uma profusão de representações de uma tecnologia orgânica e mista que se adapta ao corpo potencializando suas transformações. Elas são uma constante na produção de ficção-científica para o cinema e a televisão. Todas estão vinculadas ao aparecimento de certo corpo protético, corpo reconfigurado por

98 Vladimir Safatle

próteses ou (o que seria o contrário), ciborgues vitalizados pela presença de algo corporal[9].

Por fim, a terceira representação social analisada refere-se ao corpo sexualmente ambivalente (Versace, Calvin Klein) que aparentemente questiona as imagens da sexualidade falocêntrica que sempre dominaram a publicidade. A diferença sexual nunca colocou problemas para a retórica publicitária. Mas os anos 90 viram a proliferação de imagens de ambivalência, assim como uma certa feminização de representações masculinas em produtos cujo target nada tem a ver com públicos homossexuais. Novamente, a presença da ambivalência e da androginia é facilmente identificada em setores hegemônicos da indústria fonográfica com seu stars-system (David Bowie, Lou Reed, Marylin Mason etc.), assim como na indústria da moda com seus flertes constantes com a androginia. O universo techno, cuja forte presença foi definidora da produção cultural de massa dos anos 90, foi extremamente marcado por certa apologia da androginia e da ambivalência sexual, permitindo que drag queens e queers aparecessem em setores mais amplos da indústria cultural. Isso certamente foi fundamental para a constituição de uma nova receptividade a tais temas no interior da retórica de consumo, assim como para a constituição de uma imagem de "modernidade" vinculada a tais questões ligadas à sexualidade. Por outro lado, já há muito circula o diagnóstico psicosocial de certo declínio da imago paterna com suas consequências para a definição das noções de masculino e feminino (o diagnóstico foi primeiramente enunciado por Max Horkheimer em 1936, suas consequências para a construção da

---

9   No interior da inesgotável literatura futurológica de "megatrends" essa fusão entre homem e máquina é uma das figuras mais presentes da ideologia da reconciliação entre orgânico e tecnológico patrocinada pelo último estágio do capitalismo. Ver, entre os múltiplos exemplos possível, ver (Weil, 1994).

Identidades flexíveis como padrão da retórica de consumo   99

sexualidade aparecem mais claramente em trabalhos do psicanalista Jacques Lacan).

O fato de três dessas marcas referirem-se a produtos de moda (Benetton, Calvin Klein e Versace) e uma a um game ligado, de certa forma, ao imaginário da realidade virtual é algo que não deve causar surpresas. Pois todas essas marcas oferecem produtos que mercantilizam diretamente a promessa da refabricação plástica da identidade de si. Promessa fundamental para a sustentação dos vínculos subjetivos com uma ordem econômica (o capitalismo tardio) marcada exatamente pela realidade da desterritorialização. No caso de um produto ligado ao universo da realidade virtual (PlayStation), o apelo à experiência controlada da plasticidade da identidade é ainda mais visível.

Notemos, apenas a título indicativo, que, ao trabalhar representações publicitárias do corpo marcado pela doença, pela ambiguidade e pela desidentidade, estamos falando de um processo de mercantilização do que aparentemente seria o avesso da forma-mercadoria. Pois estamos diante da mercantilização midiática de representações do corpo aparentemente avessas à imagem ideal do corpo fetichizado que circulava de maneira hegemônica na própria publicidade.

Insistamos neste fato: os anos 90 foram palco de um fenômeno único na história da sociedade de consumo, a saber, a transformação da autodestruição da imagem do corpo em peça maior da retórica publicitária. Tomemos como exemplo a estratégia de comunicação da Calvin Klein com sua estética heroína chic.

Modelos magras com olhar fixo e distante, corpo jogando em um canto, pele embebida em suor frio e luz desbotada. Em um lado do anúncio, a assinatura do anunciante e nada mais. Criados pelo fotógrafo de moda Jurgen Teller, os anúncios para mídia impressa de Calvin Klein Jeans a partir de 1995 seguiam esse mesmo figurino. A semelhança visível das modelos com usuários

100　Vladimir Safatle

de heroína mostrava uma lógica de aproximação entre glamour e autodestruição estilizada.

A importância dessas campanhas para a reconfiguração da retórica publicitária não deve ser menosprezada. Na mesma época, Benetton havia colocado em circulação representações aparentemente estranhas ao mundo publicitário por meio de fotos que expunham a morte, a intolerância e a violência. Aidéticos em estado terminal, tensões raciais, cargueiros abarrotados de imigrantes ilegais e carros queimados foram alguns dos temas escolhidos por Toscani. Por um lado, tratava-se de produzir uma identificação com a marca por meio de apelos dirigidos ao sujeito no seu papel de cidadão, e não apenas no seu papel de consumidor. Maneira astuta de pensar a comunicação publicitária aproveitando-se desta "característica estrutural da mídia contemporânea onde a imagem de um gênero é apropriada por outro" (Falk, 1997, p. 61). Mas, por outro lado, tratava-se principalmente de dar forma mercadológica ao mal estar diante das representações publicitárias.

Os anúncios em questão da Calvin Klein seguiram a mesma estratégia. Eles deram forma mercadológica a algo no corpo que não se identificava mais com a imagem do corpo que guiara a lógica publicitária por tanto tempo. Algo que só poderia aparecer como imagem da destruição da imagem do corpo. Ou seja, eles deram forma mercadológica à recusa da publicidade. Contra os corpos saudáveis e harmônicos, contra a "nova aliança" entre natureza e consumo prometida pela sociedade de consumo do final dos anos 80 com seus produtos transparentes, seus cosméticos orgânicos e sua biotecnologia, Calvin Klein investiu libidinalmente em corpos doentes.

Talvez esse fato indique uma nova etapa da retórica do consumo, já que vemos uma retórica prestes a flertar com noções aparentemente desarmônicas do desejo e que pode indicar o advento de novos processos de mercantilização da negatividade da auto-destruição e da revolta contra as imagens ideais do cor-

Identidades flexíveis como padrão da retórica de consumo 101

po. Talvez valha, nesse caso, o dito premonitório de Debord : "À aceitação dócil do que existe pode juntar-se à revolta puramente espetacular: isso mostra que a própria insatisfação tornou-se mercadoria, a partir do momento em que a abundância econômica foi capaz de estender sua produção até o tratamento desta matéria-prima" (Debord, 2002, p. 40). Ou seja, nada impede que a frustração com o universo fetichizado da forma-mercadoria e de suas imagens ideais possa se transformar também em uma mercadoria. Na verdade, essa é a base do posicionamento das campanhas mundiais da Benetton, só para ficar no exemplo mais visível. Ao questionar consumidores da marca a respeito das estratégias de comunicação da Benetton, percebemos os resultados de uma lógica na qual a frustração com o universo publicitário vira a mola do próprio discurso publicitário. Afirmações feitas por entrevistados como: "Aquilo é o mundo real", "Não gosto de ser tratado como alguém absolutamente aparte dos problemas do mundo" e "Benetton foi importante por trazer problemas mundiais para o horário comercial" indicam que as rupturas formais e de conteúdo próprias às campanhas da Benetton permitiram a mercantilização publicitária da frustração com o universo publicitário.

Podemos mesmo colocar como hipótese que, a partir do momento em que a saturação do público consumidor com relação aos artifícios corriqueiros da retórica publicitária motivou certa invalidação de representações sociais normalmente vinculadas à positividade do universo das mercadorias, então a publicidade viu-se obrigada a, digamos, "flertar com o negativo". Assim: "a crítica ao capitalismo tornou-se, de forma bem estranha, o sague salvador do capitalismo" (Frank, 2003, p. 44). A publicidade enquanto estrutura retórica tem uma dinâmica própria de investimento e desinvestimento de estratégias persuasivas. A repetição contínua de certas estratégias impõe uma lógica de desgaste de certos conteúdos retóricos.

102 Vladimir Safatle

Tal processo já havia ocorrido de forma semelhante nos anos 60. Lembremos como a publicidade dos anos 50 era resultante de uma ideologia empresarial que gostava de se ver como "científica" por ter pretensamente codificado toda possibilidade criativa a um conjunto fechado de regras de composição[10]. A repetição infindável de artifícios retóricos superlativos e a manipulação de uma psicologia social simplista transformou a publicidade em alvo maior da crítica à ideologia da sociedade de massa. Mas essa crítica foi logo assumida pela própria publicidade por meio de uma revolução estilística que marcou os anos 60 por meio de nomes como Bill Bernbach, Howard Gossage e outros. Tratava-se de uma publicidade que ridicularizava a própria publicidade e certos aspectos da cultura de consumo. Podemos dizer que essa lógica de "ruptura interna" foi levada ao paroxismo nos anos 90

Posicionamento bipolar de marca

Esse processo de mercantilização publicitária da frustração com o universo publicitário serviu de base para a análise das campanhas da Calvin Klein para linhas de produtos como Escape, Obsession, Eternity, CK One, jeans e Versace. Nesses casos, a hipótese inicial consistia em afirmar que ideias vinculadas a ambivalência sexual e ao desconforto com imagens ideais de corpo estariam migrando para o cerne da cultura de consumo. Uma migração que levaria consumidores a se identificarem cada vez mais

---

10 Um exemplo de tal ideologia é o livro clássico de Carl Hopkins *Scientific advertising*. O livro, reimpresso com prefácio de David Ogilvy, traz afirmações como: "Chegou o tempo em que a publicidade alcançou o status de uma ciência. Ela é baseada em princípios fixos e raciocínio exato. Causas e efeitos têm sido analisados até sua perfeita compreensão. Os métodos corretos de procedimentos têm sido testados e provados. Nós sabemos o que é mais efetivo e agimos a partir de leis básicas" (Hopkins, 1966, p. 213).

Identidades flexíveis como padrão da retórica de consumo   103

com tais representações sociais. Tal hipótese parecia corroborar certa forma cada vez mais hegemônica de afirmar a obsolescência de lógicas próprias a uma sociedade repressiva, isso em prol do advento de uma época de flexibilização e "construção" de papéis sexuais. Poderíamos assim esperar que os consumidores de Calvin Klein e Versace tivessem, de uma forma ou outra, este ideal de conduta. No entanto, essa hipótese não se confirmou mediante as entrevistas realizadas.

Sobre as campanhas da Calvin Klein, com modelos no limiar da anorexia e com corpos desvitalizados, algumas afirmações de entrevistados forma: "As campanhas da Calvin Klein mostravam pessoas que não existem. Ninguém tem aqueles corpo magros e estilosos", "Aquele não é meu padrão de beleza. Gosto de mulher com carne"(consumidor brasileiro). Ou ainda, a respeito do forte erotismo das campanhas: "O mundo pede mais, sempre mais. Não gosto deste caminho". Sobre a Versace, encontramos afirmações como: "Hoje em dia as pessoas são cada vez mais bisexuais, as mulheres querem copiar o que há de pior nos homens", "A marca é tão chique que pode ser vulgar", "Não é o tipo de situação na qual me vejo. Mas hoje é cool tratar sexo como o jogo". Tais afirmações foram muito ilustrativas da média do que foi encontrado pela pesquisa.

A conclusão aparente indicava que parte significativa dos consumidores da própria marca não se reconhecia nos padrões de corpo e sexualidade da própria marca. O que nos colocava com a questão de saber o que então sustentava o processo de identificação entre consumidor e marca. Notemos, por outro lado, que, mesmo não se identificando com tais padrões, a grande maioria dos entrevistados reconhecia esses mesmos padrões como tendências hegemônicas: "Cada vez mais os adolescentes jogam com a ambivalência sexual", afirma um entrevistado de 33 anos a quem foi pedido uma projeção social a respeito das representações de

104   Vladimir Safatle

sexualidade presentes em um conjunto de peças publicitárias da Calvin Klein. Ainda sobre estas peças, outra entrevistada afirma: "As campanhas de gay style da Calvin Klein não são necessariamente para gays. Pois a questão aí não é sua orientação sexual, mas quão sexy você pode ser. Você deve ser sexy de uma forma gritante (screaming sexy)". O que indica a capacidade da marca em se colocar como referência de interpretação da vida social.

Mas o dado inusitado consistia nesta posição de consumidores de marca com a qual eles não se identificam. A chave para o problema consistia em uma aparente contradição. Na mesma época em que Calvin Klein colocava em circulação suas campanhas heroína chic e suas representações de corpo doente, mortificado, sexualmente ambivalente (em campanhas, por exemplo, para CK One, CK Be e Obsession, Escape[11]), ela disponibilizava campanhas (como as criadas para Eternity) com valores exatamente contrários, valores exaltando a família moderna e "classicamente definida", o retorno à natureza, o equilíbrio. Lembremos que se tratavam de campanhas que alcançavam o mesmo target por serem veiculadas, a partir de certo momento, na mesma época e nas mesmas revistas (Details, Vanity Fair, Vogue, GQ, Rolling Stones etc.). O mesmo valia para Versace e sua ambiguidade entre campanhas "clássicas" e representações de situações de ambivalência sexual.

A resposta para tal contradição aparente consiste em insistir que o posicionamento destas marcas não é um posicionamento de valores "exclusivos", mas um posicionamento "bipolar". Ou seja, ele é assentado em valores contrários. O que aparentemente seria um erro crasso de posicionamento revela-se uma astúcia. Por um lado, isso permite ao consumidor identificar-se com a marca

---

11   No caso de Escape, vale o que disse Susan Bordo: "As campanhas para Escape caracterizam o homem que transcende, elide ou confunde 'masculinidade'" (Bordo, 1999, p. 24).

Identidades flexíveis como padrão da retórica de consumo   105

sem, necessariamente, identificar-se com um dos seus pólos. Mas, principalmente, este posicionamento bipolar pode funcionar porque os próprios consumidores são incitados a não se identificarem mais a situações estáticas.

A publicidade contemporânea e a cultura de massa está repleta de padrões de condutas construído por meio de figuras para as quais convergem disposições aparentemente contrárias. Mulheres, ao mesmo tempo, lascivas e puras, crianças, ao mesmo tempo, adultas e infantis, marcas tradicionais e modernas. Essa lógica foi bem sintetizada no teaser de uma campanha da própria Calvin Klein: "Be bad, be good, just be". Ou seja, um modo de ser próprio a uma era da flexibilização de padrões de identificação. Uma época como essa permite marcas que tragam, ao mesmo tempo, a enunciação da transgressão e da norma. Até porque os sujeitos estão presos a essa lógica de ao mesmo tempo aceitar a norma e desejar sua transgressão. A publicidade compreendeu isto. Daí porque atualmente ela fala a eles visando este ponto em que transgressão e norma se imbricam.

Se esse for realmente o caso, então teríamos uma tendência a repensar a dinâmica própria à noção de posicionamento de marca. Práticas comerciais e dispositivos de incitação ao consumo pressupõem, necessariamente, certa teoria a respeito da maneira com que sujeitos orientam seus desejos e sustentam processos de identificação. À sua maneira, Marx já havia percebido algo desta natureza ao afirmar que: "A produção não cria somente um objeto para o sujeito, mas também um sujeito para o objeto" (Marx, 1978, p. 100). Devemos apenas completar dizendo que não apenas os modos de produção criam modos de subjetivação, mas também que modos de consumo produzem maneiras dos sujeitos determinarem sua própria subjetividade.

Digamos que, grosso modo, na noção "clássica" de posicionamento de marcas, trabalhamos com sujeitos pensados como

106 Vladimir Safatle

tipos-ideais (para usar um termo weberiano) que parecem procurar, nos produtos, certos valores de significação bem definida ("segurança", "modernidade", "retorno à natureza" etc.). No entanto, é possível que tal maneira de pensar a relação consumidor-marca não dê mais conta de certas tendências contemporâneas. Tendências que levam os consumidores a se identificarem com o ponto de indistinção entre valores contrários, compondo com isto um ideal de personalidade não vinculado mais à coerência de condutas submetidas a um padrão de unidade. O que não poderia ser diferente. Basta lembrarmos que, atualmente, estamos diante de uma sociedade na qual os vínculos com os objetos (incluindo aqui os vínculos com a imagem do corpo próprio) são frágeis, mas que, ao mesmo tempo, é capaz de se alimentar desta fragilidade. Até porque, não se trata de disponibilizar exatamente conteúdos determinados de representações sociais pelo mercado. Trata-se de disponibilizar a pura forma da reconfiguração incessante que passa por e anula todo conteúdo determinado, e é isto que tais marcas procuram fazer.

Notemos, por exemplo, a significação do aparecimento do corpo sexualmente ambivalente como elemento maior da retórica publicitária do final dos anos 90. O caso mais ilustrativo aqui é a campanha mundial da marca de moda Versace desenvolvida pelo fotógrafo Steven Meisel e pela A/R media em 2002. Ela se resume a fotos de um casal na cama ou em um quarto com decoração carregada e pretensões de luxo. Além disso, há apenas a assinatura do anunciante. Nós sempre sabemos quem é um dos parceiros (um homem ou uma mulher bem vestidos em posição de autoconfiança, tédio e domínio da situação), mas nunca sabemos quem é o outro, já que sempre aparece sem rosto, jogado em um canto para denotar que foi usado em um jogo sexual, com roupas íntimas femininas e traços de corpo masculino. Implicações de lesbianismo lipstick, de homossexualismo e de ambiguidade sexual são evidentes. Note-se

Identidades flexíveis como padrão da retórica de consumo   107

que esse apelo ao embaralhamento de papéis sexuais não é direcionado para um target homossexual. O target da Versace é composto basicamente de mulheres com mais de 30 anos. Nesse caso, novamente, as próprias consumidoras não se identificavam totalmente com o padrão geral de conduta apresentado pela campanha publicitária, a não ser que tal jogo de ambivalências fosse apenas uma aparência que devesse ser tratada como pura aparência.

DISPOSITIVOS DISCIPLINARES NA SOCIEDADE DA INSATISFAÇÃO ADMINISTRADA

Aqui, vale a pena certa digressão. É possível que o segredo desta sociedade na qual os vínculos com objetos e valores são frágeis, mas que é capaz de alimentar-se desta fragilidade mesma está em algo que poderíamos chamar de "ironização absoluta dos modos de vida". Pois, em uma sociedade como a nossa, em que se trata fundamentalmente de saber administrar a insatisfação (e não exatamente de administrar a satisfação por meio da constituição de estereótipos de conduta), os sujeitos não são mais chamados a se identificar com tipos ideais construídos a partir de identidades fixas e determinadas, o que exigiria engajamentos e certa ética da convicção. Na verdade, eles são cada vez mais chamados a sustentar identificações irônicas, ou seja, identificações nas quais, a todo momento, o sujeito afirma sua distância em relação àquilo que ele está representando ou ainda, em relação a suas próprias ações.

A psicanálise, em especial a psicanálise de orientação lacaniana, insistiu no papel das identificações como processo central na socialização e sustentação dos vínculos sociais. Ela chegou mesmo a estabelecer uma distinção estrita entre identificação imaginária, fundada na introjeção constitutiva e especular da imagem de um outro que tem o valor de tipo ideal, e identificação simbólica, que indica o reconhecimento de si em um traço unário vindo de um Ou-

108　Vladimir Safatle

tro (normalmente aquele que sustenta a função paterna) na posição de Ideal do eu. Essa forma de identificação é modo de reconhecimento que, por operar por meio de traços unários, isto em vez de operar por imagens estáticas, não impõe ao sujeito a partilha de uma identidade fixa, mas o leva a se reconhecer e a reconhecer seu desejo naquilo que não tem objetivação previamente determinada.

Por meio desta duplicidade nos mecanismos de identificação, Lacan procurava explicar como os processos de socialização baseados em identificações podiam dar conta do fato de os sujeitos serem capazes de se reconhecer em funções simbólicas que não se esgotam nas figuras contingentes daqueles que as portam. No entanto, tudo se passa como se transformássemos essa ausência de objetivação previamente determinada própria às funções simbólicas em ironia. Pois, tal como as identificações simbólicas, as identificações irônicas não estão vinculadas à introjeção de imagens privilegiadas colocadas em posição de ideal. Mas essa destruição da pregnância das imagens pode redundar simplesmente na implementação contínua de certa distância irônica com relação a toda determinidade empírica, ou seja, com relação a todo papel identitário que determina um fazer social. Um distanciamento que pode se estabilizar a partir do momento em que os sujeitos tratam suas identidades sociais como simples semblants, para usar um termo de Lacan, ou ainda, como aparências postas enquanto tal. Assim, eles se aferram a identidades sociais que não têm realidade substancial devido exatamente ao fato de elas não terem realidade substancial alguma. Tal lógica da ironização pode realizar-se, por exemplo, mediante a "flexibilidade" de uma subjetividade plástica que compreende identidades sociais como aparências postas como aparência e que, com isto, pode afirmar-se enquanto puro jogo de máscaras não mais submetido a princípio unificador algum.

Tudo isso nos permite dizer que esta ironização absoluta dos modos de vida com sua lógica de autonomização da aparência pode

Identidades flexíveis como padrão da retórica de consumo   109

aparecer como posição subjetiva que internalizou a desvinculação geral entre imperativo de gozo e conteúdos normativos privilegiados própria a uma retórica de consumo que enuncia, ao mesmo tempo, a norma e sua transgressão. Ela ganha relevância em uma situação histórica, como a nossa, na qual a ideologia no capitalismo pode livrar-se de todo e qualquer vínculo privilegiado a conteúdos substantivos. Pois: "Da mesma forma que o sujeito irônico pode adotar qualquer discurso ou persona, o capitalismo pode colocar no mercado qualquer discurso ou valor (...) Ironia representa, ao mesmo tempo, uma tendência e um problema do capitalismo. Ela sempre pôs algum ponto para além de todo conteúdo ou valor particular. Neste sentido, ela antecipou a tendência do capitalismo em atravessar contextos e produzir um ponto universal a partir do qual todos valores podem ser intercambiados" (Colebrook, 2004, p. 150).

Há muito, nossos dispositivos disciplinares não procuram mais produzir subjetividades por meio da internalização de sistemas unificados de condutas e regras de práticas corporais. Não vivemos mais na época em que a ideologia procurava naturalizar modelos normativos de conduta e tipos sociais ideais, até porque isso exigiria identificações com tipos sociais pautadas pela ética da convicção; o que é impossível em situações de crise de legitimidade como a nossa. Mas notemos esta disposição atual da indústria cultural em ironizar (ou, se quisermos, "criticar") a todo momento aquilo que ela própria apresenta. Esta autoderrisão é uma maneira astuta de perenizar estruturas narrativas e quadros de socialização, mesmo reconhecendo que eles já estão completamente arruinados.

Levando tal situação em conta, podemos afirmar que uma época como a nossa desenvolveu dispositivos disciplinares que são subjetivados "de maneira paródica" por procurarem levar sujeitos a constituírem sexualidades e economias libidinais que absorvem, ao mesmo tempo, o código e sua negação. Nesse sentido, a paródia, longe de ter uma força política explosiva (como defendem teóricos

110   Vladimir Safatle

como Giorgio Agamben e Judith Butler[12]), parece ser, na verdade, a lógica mesma de funcionamento dos dispositivos disciplinares da biopolítica contemporânea, o que nos leva a encontrá-la no seio da retórica midiática de consumo. Pois a "administração dos corpos e a gestão calculista da vida" a respeito da qual fala Michel Foucault só é atualmente possível não por meio do vínculo a mandatos simbólicos coesos, mas da internalização de tipos ideais e práticas que transgridem suas próprias disposições de conduta, tipos ideais próprios a situações de anomia. Ou seja, essa maneira de funcionamento do setor mais avançado da retórica de consumo é apenas uma forma de gestão disciplinar dos processos de subjetivação em situações sociais de anomia.

Por fim, não deixa de ser ilustrativo que os estudos pioneiros de Adorno sobre a indústria cultural já haviam identificado que a indústria cultural só poderia funcionar mediante a exposição do reconhecimento da fragilidade de seus estereótipos e padrões. Isso demonstra o equívoco em associar, como se fez bastante nas últimas décadas, a teoria frankfurtiana da indústria cultural a alguma forma de teoria da ideologia que faria apelo a conceitos como "manipulação", "falsa consciência", ou mesmo "reificação". Ao constrário, a indústria cultural pressupõe formas de clivagem ou duplicação da consciência, como fica claro em uma afirmação maior : "Deve-se admitir que a própria consciência dos consumidores é dividida (gespalten) entre a diversão (Spass) regulada, que a indústria cultural a eles aplica, e uma dúvida não muito latente sobre as benesses de tal diversão" (Adorno, 2003, p. 342). Clivagem de uma consciência que, ao mesmo tempo, crê e não crê no que lhe é apresentado. Desde o texto canônico da Dialética do Esclarecimento, Adorno insiste que a indústria cultural já se articula levando em conta a dúvida com relação aos conteúdos apresentados pela própria indústria cultural, a

---

12   Ver Agamben, 2005 e Butler, 1999.

Identidades flexíveis como padrão da retórica de consumo   111

decepção com relação às promessas que a própria indústria cultural veiculava. Ele chega a afirmar que a repetição do real pela indústria cultural só poderia ser desencantada e, principalmente "cínica". Nesse sentido, seus estudos sobre a crença na astrologia, em As estrelas descem à Terra, são exemplares.

Tais colocações apenas demonstram como a indústria cultural sabe que sua força não vem de sua capacidade de conformação forçada da multiplicidade de sujeitos a estereótipos gerais de conduta e de disciplina corporal. Ela vem da capacidade em administrar a insatisfação com os estereótipos que ela mesma veicula. Nesse sentido, só podemos dizer que os exemplos expostos neste artigo demonstram como esse projeto continua sendo realizado, mas de maneira mais astuta.

BIBLIOGRAFIA

ADORNO, T., *Kulturkritik und Gesellsachaft I*. Frankfurt: Suhrkamp, 2003.

ADORNO, T. e HORKHEIMER, M. *Dialética do esclarecimento*. Jorge Zahar: Rio de Janeiro, 1991.

ALBARRAN, A, *Global media economics*: commercialization, concentration and integration of World Media Markets. Iowa State University Press, 1998.

AGAMBEN, G., *Profanations*. Paris: Rivage, 2005.

BARTHEL, D., *Putting on appearances*: Gender and advertising, Temple University Press, 1988.

BORDO, S.: "Gay Men's Revenge", *The Journal of Aesthetics and Art Criticism*, Vol. 57, No. 1 (Winter, 1999), pp. 21-25.

BUTLER, *Gender troubles*. Nova York: Routledge, 1999.

COLEBROOK, Claire, *Irony*. Londres: Routledge, 2004.

112   Vladimir Safatle

DE MOOIJ, M., Advertising worldwide: concepts, theories and practice of international, multinational and global advertising, Prentice Hall College, 1994.

DEBORD, Guy; A sociedade do espetáculo, Contraponto, Rio de Janeiro, 2002.

FALK, Pasi; The Benetton-Toscani effect: testing the limits of conventional advertising, In: MICA (org.); Buy this book, Londres: Routledge, 1997.

FEATHERSTONE (org.), Body modifications, Sage, Londres, 2000.

FONTENELLE, Caçadores do cool: pesquisas de mercado de "tendências culturais" e transformações na comunicação. In: Cadernos de Pesquisa ESPM, n.1, 2005.

FRANK, Tom; O marketing da libertação do Capital In: Cadernos Le monde diplomatique, n. 1/03, pp. 43-45.

GIDDENS, Anthony, Modernity and self-identity, Cambridge: Polity Press, 1991.

HOPKINS, Carl, Scientific advertisng, Chicago, Advertising Publications, 1966.

LACAN, Ecrits, Paris: Seuil, 1966.

___ ; Séminaire I, Paris: Seuil, 1975.

MARX, Karl; Para uma crítica da economia política, Abril, São Paulo, 1978.

RIFKIN, Jeremy, O fim do emprego, Makron Books, São Paulo, 2001.

SAFATLE, Cinismo e falência da crítica, São Paulo: Boitempo, 2008.

___ ; O que vem após a imagem de si? Os casos cindy Sherman e Jeff Koons, In: MILNITZKY, Fátima (org.); Narcisismo: o vazio na cultura e a crise de sentido, Goiânia: Dimensão editorial, 2007.

SCHILLING; Chris; The body and social theory, Londres: Sage, 1993.

THOMPSON, John, Mídia e modernidade, Petrópolis, Vozes, 2001

TOSCANI, Oliviero; A publicidade é um cadaver que nos sorri,Objetiva, Rio de Janeiro, 1998.

WEIL, Pascale, A quoi rêvent les années 90 : les nouveaux imaginaires, consommation et communication, Paris, Seuil, 1994.

Impacto social das novas mídias

CSI - Crime Scene Investigation: ciência & tecnologia, cultura e identidade na teledramaturgia contemporânea

Laura Graziella Gomes[1]

9.05: Grissom atravessa o corredor e entra na sua sala. Diz alguma coisa apressadamente para Sara. Lança uma olhadela ao último número de Nature.

9.05.03: Catherine entra na sala de reunião comendo uma maçã. Pergunta a Greg que tipo de solvente deve usar nas manchas de sangue para obter mais contraste. Greg responde. Catherine vai embora, volta para o laboratório de química.

9.05.04: Sara entra também no laboratório de química e pergunta a Hodges: "Qual é a melhor solução para se conservar os dedos cor-

---

1 Professora Associada do Departamento de Antropologia e do Programa de Pós-Graduação em Antropologia da Universidade Federal Fluminense. Desenvolveu, entre janeiro e agosto de 2006, a pesquisa Consumo de mídias: intermidialidade financiado pelo Centro de Altos Estudos da ESPM (CAEPM).

tados da vítima? Hodges, que escreve sentado à mesa, responde sem levantar a cabeça. Sara sai.

9.06.15: Ecklie entra e dá uma espiada geral no laboratório, esforçando-se para juntar gente o bastante para fazer uma reunião de trabalho: "Esse é um negócio de 400 mil dólares. É preciso resolvê-lo no máximo nos próximos minutos." Ele some.

9.06.20: Grissom entra pela porta do laboratório de química. Entrega um frasco a Hodges: "Aqui estão seus 200 microgramas. Não esqueça de anotar o número de código no livro." Grissom sai[2].

9:10. A sala de reuniões está novamente vazia, Nick e Catherine entram nela ruidosamente, terminando uma discussão. "Não acredito em uma palavra deste artigo", diz Nick. "Não", responde Catherine, "está mal escrito. Com certeza foi redigido por um médico". Lançam um olhar em direção ao Dr. Robbins e caem na gargalhada [...]

A citação acima é propositalmente uma brincadeira. Trata-se de uma adaptação de um trecho do diário de campo de Bruno Latour (1997), do qual fiz algumas adaptações e substituí os nomes dos informantes pelos das personagens de CSI – Crime Scene Investigation (http://pt.wikipedia.org/wiki/CSI:_Crime_Scene_Investigation). A intenção foi mostrar o quanto a descrição etnográfica de Latour está próxima do roteiro de episódio da famosa série de televisão norte-americana. Parte do meu esforço de análise será mostrar o que torna possível essa semelhança entre uma etnografia sobre a produção do fato científico em laboratórios e uma série de TV sobre perícia forense. Assim, partindo do princípio de que uma etnografia seria uma descrição densa da realidade (Geertz, 1979), o que permite o parentesco entre ambas as narrativas, de

---

2 Latour, Bruno & Woolgar, Steve. "Trecho de um diário de campo". In: *A vida de laboratório*: A produção dos fatos científicos. Rio de Janeiro: Editora Relume Dumará, 1997, p. 9.

CSI - Crime Scene Investigation   117

um lado garantindo a verossimilhança e o realismo de CSI e, de outro, a realidade descrita por Latour?

Como muitas séries norte-americanas de TV, CSI – Crime Scene Investigation – é totalmente desenvolvida em torno de uma atividade profissional que envolve expertises bastante complexas e exigem um alto grau de investimento e dedicação por parte dos sujeitos envolvidos. Como muitas outras séries semelhantes que giram em torno de uma carreira ou grupo profissional, a identidade pessoal desses sujeitos, se não é totalmente constituída, apresenta-se inteiramente afetada por essa atividade, pelas condições e o respectivo lócus de trabalho. Na série em questão, temos um Laboratório equipado e sofisticado em termos tecnológicos, pertencente à Polícia de Las Vegas, onde cientistas, membros de uma equipe de peritos forenses, passam boa parte de seu tempo e de suas vidas. Antes de CSI, nenhuma outra série de televisão ou mesmo filme haviam tomado a perícia forense e muito menos um laboratório como tema e cenário principal para o desenvolvimento de um drama televisivo, muito menos seriado. Mais ainda, ninguém esperava que tal coisa pudesse fazer sucesso. Nesse caso, sob vários aspectos CSI representa uma inovação na teledramaturgia, além de ter influenciado todas as demais séries de TV de sua geração, tanto esteticamente quanto em termos de abordagem do drama policial.

Apesar de não se tratar de um laboratório voltado para a pesquisa pura, como na etnografia de Latour & Woolgar, o laboratório de CSI apresenta muitas situações que dizem respeito ao funcionamento e à prática científicas, bem como às suas inúmeras aplicações e usos sociais no mundo contemporâneo. Assim sendo, embora operando na esfera da instituição policial, mas de modo semelhante às personagens reais de Latour, minhas personagens virtuais estão igualmente voltadas para a produção de "fatos científicos", no caso, evidências, provas que permitirão elucidar crimes de assassinatos. No contexto de CSI, os fatos são produzidos a partir das análises dos diferentes vestígios e das evidências deixadas pelo(s) assassino(s) no(s) cadáver(es) e nos locais do crime, também chamado de "cena do crime".

Ainda de forma similar à narrativa etnográfica de Latour, a maior parte dos episódios de CSI mostra que as provas (evidências) não são "dadas", mas precisam ser "construídas" no laboratório, a partir dos vestígios/evidências encontrados em meio à "cena do crime". Quando não encontrados imediatamente, os vestígios ou evidências precisam ser procurados, uma operação que requer um conjunto de procedimentos de identificação e coleta, e essa vem a ser a parte mais importante do enredo desta série televisiva. Temos então algo importante: não é por mero acaso que esses policiais e peritos, referem-se a si próprios como "cientistas". De fato e de muitas maneiras, não apenas eles se apresentam como tais, mas a série procura enfatizar este aspecto da vida profissional das personagens reafirmando a ideia de que o trabalho e a carreira são mais importantes do que as suas vidas pessoais.

Temos assim, uma série de TV cujo foco é a dramatização contínua e exaustiva dos protocolos, dos procedimentos e das técnicas da investigação científica associados ao uso da tecnologia. De fato, estamos diante de um processo de espetacularização da ciência. Mas ao mesmo tempo, estamos também diante de sua resignificação e apropriação pelas diferentes atividades e grupos profissionais, identidades, além de todo um conjunto de ações e fatos sociais importantes relacionados ao controle e à prevenção da criminalidade, dos processos de vitimização e criminalização, construção social do risco, além de toda cultura material associada ao crime e ao seu controle. Enfim, um amplo espectro da sociedade contemporânea e do seu modo de vida encontram-se incluídos e representados nesta série de TV.

CSI - Crime Scene Investigation   119

Mas isso não é tudo. Ao dar ênfase aos usos sociais da ciência, aos métodos e aos procedimentos científicos, especialmente, aqueles desenvolvidos em Laboratórios apoiados pelo uso de alta tecnologia, CSI apresenta outra novidade: trazer para mais próximo de nós e da vida cotidiana a figura humana do expert, do "cientista", não apenas a partir de suas competências e habilidades, mas também de seu estilo particular de subjetividade e imaginação. Não por acaso, em função dessas características que os diferencia de outras personagens, os cientistas de CSI são também denominados de geeks, uma expressão inglesa antiga associada a pessoas bizarras ou com habilidades igualmente especiais que se exibiam em circos e feiras e que atualmente é usada para designar pessoas excêntricas, com habilidades especiais, geralmente envolvidas com atividades relacionadas à ciência & tecnologia.

É nesse sentido que CSI nos interessa, pois ao mesmo tempo em que a série mostra uma instrumentalidade crescente da ciência, ela o faz invocando outros imaginários ficcionais, por meio dos quais domínios inteiros da vida social em que os usos da ciência e da tecnologia passaram a ter vigência, passam a ser recriados e resignificados. O fato é que não estamos mais diante da mídia percebida como um dispositivo de representação da realidade apenas, mas de modelagem da própria realidade e para o qual as narrativas exercem um papel fundamental e decisivo. Nesse caso, para cumprirem essa outra função simbólica e cognitiva, as teledramaturgias contemporâneas também apresentam mudanças significativas em relação às anteriores.

De acordo com Steven Johnson (2005), as séries televisivas atuais estão sendo criadas a partir da lógica dos games, além de incluir os procedimentos básicos do método científico, daí a própria ciência, na forma de laboratórios, práticas, protocolos, experiências, formas de processamento, arquivamento e recuperação

120   Laura Graziella Gomes

das informações (tecnologias e lógicas digitais de arquivamento) encontrarem-se cada vez mais presentes nos enredos e cenários destas narrativas.

CSI e outras séries são exemplos dessa nova teledramaturgia. Nela o telespectador pode encontrar todas as características que Steven Johnson (2005) denominou de "aprendizado colateral", ou seja, um aprendizado para além do conteúdo explícito veiculado. Segundo Johnson, essas séries não se limitam a representar as relações sociais, na verdade rompem com representações tradicionais do social, e, diferentemente do melodrama, não estão ancoradas nos sentimentos apenas, mas utilizam a estrutura do game, isto é, exigem que o telespectador faça um investimento cognitivo para acompanhar a trama e desenvolva um tipo de raciocínio similar àquele empregado ao participar de um game. Em seu estudo, Steven Johnson distinguiu duas formas diferenciadas de participação em um game: a sondagem e a investigação telescópica, ambas igualmente presentes nas séries americanas atuais e muito particularmente em CSI.

Segundo o autor, a sondagem implica no fato de o jogador começar a jogar sem ter todas as regras definidas. Ele recebe apenas algumas instruções básicas e conhece os objetivos imediatos. Somente ao explorar o ambiente do jogo, ele terá acesso às outras metas. Logo, o jogador precisará sondar as profundezas da lógica do jogo para entendê-lo e, como na maioria das expedições investigadas, só por meio de tentativas e erros, seguindo até suas intuições, obterá resultados.

Já a investigação telescópica é o trabalho mental de gerenciar simultaneamente todos os objetivos do jogo, desde aqueles que são dados inicialmente até os que vão sendo descobertos pelas sondagens: buscas, experiências e explorações. Esse trabalho consiste em exercitar a habilidade de saber focalizar os problemas imediatos, estabelecer prioridades e ao mesmo tempo manter uma visão ampla de conjunto e a longo prazo. Segundo Steven Johnson, a investigação telescópica não se confunde com a multitarefa, que consiste em lidar com uma torrente caótica de objetivos não-relacionados. A investigação telescópica tem a ver com ordem, hierarquia e saber tomar decisões estratégicas. Como podemos depreender, não conhecer todas as regras do jogo faz parte da experiência de jogar esses jogos eletrônicos. É esse o principal atrativo dos videogames e o motivo pelo qual eles são mais auto-referenciais, uma vez que a pergunta constante que acompanha o jogador é: como este jogo é ou deve ser jogado?

Com relação à CSI, sem dúvida, a série é escrita e produzida a partir desta modalidade de aprendizado colateral que é a sondagem e a investigação telescópica. Nela, tanto uma como a outra estão encarnadas nas personagens. Enquanto os pupilos de Grissom dramatizam todas as variações da sondagem, todas as formas de explorações, experiências, Gil Grissom encarna como ninguém a investigação telescópica com a sua capacidade não apenas de liderança, mas de estar sempre a frente do grupo, pelo fato de possuir a visão de conjunto e com isso saber estabelecer as prioridades necessárias para cada caso. É essa habilidade que confere ao personagem seu enorme carisma junto ao público.

Ainda no que diz respeito à investigação telescópica, séries como CSI mostram que saber tomar decisões estratégicas envolvendo a escolha de prioridades é uma competência a ser destacada e valorizada no cotidiano das pessoas. Por se tratar de narrativas com enredos e redes sociais múltiplas, essa questão se sobressai muito claramente. É nesse contexto que, ao contrário das telenovelas, as relações familiares e amorosas tendem a perder o seu primado, sendo substituídas por outras formas de inserção social que incluem outros espaços, instituições, agências e agentes sociais.

122 Laura Graziella Gomes

Assim, o fato de um dos temas principais de CSI ser o dia-a-dia de trabalho de um grupo de peritos forenses dentro e fora do laboratório processando vestígios coletados das cenas dos crimes, nos mais diferentes lugares e situações, torna-se o principal responsável pelo seu enorme sucesso nos EUA e no mundo. Em comparação com o drama policial tradicional, a série oferece um painel bastante diversificado de espaços, situações, relações sociais, modos e estilos de vida. Em virtude disso, o grupo liderado por Gil Grissom está sempre sendo levado a ter de gerenciar os objetivos da investigação criminal, avaliar bem os rumos que ela está tomando, distinguir prioridades, definir o que deve ser feito a curto e médio prazo para se chegar aos objetivos de mais longo alcance. Todos os episódios apresentam algum tipo de problema que ameaça esses objetivos.

Quanto à ilusão de realidade, CSI oferece também um bom exemplo de discussão, de acordo com a citação abaixo:

> ... Mais importante que o respeito por um "vivido" tantas vezes apresentado, uma única questão antropológica domina este relato: como a objetividade que não tem a sociedade por origem é produzida por essa sociedade? Para falar como Bachelard, como é feito um fato? Para falar como Serres (1987), como o objeto chega ao coletivo? Para falar como Shapin e Schaffer (1985), como a política da experiência produz uma experiência infinitamente distante de toda política. Para dizer como Bloor, como o conteúdo emerge de seu contexto? É unicamente com relação a essa questão diversamente formulada que se deve julgar os limites desta primeira pesquisa de campo...[3]

Em primeiro lugar, a série introduz o grande público em discussões complexas que envolvem o próprio conceito de realida-

---

3 Latour, B & Woolgar, S, 1997:34.

CSI - Crime Scene Investigation 123

de, tais como a relação entre experiência vivida e reconstruída, experiência real e virtual em diferentes planos e perspectivas. A maior parte dos 45 minutos de cada episódio gira em torno das diferentes formas de captação e percepção da realidade e da sua experiência, em função não apenas da perspectiva de cada perito com suas habilidades específicas, mas em função das técnicas e tecnologias disponíveis usadas por cada um deles para captá-las. Em segundo lugar, CSI mostra que, tal como na ciência, o fato empírico "não fala por si só", ou seja, ele não é um "dado". Ao contrário, todos os episódios mostram ad nauseam que a maior parte da atividade dos geeks consiste na produção (construção) dos "dados", seja em laboratório ou mesmo a partir de observações controladas. Ao fazer isso, CSI obriga o telespectador a desconstruir uma perspectiva naturalizadora do "fato empírico" e acompanhar todo o processo de transformação dos vestígios e evidências em provas objetivas. Mais ainda, a série mostra como partindo de algo extremamente fortuito, pessoal, íntimo, singular, único, a objetividade de um fato pode ir sendo construída passo a passo, emergindo de seu contexto singular e particular até chegar ao universal e coletivo.

O que ocorre então é que o telespectador é conduzido a participar não apenas dessa lógica mas também da produção científica do fato como testemunha ocular, sabendo que mesmo tendo assistido às cenas da representação de um "crime ou assassinato real", ele terá de defrontar-se também com a forma reconstruída do assassinato feita pela perícia, por meio dos procedimentos dramatizados pelas personagens que compõem a equipe de CSI. Ou seja, o telespectador tem acesso aos crimes, pelo menos, de duas maneiras: na primeira, enquanto representação de um fato da vida de alguém, enquanto uma contingência ou acaso que se impõe à biografia de dois ou mais sujeitos – assassino(s) e vítima(s) – cujos caminhos se cruzam a partir de uma repre-

124   Laura Graziella Gomes

sentação icônica da realidade (realismo); a segunda forma é a representação também realista, mas, sobretudo mediada pela ciência e tecnologia[4] no que se refere aos comportamentos reconstituídos, na forma como eles foram recuperados, percebidos e, portanto, reconstruídos pela perícia – restored behavior – a partir das investigações realizadas na cena do crime, dos vestígios, das evidências e das análises feitas no laboratório, pelos peritos. O importante a ressaltar é que a série opera simultaneamente com todos esses diferentes pontos de vista do mesmo crime/assassinato.

No que diz respeito aos protocolos relacionados à busca e ao tratamento dispensado aos vestígios e evidências encontrados na "cena do crime", que permitem a produção das "provas" e, consequentemente, dos "fatos", estamos diante da mesma lógica de pensamento e de comportamento face ao mundo empírico e ao ambiente controlado do Laboratório, tal como no artigo A referência circulante (Latour, 2001). No caso estudado por Latour, sua etnografia compreendeu uma equipe de cientistas-pesquisadores (1 geólogo, 1 geomorfologista, 1 botânico, 1 pedólogo e 1 antropólogo), cada um com suas expertises específicas tendo como campo empírico de observação um determinado trecho da floresta amazônica, onde ela faz fronteira com a savana. Em sua etnografia, os cientistas de Latour estão neste trecho da floresta à procura de evidências que lhes permitirão construir os dados de forma a confrontarem duas teorias opostas entre si: uma que pretende demonstrar que a floresta está avançando sobre a savana e a outra que pretende demonstrar o contrário, isto é, que a floresta está recuando, cedendo lugar à savana. A principal evidência para ambas as hipóteses é oriunda da botânica e diz respeito aos exemplares de vegetação

---

4 Desta forma, a teledramaturgia norte-americana contemporânea dá grande destaque para a entrada em cena da sóciotécnica, tal como Latour a discute em seu livro A ciência em ação (1997).

típica da savana encontrados no interior da floresta. Diante dessa primeira evidência empírica, Latour escreveu:

> ...Edileusa (a botânica) acredita que a floresta está avançando, mas não tem certeza porque a evidência botânica é confusa: a mesma árvore pode estar desempenhando um de dois papéis contraditórios, esculca ou elemento de retaguarda. Para Armand, o pedólogo, à primeira vista a savana é que pode estar devorando a floresta aos bocados, degradando o solo argiloso, necessário para as árvores saudáveis, em solo arenoso, na qual só sobrevivem a grama e os arbustos mirrados...[5]

A citação acima é importante porque o relato de Latour não é sobre especulações e representações do grupo de cientistas sobre a floresta, mas sobre o conjunto de operações e ações que eles irão desenvolver no mundo empírico (floresta) para identificarem e coletarem vestígios e evidências capazes de demonstrar suas respectivas teorias sobre o que está acontecendo com a floresta, se ela está crescendo ou diminuindo. Para mim, leitora do artigo de Latour, o que importa é constatar como esse modus operandi tão bem descrito e etnografado por ele foi apropriado pela ficção e, dessa forma, encontra-se presente, reconstruído nas narrativas de uma série de TV.

Em CSI, temos, na verdade, uma imitação de algumas das operações descritas no artigo de Latour. Em suma, as operações dramatizadas pelos peritos em CSI, na cena do crime são muito similares àquelas ocorridas na floresta. Colocando-me virtualmente na mesma posição de Latour, assisto atentamente a um dos episódios de CSI, no qual vejo um grupo de peritos, andando de um lado e de outro na cena de um crime, dialogando entre si, formu-

---

5 Latour, 2001:42.

lando hipóteses e teorias sobre o que pode ter provocado a morte da vítima, se o assassino é um serial killer ou não e, nesses termos, temos novamente a mesma discussão apresentada por Latour no artigo "Você acredita na realidade?" (Latour, 2001): não existe um mundo exterior lá (sociedade) e um interior cá (subjetividade). Nesse sentido, CSI é uma demonstração de como a sociedade (exterioridade) representada na série vai criando o serial killer ao mesmo tempo em que é completamente recriada por essa personagem, em função dos dispositivos normalizadores adotados, que incluem o uso crescente da ciência e da tecnologia.

Imediatamente posso afiançar que, da mesma forma que eu, outros telespectadores se sentem atraídos pela série exatamente por causa de todo esse temário e dos comportamentos reconstruídos. Eles também estão interessados no vai e vem dos peritos, de como eles buscam e recolhem vestígios, tornam evidências aparentemente "confusas" em "provas" seguras, objetivas, fazendo que hipóteses contraditórias deem lugar a "fatos cientificamente comprovados", dando origem a uma "verdade" construída a partir de uma série de procedimentos que os peritos virtuais colocaram em ação, incluindo as idas e vindas entre a cena do crime e o Laboratório, onde, a partir do processamento dos vestígios, algumas delas se transformam em evidências confiáveis pelas técnicas laboratoriais. Assim, o crime pode ser reconstruído passo a passo, não exatamente como ele ocorreu, segundo a perspectiva da(s) vítima(s) ou de seu(s) assassino(s), por causa das subjetividades, emoções e sentimentos envolvidos, mas de acordo com a perspectiva "técnica", "científica" dos peritos que vai sendo estabelecida pelo confronto entre as evidências, à medida que elas são reconstruídas, muitas vezes, com a ajuda dos próprios envolvidos – o cadáver e o assassino. É essa versão reconstruída, doravante considerada a "verdadeira" que será utilizada pela justiça (promotoria, júri e juizes, defesa etc.).

CSI - Crime Scene Investigation   127

Todo o sucesso da série é devido a essa encenação da "referência circulante" discutida por Latour.

Mas é hora de perguntarmos: afinal de contas, o que tudo isso quer dizer, já que diferentemente do texto de Latour, a série não pretende provocar um debate sobre epistemologia, ou sobre o estatuto ontológico do conceito de realidade. Nesse caso, o que ela pretende então? A resposta pode parecer simples, mas não é se verificarmos de perto algumas de suas implicações sociológicas. De fato, aparentemente o objetivo da série é a diversão, mas, como já foi dito, pretende-se também modelar a realidade, por meio de sua normalização. O caminho para isso é a experiência, seja uma experiência de vida ou profissional, donde a necessidade de se dotar as personagens com algo além de sentimentos, paixões, culpa etc., ao contrário do repertório tradicional do melodrama. Um dos expedientes de que a teledramaturgia dispõe para tanto, além das biografias que ela elege para dramatizar, é a produção da visibilidade de determinadas identidades e alteridades baseadas em um tipo diferente de habilidade cognitiva, expertises ou imaginação, que a sociedade (norte-americana) enfatiza tanto positiva quanto negativamente.

Ou seja, estamos claramente diante de um contexto em que filmes e séries de TV, ao tornarem-se algo mais do que mero entretenimento das massas, tornaram-se, também, arenas retóricas em que identidades sociais são colocadas em confronto, disputam e negociam sua afirmação e visibilidade local e/ou global (veja-se, por exemplo, o caso de outras séries, como Lost, Heroes etc.), ou, ainda, marcam a alteridade de algumas outras. Portanto, institucionalizam sua singularidade, diferença, bem como a necessidade de sua aprovação, elogio ou reprovação e exclusão. Assim sendo, não podemos ignorar que a existência do "perito cientista" que comparece à cena do crime com todas as suas expertises cognitivas e psicológicas, juntamente com o seu aparato tecnológico supõe outra personagem igualmente importante, poderosa e ameaçadora que também adquiriu bastante visibilidade nesta sociedade: o serial killer, isto é, um tipo de predador igualmente competente e qualificado.

Quanto mais a atividade criminosa e as mortes violentas passaram a ser representadas como produções em série, realizadas por indivíduos altamente competentes e qualificados, ou seja, verdadeiros peritos do crime e da arte de matar, mais o seu controle passou a estar associado também à mesma lógica, isto é, somente pessoas altamente qualificadas, portanto, cientistas com acesso a alta tecnologia poderão deter a violência produzida em série e de forma tão especializada, o que empresta ao cientista outro caráter e papel. Ele deixa de ser apenas o "herói civilizador, demiurgo, criador" e passa a intervir diretamente na sociedade como um agente regulador da própria ordem social. Temos então um upgrade no status do próprio crime, que implicou também na mudança do status da lógica de seu combate e dos profissionais que o realizam. Um exemplo gritante do nível a que esse combate imaginário chegou em termos de imagens e ficção pode ser observada em Dexter, outra série mais recente e também extraordinariamente bem sucedida do ponto de vista de crítica e público. Dexter é ao mesmo tempo um perito e um serial killer, sendo uma versão atualizada do justiceiro. Muito inteligente, habilidoso, qualificado e especialista em análises de sangue, Dexter não apenas encontra qualquer serial killer, como os liquida de forma rigorosa e implacável. Mais uma vez, não estamos falando de representações da realidade apenas, mas de modelagem da própria realidade e para o qual as narrativas constituem um dispositivo fundamental e decisivo. No caso de Dexter, a mensagem não deixa dúvidas de que determinada concepção de ordem social deve ser mantida e preservada custe o que custar. Assim, a morte executada por Dexter representa o antídoto necessário nos casos em que o sistema judiciário normal falhou com relação ao criminoso, deixando-o escapar, sem chances de recuperação. Não é preciso dizer que o personagem é bastante querido, além de ser suficientemente carismático.

Se admitirmos juntamente com Schechner (1985) que as narrativas contêm a matéria prima da performance, temos de admitir também que são elas que permitem a todas essas identidades construírem sua visibilidade de forma mais ou menos verossímil. É nesse sentido que as séries, e muito especialmente CSI, remete-nos diretamente ao conceito de Richard Schechner – restored behavior. De acordo com Schechner, "restored behavior [...] is organized sequences of events, scripted actions, known texts, scored movements"[6] (Schechner, 1985:35-36). Para o autor, restored behavior existe em todos os tipos de performances conhecidas, do ritual tribal às artes cênicas contemporâneas. Dessa forma, restored behavior não só é considerado a matéria prima da performance em geral, como também, segundo Schechner, está disponível para ser manipulado, rearranjado como se fosse uma "coisa" ou mesmo uma sequência de filme que o diretor corta ou põe de acordo com a sua conveniência. Isso significa dizer que, para Schechner, necessariamente, restored behavior não está associado a significados e conteúdos fixos ou que estes devam ser plenamente conhecidos pelos seus usuários, ou ainda que não podem ser alterados. Na maioria das vezes, o sentido original ou mesmo a fonte original do restored behavior já se perdeu ou se tornou irrelevante do ponto de vista social. Aliás, é essa circunstância que o torna mais propício a reutilizações e reatualizações, das quais ele participa contribuindo para criar novos significados e conteúdos socialmente relevantes.

---

6 "Comportamentos reconstruídos ou restaurados são sequências organizadas de eventos, ações prescritas, textos conhecidos, movimentos contabilizados e estereotipados".

O que torna séries como CSI extremamente atraentes para o público é a forma como ela renovou o estoque de restored behavior utilizado na teledramaturgia contemporânea, até então totalmente ancorado no repertório fornecido pelo melodrama. Embora ela ainda se valha desse repertório, ela o utiliza de forma resignificada em função de um novo repertório de restored behavior que está sendo incluído. Com relação à CSI, ele pode ser de dois tipos: o primeiro diz respeito justamente ao campo da perícia e dos peritos, envolvendo as técnicas e os procedimentos já discutidos, retirados da atividade científica, com a inclusão de todas as expertises envolvidas, da mesma forma que os objetos e instrumentos usados nas investigações. O que chama atenção, de acordo com a afirmação de Schechner, é que essas ações tomadas em si mesmas não possuem nenhum significado específico, mas somente na medida em que são postas diante e em relação ao segundo tipo de restored behavior.

O segundo tipo de restored behaviors está relacionado ao que chamarei de campo da morte, incluindo nesse campo os tipos de vítimas, os modos de vitimização e as respectivas técnicas e modos de matar, igualmente reconhecidas como tais pela sociedade em questão, no caso, a sociedade norte-americana. No primeiro termo, temos o conjunto de fatores que determinam a escolha da vítima: se homem ou mulher, se criança, se jovem, adulto ou idoso, etc. Em seguida, temos as situações vividas pela vítima que podem favorecer sua condição como tal, que podem ser bem variáveis, desde comportamentos considerados de risco adotados por ela, ou seja, circunstâncias mais previsíveis, até situações consideradas mais imprevisíveis. Finalmente, temos os procedimentos e as técnicas de matar propriamente ditas postas em ação pelos criminosos para atacarem, matarem suas vítimas e, finalmente, descartarem o corpo.

CSI apresenta um estoque bastante variado de restored behaviors relativos a cada um desses termos. Embora diga respeito a uma sociedade absolutamente envolvida com o estabelecimento da justiça e com a segurança de seus membros, a série mostra claramente que esta sociedade nela representada possui e é capaz de engendrar um tipo de violência que é bem específica dela. É importante ressaltar que muitos desses procedimentos e técnicas de matar, bem como de processos de vitimização, por sua vez associados ao uso de armas e objetos também particulares e específicos envolvem toda uma discussão sobre a relação entre cultura material, cultura de consumo da sociedade em questão e os crimes dramatizados.

Em contrapartida, no segundo termo relativo às vítimas, há também os restored behaviors relacionados ao estoque de comportamentos vitimizadores, ou seja, que podem motivar sua condição como tais colocando-as em situação de risco, sugerindo uma relação estreita entre ambos – assassinos e vítimas – mesmo que fosse desconhecida por parte da vítima até o momento fatal. Ou seja, para cada tipo de vítima (seu modo ou estilo de vida), haveria um tipo de assassino com suas respectivas técnicas de matar, instrumentos e métodos. De certa forma, CSI reafirma o lema "dize-me como vives e te direis como morrerás".

Assim sendo, isoladamente os restored behavior não possuem significados próprios. Somente quando dispostos em sequência – de um lado, aqueles que envolvem as ações do(s) assassino(s) e de sua(s) vítima(s) e, de outro, aqueles que envolvem as ações dos peritos – é que podemos observar que não apenas possuem sentido, como acabam reafirmando para o público a ideia de que para esta sociedade a "morte violenta" está primariamente associada a indivíduos que desenvolvem certos comportamentos, por possuírem determinados estilos de vida, tanto do lado da vítima quanto dos

132 Laura Graziella Gomes

assassinos, sugerindo ao público que nada acontece por acaso, mas ao contrário, que comportamentos, modos e estilos de vida podem ser também os responsáveis pela vitimização.

Ora, numa sociedade em que o acaso é percebido como uma ameaça, especialmente a morte violenta, fica evidente que a determinação dos responsáveis e as condições de vitimização constituem o foco dessas séries, daí a ação pericial ter adquirido importância e, não tanto, as causas de ordem social que raramente são consideradas[7]. Dessa forma, o campo da perícia é construído de forma a ser apresentado como parte do dispositivo normalizador desta sociedade e, portanto, mais um mecanismo simbolicamente eficaz de ela vir a exercer o controle social.

Outro aspecto importante desse seriado no que tange ao repertório de restored behaviors atualizados por ele precisa ser destacado, a saber, as tecnologias de registro e documentação que, juntamente com as investigações nas cenas do crime e no laboratório, corroboram a produção das provas definitivas. Nesse sentido, temos a informatização e a onipresença dos bancos de dados a mostrarem para o telespectador o quanto nesta sociedade a normalização dos sujeitos sociais não depende mais e apenas das normas disciplinares das instituições tradicionais, mas cada vez mais das tecnologias de informação e comunicação e na sociedade em rede, tudo isso conferindo objetividade e universalidade aos protocolos de investigação criminal.

Em CSI, a identificação dos suspeitos é feita muitas vezes após a consulta aos bancos de dados disponíveis. Em vários episódios, Gil Grissom e sua equipe puderam determinar que o suspeito era

---

7 Ao contrário do Brasil, onde toda situação de morte violenta desencadeia uma discussão sobre os problemas sociais ou as motivações sociais que, acredita-se, tenham causado a morte. A identificação dos responsáveis e as condições particulares que levaram aquela vítima a tal condição não são muito levadas em conta, ou aparecem em segundo plano.

CSI - Crime Scene Investigation   133

um serial killer, ou seja, alguém que já vinha cometendo assassinatos há bastante tempo e não um criminoso comum porque, justamente, tinham à sua disposição informações armazenadas que combinavam com ou confirmavam as evidências coletadas na cena do crime. Daí para localizar e, em seguida, prender o criminoso antes de ele escolher a próxima vítima, a tarefa se torna muito mais fácil para esses peritos.

Não é preciso dizer que diante de toda essa eficiência técnica e tecnológica, CSI angariou um público ardoroso de fãs mundo afora, inclusive no Brasil. Uma observação ainda que superficial das atitudes assumidas pelos fãs mostra que o apelo do seriado consiste na forma hiperrealista, na apresentação performática com que as situações, eventos e procedimentos relativos às atividades de perícia são mostrados na tela. Os episódios são constituídos, de acordo com os argumentos de Schechner, de uma sequência de cenas e ações tomadas da perícia, como se possuíssem vida própria, fossem "coisas" disponíveis para serem manipuladas e dispostas em diferentes arranjos dramáticos e suportes. Um dos trunfos do seriado é que ele dispõe de inúmeros suportes sobre os quais as sequências de restored behavior são dispostas e organizadas para dar origem à narrativa. Nesse caso, à medida que recriam um evento, um crime, reconstruindo as ações que o compõe ou modificando-o pela reorganização de determinadas evidências, sequências, de forma mais ou menos intencional, vemos uma finalidade clara de manipulação, mas que deve ser considerada no sentido amplo de que nos fala Schechner, isto é, como um elemento de toda dramatização existente, desde as mais institucionalizadas e legitimadas, como rituais e cerimônias coletivas, até as formas contemporâneas de teatro, cinema e televisão.

Após apresentar em linhas gerais a dinâmica do seriado, é chegada a hora de perguntarmos, parafraseando Pierre Bour-

134   Laura Graziella Gomes

dieu: afinal de contas o que isso tudo quer dizer acerca da realidade do aqui e do agora? O que significa um seriado produzido com as características descritas acima? O que significa o fato de ele ser assistido por cerca de 18 milhões de pessoas, somente nos EUA[8], sem contar o sucesso de audiência que a série possui fora dos EUA, na Europa e, finalmente no Brasil onde está sendo transmitida duas vezes por semana em canal aberto (1ª e 2ª temporadas), e uma vez por semana no canal a cabo Sony (5ª temporada)? Não é preciso dizer que aqueles que se dizem fãs da série a adoram exatamente pela ênfase que ela confere à ciência, às técnicas de investigação criminal, enfim, a tudo aquilo que anteriormente identifiquei como aspectos relacionados à ciência & tecnologia, ao mundo do trabalho das profissões, no caso a profissão de perito, incluindo o conhecimento, as expertises, a sensibilidade e a imaginação necessárias ao seu desempenho.

Temos assim um dilema diante daquilo sobre o qual se pretende falar ou dizer alguma coisa. A ênfase sobre o cadáver e a cena do crime, juntamente com a ciência e a tecnologia sugere que a espetacularização da morte violenta, bem como da ciência não é devido apenas à necessidade de se controlar e prevenir o crime, mas também de produzí-lo na medida em que se enfatiza o aspecto lúdico que se encontra presente no seu processo de elucidação, por meio das técnicas periciais. Há a sugestão quase automática posta para o telespectador de que: 1) ele pode ser a próxima vítima, principalmente se não tomar cuidado com suas ações e com seu estilo de vida; 2) ele pode ser um assassino em potencial; 3) para as famílias das vítimas, a elucidação do

---

8   No momento atual, CSI possui a maior audiência nos EUA, com cerca de 18 a 20 milhões de pessoas. Em 2006-2007, ela obteve o 1º lugar no ranking das séries e só perdeu algumas vezes para Grey´s Anatomy, uma série hospitalar.

crime ameniza o luto e finda uma etapa. Nesse sentido, o seriado adquire um efeito de jogo de videogame, no qual a cena do crime e as condições apresentadas pelo cadáver constituem o ponto de partida para, a partir daí, cada jogador-telespectador ir fazendo suas apostas ao mesmo tempo em que se coloca no lugar de um dos peritos em cena: Gil Grissom, Jim Brass, Catherine Willows, Sara Sidle, Warrick Brown, Nick Stokes e Greg Sanders. Paralelamente a isso, ou seja, paralelamente à espetacularização da morte e do crime que acaba por transformar a investigação criminal em um show, em um jogo de charadas, as práticas e técnicas científicas adotadas pelos peritos e colocadas em prática nos procedimentos que utilizam para reconstruir e elucidar os crimes acabam também por diluir o contexto e as motivações sociais e/ou culturais do crime, sejam com relação ao comportamento das vítimas, sejam com relação ao comportamento dos assassinos, seja ainda com relação às próprias responsabilidades das instituições sociais existentes. Vez por outra, as motivações que deram origem ao crime são mais exploradas, mas na maioria dos casos trata-se de no máximo explorá-la exclusivamente pelo viés das personagens implicadas, isto é, do ponto de vista individual.

Referências Bibliográficas

Johnson, Steve. *Surpreendente!* A televisão e o videogame nos tornam mais inteligentes. Rio de Janeiro: Editora Campus, 2005.

Latour, Bruno. *A ciência em ação.* Como seguir cientistas e engenheiros sociedade afora. São Paulo: Editora UNESP, 1997, 438 p.

Latour, Bruno & Woolgar, Steve. *A vida de Laboratório: a produção dos fatos científicos.* Rio de Janeiro: Editora Relume Dumará, 1997.

Latour, Bruno. "Referência circulante". In *A esperança de Pandora.* Bauru: EDUSC, 2001, p. 39-96.

Schechner, Richard. *Between theater & anthropology*. Philadelphia: University of Pennsylvania Press, 1985.

_____. "O que é Performance?" In: Revista *O Percevejo*. Rio de Janeiro: PPGT-UNIRIO, ano 11, 2003, n°. 12: 25 a 50.

Blogs políticos, empresas jornalísticas e autonomia

Clóvis Barros Filho[1]

A produção científica do campo universitário da comunicação no Brasil já está entre as mais ricas do mundo. A diversidade das áreas de concentração e linhas de pesquisa dos nossos programas de pós-graduação, bem como dos grupos de trabalho das associações acadêmicas, indica uma consistência e amplitude de objetos invejável, mesmo quando comparada com países de maior tradição científica. Assim, a título de exemplo, já não é de hoje que as pesquisas sobre telenovela, produção de notícia – em veículos impressos, rádio e televisão –, publicidade, comunicação organizacional, comunicação política e outros vêm ensejando

---

1 Professor do mestrado em comunicação da Escola Superior de Propaganda e Marketing (entre 2006 e 2008) e professor livre-docente da Universidade de São Paulo.

138 Clóvis Barros Filho

objetivação e sistematização de conhecimento científico sobre a mídia de inegável interesse social.

Mais recentemente, as novas tecnologias passaram a merecer grande atenção dos investigadores da comunicação. A internet converteu-se num objeto científico privilegiado. Os postulantes ao campo, cada vez mais, disputam vagas nas linhas de pesquisa a ela consagradas. As instâncias de divulgação científica contam com um número crescente de investigações já concluídas sobre o tema. O Brasil tornou-se um polo de excelência, reconhecido internacionalmente, de discussão sobre a cibercultura.

Essa extensa produção sobre a internet é vítima da diversidade de mensagens, de espaços de produção, de agentes enunciadores e de receptores que interagem nesse espaço. Daí a dificuldade de sua sistematização. A pesquisa relatada aqui tem por objeto a produção jornalística on-line. Mais especificamente, de notícias políticas e eleitorais. Propomos uma sociologia dessa produção. Uma análise do espaço de relações profissionais onde ela se dá. Dos interesses propriamente jornalísticos que patrocinam esta ou aquela decisão. Da posição desses agentes, produtores de um tipo particular de notícia, no campo geral da produção jornalística. Por isso, a análise dos discursos enunciados nas entrevistas com esse agentes do jornalismo on-line exigirá reflexão mais ampla do campo jornalístico brasileiro, seus agentes, regras, troféus e, sobretudo, de sua autonomia relativa face a outros campos com os quais interage. Para tanto, adotamos alguns procedimentos metodológicos, apresentados e justificados nas linhas que seguem.

Procedimentos metodológicos

Nenhum método é neutro. Sua escolha não deve ser rígida, mas rigorosa. Todo pesquisador deve se esforçar, ao máximo, para dar coerência à forma como estabelece e trabalha o seu material empírico com seu referencial teórico. Assumindo essa perspectiva, praticamente consensual no campo científico, objetivamos, em um primeiro momento, esclarecer questões como: por que investigar nosso problema de pesquisa por meio da análise de discursos? Não existiriam outros caminhos metodológicos mais interessantes? Adequados? Seguros? Férteis? Para, em um segundo momento, esclarecermos a concepção de análise de discurso assumida por nós. Sua singularidade, especificidades e pressupostos. Começamos pela análise dos discursos colhidos.

Delimitamos nosso corpus investigativo ao discurso de profissionais jornalistas, produtores de notícias para a internet. Para isso, coube-nos suscitar sua enunciação e analisá-los. Mas o que analisar um discurso quer dizer?

Indagação prenhe de polêmica. Discutida e analisada por diversos autores. Boa parte deles, filiados a várias correntes semiológicas. Contra elas, o olhar corrosivo e desmistificador de Bourdieu. De seu ponto de vista, "não existe ciência do discurso considerado em si mesmo e por si mesmo" (Bourdieu, 1998, p. 129). Sem sombra de dúvida, apenas retirando todas as consequências dessa sua afirmação, será possível apresentarmos adequadamente a resposta que nos oferece à questão proposta no título. Sendo assim, compete-nos, neste momento, responder a duas questões capitais. A saber, quais os pressupostos envolvidos nessa sua afirmação? Quais as implicações que devemos retirar dela? Por outras palavras, o que exatamente queria dizer com ela?

Que uma análise mais crítica e completa do discurso não deve se limitar a compreendê-lo apenas a partir de suas propriedades formais. Nesse sentido, para ele, a posição quase jornalística da sociologia "espontânea" de alguns pós-modernistas – que se limitam a descrever o que é dito – não passa de uma óbvia ingenuidade subjetivista. Um equívoco metodológico. Pseudociência. Afinal, como diria, o sentido último de um discurso só pode ser apreendido como objetivamente estruturado (Bourdieu, 1998, p. 129). Ou seja, deve ser referido às condições sociais que o estabeleceram. Mais exatamente, ao contexto específico de sua produção, circulação e recepção. Descartando, assim, toda explicação mecanicista – redutora do pensamento marxista – que apreende o discurso como diretamente determinado pela infraestrutura da sociedade em que é enunciado.

Isso significa que só compreendemos, verdadeiramente, o que diz ou faz um agente engajado num campo (um economista, um escritor, um artista etc.) se estamos em condições de nos referirmos à posição que ele ocupa nesse campo, se sabemos "de onde ele fala" como se dizia de modo um tanto vago por volta de 1968 (Bourdieu, 2004, p. 23-24).

Em outras palavras, suas possibilidades discursivas nesse campo dependem diretamente do volume que possui de seu capital específico. De seu reconhecimento e visibilidade nele. Sua "repulsão" ou a "atração" por determinado discurso será, assim, motivada por ela. É ela quem o tornará "simpático" ou "antipático" a certos conteúdos (Bourdieu, 2005a, p. 31).

Por conseguinte, para traçar um mapa sociológico – ou, se o leitor preferir, psicossocial – capaz de indicar se determinado universo obedece à lógica concorrencial própria a qualquer campo social, é preciso relacionar o discurso de seus agentes com a posição que ocupam na sua estrutura, bem como confrontá-los com o de seus pares-concorrentes. Só assim conseguiremos perceber seu grau de estruturação pela via do discurso. Em caso de sua estrutura se assemelhar à de um campo, perceberemos que suas posições não são definidas em si mesmas, mas em função das demais. Que as tomadas de decisão que ocorrem no seu interior não são o produto de uma racionalidade transcendental. Desinteressada. Espontânea. Mas sim reflexivas. Caso contrário, se nos limitarmos a analisar os discursos "neles mesmos", dificilmente chegaremos a esse tipo de constatação. Afinal, dificilmente denunciarão as condições sociais de sua produção. É bastante improvável que explicitem sua possível natureza reflexiva. Pelo contrário, as tomadas de posição em qualquer jogo são sempre carregadas de dissimulação. Latour, em sua clássica obra Ciência em Ação (2000), denomina "modalidade positiva" justamente essas sentenças que "não contêm nenhum vestígio de autoria, interpretação e espaço" (2000, p. 42). Por isso, o que elas expressam poderia muito bem "ser conhecido há séculos ou ser baixado por Deus juntamente com os Dez Mandamentos" (2000, p. 42). Assim, como as condições objetivas de possibilidade de formulação do discurso são, nesse tipo de sentença, ocultadas, seu universo de produção acaba se encerrando numa "caixa-preta".

Dessa forma, essas sentenças podem converter o discurso que as enunciam num fetiche. Isto é, ao apagar sua historicidade, fazem crer numa produção absolutamente original. Fascinante. Mágica até. Que encanta e produz desejo. Nesse caso, evidentemente, o discurso pode se tornar, como diria Bourdieu, "não só um instrumento de comunicação e conhecimento, mas de poder" (2003, p. 148). De violência simbólica, mais exatamente.

Afinal, ao não indicar "de onde se fala", a "modalidade positiva" pode converter qualquer discurso, inclusive o identitário, em atemporal. Reivindicar para ele o status de fato inquestionável. De verdade absoluta. Cristalizando, assim, seu sentido mais aparente. Consequentemente, ocultando o conflito que o produziu. Reificando-o, com isso. E, como sabemos, a reificação, sob a forma de naturalização e de eternalização, pode ser, num espaço assimétrico de poder, como os campos sociais, instrumentos poderosos para a manutenção da dominação de um grupo social sobre outro.

A função de um cientista do discurso seria, então, a de desnaturalizar e contextualizar essas sentenças. Esses discursos.

Justamente para denunciá-los como mecanismos de dominação. De opressão. De legitimação de uma desigualdade social. Para tanto, é preciso, repitamos, jogar luz nas condições históricas e sociais de sua produção. Isto é, compreendermos que ele não é o resultado de uma espontaneidade. Tampouco, certamente, de um cálculo consciente. Mas, sobretudo, de um saber prático incorporado ao longo de uma trajetória de relações e de coerções sociais, exercidas por um determinado espaço social sobre seus agentes. Compreendermos que ele é o produto de seus interesses específicos. Entre eles, o de serem conhecidos e reconhecidos dentro desse espaço.

Dessa forma, podemos dizer que analisar um discurso de produção jornalística especializada quer dizer, fundamentalmente, compreendê-la como uma "formação de compromisso". Um "sintoma", como diria Freud. De uma classe ou, como propomos no nosso trabalho, de um campo social. O produto de um acordo tácito entre o interesse expressivo de seu agente e da censura exercida sobre ele pela própria estrutura do universo em que o enuncia.

Por essa razão, sustentamos que duas questões são capitais na sua análise, a saber: 1) os interesses de seu agente, motivados pela posição ocupada na estrutura social do universo em que se encontra e 2) as pressões corretivas exercidas por esse mesmo universo. Ou seja, devemos interpretá-lo (discurso) à luz da avaliação prática das chances de lucro econômico, político e, sobretudo, social que ele pode oferecer ao seu agente no seu universo de produção, circulação e recepção. Foram justamente as questões que buscamos analisar nos discursos coletados de nosso corpus.

Blogs políticos   143

A ANÁLISE DOS DISCURSOS COLETADOS

Acabamos de apresentar as razões que nos persuadiram a escolher a análise de discursos de jornalistas – com ênfase para os que se consagram ao jornalismo político online – sobre seu próprio fazer como forma de investigação do nosso problema de pesquisa. Agora, nesta segunda parte da nossa metodologia, esclareceremos a condução dessa nossa análise. Apresentaremos e justificaremos cada uma de suas seis etapas: a constituição do corpus: quem são os blogueiros entrevistados. Nossa opção por analisar o discurso de profissionais dominados subversivos, profissionais dominados integrados, profissionais dominantes; sua seleção: por quem e por quais razões foram eleitos. Nossa opção por um critério endógeno aos universos profissionais investigados para essa eleição. O uso que fizemos de informantes privilegiados para chegar aos agentes emblemáticos; seu tamanho: qual o critério utilizado por nós para definir o tamanho de cada grupo de entrevistados. Nossas razões sociais e metodológicas para dividi-los desigualmente; sua coleta: por que escolhemos entrevistas semiestruturadas em profundidade para obtenção do material discursivo. Nossa opção por confrontar a codificação feita com as anotações que realizamos durante as entrevistas e, sobretudo, com a posição ocupada pelos entrevistados nos universos profissionais pesquisados.

Um campo social é sempre um espaço de lutas concorrenciais, em que o que está em jogo é o monopólio da sua autoridade – capacidade técnica e poder social – e da sua competência específica – capacidade de agir e falar legitimamente nele e sobre ele. Dessa forma, podemos dizer que ocorre no interior de todo campo social uma disputa entre seus agentes para impor como mais legítimos aqueles discursos – éticos e identitários – mais de acordo com seus interesses específicos. Aqueles que lhes abonarão com um maior lucro, inclusive simbólico.

144   Clóvis Barros Filho

Nessa disputa discursiva, os dominantes tenderão à defesa da ortodoxia, uma vez que a manutenção da estrutura do campo lhes interessa. Conferem-lhes prestígio e poder. Os dominados, por sua vez, poderão seguir duas orientações antagônicas: em direção às "posições seguras das estratégias de sucessão" (Bourdieu, 2003, p. 129) – assumindo, assim, da mesma forma que os dominantes, a defesa da ortodoxia. Ou, inversamente, em direção aos investimentos mais custosos e arriscados, que são as estratégias de subversão. Assumindo, então, a defesa da heterodoxia.

Já os pretendentes, embora devam compartilhar, da mesma forma que dominantes e dominados, o valor do campo a que pretendem ingressar – caso contrário, não seriam pretendentes! – deverão enunciar sobre ele um discurso mais difuso. Afinal, seus referenciais terão sido aprendidos em outras instâncias de socialização.

Assim, se, de fato, os universos profissionais pesquisados apresentam as propriedades de um campo social, acreditamos que seus agentes deverão não apenas reconhecer a obviedade de seu valor, de seus troféus específicos, mas, sobretudo, manifestar discursos e estratégias coerentes com as posições que nele ocupam. Indicando-nos não apenas certa consciência de que suas tomadas de decisão estão submetidas a processos de valorização, mas, sobretudo, de que elas obedecem a uma lógica concorrencial e, portanto, reflexiva.

Caso contrário, se todos assumirem um mesmo discurso, teremos indicativos importantes de que esse universo constitui um espaço monolítico. Sem disputas significativas em torno de seu controle e de suas principais posições de poder. Um aparelho, por exemplo. Se, por outro lado, manifestarem discursos muito diversos sobre ele, teremos, então, um indicativo importante da debilidade de suas instâncias de socialização. De que esse espaço ainda se encontra fragilmente estruturado. Para verificarmos essa

Blogs políticos   145

hipotética coerência entre seus discursos e posições de seus agentes, optamos por confrontá-los. Assim, nosso corpus de pesquisa foi dividido da seguinte forma:

1) Polifonia de discursos exógenos ao universo profissional pesquisado: jornalistas políticos de blogs.

2) Polifonia de discursos endógenos ao universo profissional pesquisado. Para sua constituição, escolhemos três tipos emblemáticos, todos representantes de diferentes blogs: dominados subversivos, dominados integrados; e dominantes. Buscamos analisar os discursos dos diferentes agentes desse universo profissional.

Para apresentarmos o critério de seleção do nosso corpus, é fundamental, em primeiro lugar, ressaltar que, diferentemente do corpus probabilístico (amostra), que tem pretensão de ser aplicado na maioria dos casos, não existe um método único para seleção dos entrevistados para uma investigação qualitativa como a nossa (Gaskell, 2004, p. 70). Pelo contrário, existe uma verdadeira pluralidade de possibilidades. Em segundo lugar, é preciso ressaltar que tampouco existe um único critério para estabelecer a posição ocupada por um agente na estrutura do seu campo. Em "Sobre a televisão" (1997), por exemplo, Bourdieu sugere que, além do simbólico, o critério econômico pode vir a ser um importante indicativo da posição ocupada por um jornalista no seu campo profissional. Assim, de acordo com ele, se objetivamos saber

> o que vai dizer ou escrever [um] jornalista, o que ele achará evidente ou impensável, natural ou indigno dele, é preciso que se conheça a posição que ele ocupa nesse espaço, isto é, o poder específico que possui seu órgão de imprensa e que se mede, entre outros indícios, por seu peso econômico, pelas fatias de mercado (BOURDIEU, 1997, p. 58).

146 Clóvis Barros Filho

De nossa parte, entretanto, pensamos ser um equívoco metodológico a adoção de um critério econômico para a seleção de nossos blogueiros entrevistados. Afinal, assumida a pertinência do conceito de campo para a investigação sobre a práxis desse profissional específico da mídia, urge verificar se a estrutura desse universo é definida em função da distribuição de seu capital específico. Se o discurso de seus agentes corresponde à forma como são reconhecidos por seus pares-concorrentes. À quantidade de capital específico que possuem, portanto. E não de capital econômico. Diante disso, definimos as posições ocupadas pelos nossos blogueiros entrevistados a partir desse critério simbólico. Aqui, definida a qualidade dos entrevistados, resta-nos justificar o seu número, ou o tamanho do corpus.

Para justificar o tamanho desse corpus, propomos um esclarecimento inicial. De acordo com Gaskell (2004), a produção de uma pesquisa qualitativa detalhada e crítica não está necessariamente ligada à realização de um grande número de entrevistas, mas sim à adequação e coerência desse número com a base teórica utilizada e com os objetivos propostos. Assim, esse número dependerá "da natureza do tópico, do número dos diferentes ambientes que forem considerados relevantes e, é claro, dos recursos disponíveis" (2004, p. 70). A partir da perspectiva teórica que assumimos, as representações que os agentes fazem da realidade social não surgem de experiências totalmente únicas e isoladas, como pode lhes parecer. Mas são sempre resultantes dos processos sociais aos quais foram submetidos. De suas trajetórias sociais, portanto. Por conseguinte, agentes com socializações análogas possuem, em larga medida, representações compartilhadas. Assim, de acordo com Gaskell (2004, p. 71), ao entrevistarmos agentes nessas condições, num primeiro momento, suas narrativas podem até nos parecer únicas e chocantes. Mas, a partir de determinado número, elas tendem a perder sua singularidade aparente. Sua originalidade.

Com isso, pensamos que a emergência da repetição sistemática de temas e perspectivas comuns entre os blogueiros entrevistados poderia nos servir como indicativo de que, primeiro, seus agentes possuem, de fato, socializações comuns. Segundo, de que, dali em diante, não surgiriam novas surpresas ou percepções nas manifestações desses grupos. Dessa forma, estabelecemos o número de entrevistas realizadas a partir das emergências desses padrões discursivos. Não o fixamos, assim, a priori, mas durante a realização do trabalho. Assim, já nos indicando que o universo que investigamos possui relativa capacidade de forjar discursos específicos, para estabelecimento desse padrão foi preciso realizar um número maior de entrevistas com os estudantes, estagiários. Já no grupo de profissionais dominantes foi que esse padrão surgiu mais rapidamente.

14 foram os blogueiros entrevistados, distribuídos entre as equipes de Josias de Souza, de Ricardo Noblat e de Fernando Rodrigues. Embora muitas de nossas entrevistas tenham sido relativamente rápidas, bem abaixo do tempo esperado – inicialmente, uma hora, uma hora e meia –, pensamos que um número superior inviabilizaria a realização do nosso trabalho. Afinal, para transcrever e analisar de forma adequada todas as entrevistas, sem uma eventual perda de rigor, teríamos de vivê-las e sonhá-las quase que diariamente.

ENTREVISTAS ABERTAS

Todo procedimento – apresentado como científico – é criticável. Afinal, a pretensão de oferecer qualquer tipo de explicação a um real, dramaticamente inédito, implica operações lógicas de comparação do que é incomparável, identificação do que é singular, repetição do que é virginal, categorização do que existe por si só. Assim, nossa opção metodológica por entrevistas abertas

148 Clóvis Barros Filho

decorre, em grande medida, da inadequação mais explícita de outros procedimentos ao nosso objeto de pesquisa.

O questionário – técnica adequada quando se busca quantificar – reduz o universo de possibilidades de manifestação do entrevistado. De acordo com King, essa redução é particularmente nefasta quando os resultados almejados na pesquisa demandam a análise qualitativa e flexível do relato de experiências pessoais, situações práticas vividas, singulares e irrepetíveis e, portanto, nada passíveis de quantificação (1995, p. 21). A impossibilidade de propor uma questão ensejada pela própria manifestação do entrevistado faz do questionário – definido a priori – procedimento de curto alcance para quem investiga critérios de noticiabilidade no jornalismo online.

> Nesse esforço pela objetivação científica, supomos ainda que o uso de questionário – mascarado pela neutralidade e equidade aparentes – nos levaria a resultados preconceituosos, travestidos de cientificidade, "já que as definições das finalidades da pesquisa e a formulação das perguntas estão profundamente ligadas à maneira de pensar e de sentir do pesquisador" (Queiroz, 1988, p. 15).

Dessa forma, partindo de interesses variados e sem perguntas predefinidas, o diálogo pluritemático com o entrevistado nos permite vivenciar, senão a quase totalidade dos ângulos que apresenta qualquer fenômeno social, ao menos a abundância sutil de uma reconstrução determinada só por ela própria.

Sabemos que todo discurso produzido numa entrevista dialógica é forjado – como qualquer outro discurso – por agentes que reconhecem a si próprios e a seus interlocutores como ocupantes de uma ou outra posição social. Nesse espaço representado de posições, definem-se expectativas sobre o comportamento do outro e se antecipam expectativas desse outro sobre o próprio com-

Blogs políticos 149

portamento. Posições e distâncias sociais percebidas, convertidas em disposições de ação, saberes práticos interiorizados, esquemas de classificação do mundo que autorizam ou não esta ou aquela tomada de posição, permitem discriminar o pertinente do inadequado sem qualquer cálculo estratégico. Manifestações que, na entrevista, sintetizam uma trajetória no mundo e obedecem ao comando de uma socialização como qualquer orquestra faria na ausência súbita de seu maestro. Admitimos, portanto, que uma entrevista, ainda que aberta, por ser sempre um discurso copresencial, não pode ser um exercício livre de linguagem.

A entrevista, contudo, guarda uma singularidade em relação aos demais discursos copresenciais. Tem como pressuposto um uso social muito específico: a divulgação pública. Nesse sentido, podemos dizer que toda entrevista obedece, na maioria das vezes, a uma lógica social oposta à de uma correspondência amorosa. Em vez de nascer e superar uma dupla impossibilidade – a de não se poder falar nem se calar – assemelha-se a uma conversa indiscreta e tagarela. Nesta, as palavras ocultam aquilo que realmente importa, o que, de fato, aproxima-se do desejo – o que não pode ser dito, enfim. Uma entrevista está mais para duas solidões que se distanciam, separadas pelo medo e pela linguagem, do que para uma confissão que toca no seio da intimidade e de seu silêncio.

Por essa razão, para maior sinceridade do blogueiro entrevistado, três cautelas: a primeira, a de começar o diálogo com perguntas que os deixassem à vontade para falar sobre si mesmo, que não o constrangessem com algum conteúdo embaraçoso (King, 1995, p. 210). A segunda, a de evitar fazer, durante a realização das entrevistas, quaisquer anotações. Até mesmo daquelas informações que seriam apagadas na sua transcrição. Caso contrário, correríamos o risco de conferir à situação demasiada formalidade – aumentando, assim, a possibilidade de o entrevistado sentir-se constrangido. Acuado e violentado por ela. Com isso, deixamos para depois do seu término o registro das pronúncias, entonações, silêncios... e, também, de toda a linguagem corporal: gestos, posturas, mímicas, olhares, lapsos etc. manifestados pelos entrevistados. A terceira e última, a de garantir-lhes, antes do início de cada entrevista, o anonimato na produção final do texto. Garantia essa ainda mais necessária em face dos efeitos sociais – potencialmente nefastos – da denúncia dos conflitos axiológicos vividos e das soluções morais encontradas. Afinal, como disse Bourdieu, "a sinceridade do entrevistado está diretamente ligada ao uso social presumido que o entrevistador fará dela" (2002a, p. 552). Dessa forma, os entrevistados serão aqui identificados somente pela equipe a que pertencem: Josias de Souza (JS), Ricardo Noblat (RN) e Fernando Rodrigues (FR).

Pela mesma razão que omitimos os nomes dos blogueiros entrevistados, optamos por trabalhar com entrevistas abertas em detrimento dos grupos focais. Por isso, apesar de possibilitar um caldo discursivo mais copioso, em que um número maior de perspectivas acaba se constituindo em referenciais para manifestações que numa coleta individual não se produziriam, seguimos o conselho de Thornton, que não "recomenda grupos de discussão quando se pergunta sobre temas muito sensíveis e dentro do âmbito pessoal" (2002, p. 26, tradução nossa).

Supusemos que, na eventual adoção desse procedimento, o olhar moralista dos demais participantes afastaria as manifestações das reais soluções elucubradas para os impasses relatados. O medo do isolamento social, decorrente de possível manifestação de opinião percebida como dominada, poderia condená-los ao silêncio. Eles e todas as manifestações percebidas como dominadas. Numa progressão cíclica ao silêncio de todas elas. O constrangimento da presença de seus pares-concorrentes com fisionomia de condenação poderia se transformar em grande barreira para nossa pesquisa.

Blogs políticos   151

Sabemos, contudo, que todo depoimento é dirigido pelo pesquisador e por seus interesses específicos – que podem cegá-lo para informações importantes –, e está longe da riqueza narrativa da livre associação de ideias. Para amenizar esses problemas, tivemos o cuidado de jamais interromper o blogueiro entrevistado. Isso porque nenhuma manifestação foi considerada, a priori, supérflua. Se não utilizamos de forma irrestrita aquilo que Queiroz denominou de "técnica da liberdade" (1991, p. 76) – isto é, se, de alguma forma, restringimos a autonomia do entrevistado na gestão da entrevista com perguntas mais direcionadas –, esforçamo-nos ao máximo para afrouxar as rédeas e dirigir a entrevista com a maior flexibilidade possível. Afinal, quando um entrevistado conta um caso em determinado contexto – mesmo que este possa parecer, num primeiro momento, pouco significativo em face dos objetivos da pesquisa – é porque tem, para ele, significado específico, que pode vir a dar sentido, ou novo sentido, a todo o relato.

Vistas as condições procedimentais de abordagem sociológica desse universo profissional, apresentamos no que segue as principais inferências que a análise dos discursos coletados junto a seus agentes permitiu fazer.

Considerações sobre a investigação

O campo jornalístico é um espaço social. Desse espaço, participam agentes socialmente autorizados à produção de certo tipo de relato de atualidade. Um espaço de relações específicas definidoras de posições sociais propriamente jornalísticas. Especificidade que estrutura – e é estruturada – por uma fronteira simbólica, que estabelece e objetiva um dentro e um fora. Que define o que é jornalístico, como o fato, o agente e o estilo merecedores de tal atributo. Fronteira que também identifica o que está fora. Que denuncia o que não é jornalismo. Ou que não deve ser considerado como.

Como todo campo, o jornalístico é um espaço estruturado de posições. Definidas e redefinidas pelos seus agentes. A aceitação dessas definições é condição para o funcionamento do jogo de relações específico a este espaço. Como em qualquer jogo, as regras devem ser conhecidas e aceitas de antemão. Diferentemente da maioria dos jogos, estas regras não são impostas – em definitivo – por algum idealizador da diversão, constituindo-se em objeto de luta e redefinição permanente.

No campo jornalístico, as posições ocupadas pelos seus agentes se definem com relação a critérios. Verdadeiros eixos que estruturam o espaço, permitindo que um ocupante realmente possa existir em relação a alguma coisa. Assim, a título de exemplo, jornalismo sensacionalista ou jornalismo sério são apelações que denunciam categorias sociais cujo sentido é compartilhado pelos agentes do campo e estruturam sua vinculação. Categorias que só encontram seu papel estruturante quando entendidas reflexivamente, isto é, umas em relação às outras. Como o norte só tem sentido em relação ao sul.

Dessa forma, investigar as relações constitutivas de um campo como o jornalístico requer mais do que simplesmente descrever as posições ocupadas e as lutas/estratégias de conservação ou de subversão do atual estado da relação de forças. Exige analisar em que medida estes eixos de estruturação foram definidos e redefinidos como tais ao longo da história específica do campo.

Por essa razão, nem todo aglomerado mais ou menos estável de agentes em relação com escopo de produzir notícia constitui um campo jornalístico. Em primeiro lugar, para que esse espaço social possa ser considerado um campo, é preciso que haja o reconhecimento por parte dos seus agentes jornalistas de um ou mais objetos de luta comuns. No campo jornalístico, um dos principais

Blogs políticos 153

objetos de luta é a própria definição do fazer jornalístico legítimo, isto é, do que deve ser entendido como um bom relato jornalístico, uma boa reportagem, uma boa pauta etc. Dessa luta, participam os agentes que investigamos. Manifestam-se pela redefinição da produção jornalística legítima, que lhes seja mais vantajosa. "Hoje o bom jornalismo está no blog. Porque é ali que se faz jornalismo independente hoje em dia" (R.N.). "Nós sim fazemos o jornalismo idealizado pelos pioneiros" (FR). "Se ainda existe algum idealismo na nossa profissão, ele só pode estar aqui" (JS).

Em segundo lugar, é preciso que haja pessoas dispostas para o jogo; jogo jornalístico que, quase sempre, esconde sua natureza concorrencial em nome de um sacerdócio ou de uma missão de informar. Para o blogueiro, o anonimato de sua produção é indicativo não só desse papel social, mas do desinteresse pessoal da sua conduta. "Mais que para qualquer outro, a informação é o nosso grande barato. A informação pela informação. Porque nada do que escrevo leva meu nome" (FR). Assim, nesse jogo, os interesses pelos troféus em disputa são travestidos em representação desinteressada dos interesses de seus públicos. "Sempre digo, meu blog existe para informar, sobretudo" (RN).

Só há campo jornalístico quando as regras do jogo – embora estejam sempre em jogo – são conhecidas e reconhecidas pelos seus agentes. Nessa disposição, encontram-se as estratégias de subversão para os dominados desejosos de abandonar esta posição e as estratégias de conservação por parte dos dominantes. O blogueiro se apresenta como jornalista. Considera-se um. Ou candidato a jornalista. Afirma jogar o jogo jornalístico, ocupando uma posição no campo que nem sempre existiu. Considera-se um recém-chegado. Nem sempre benvindo. Mais que convidado, pensa "impor-se pouco a pouco" (FR). Em nome de "um jornalismo revisitado" (RN).

Assim, nesse espaço de relações sociais consagrado à produção da notícia, há um conjunto de agentes – que afirmam viver do

154 Clóvis Barros Filho

e para o jornalismo – que reconhecem implicitamente as regras e o valor dos troféus específicos em disputa. Os blogueiros por nós denunciam – a cada frase – a obviedade do valor dos troféus propriamente jornalísticos: "Estamos perseguindo o furo. 24 horas por dia. Se não fosse assim, não sei o que estaríamos fazendo aqui" (JS).

Essa obviedade do valor dos troféus talvez explique o relativo conformismo com que estudantes de jornalismo – contingente expressivo entre esses operários anônimos, fazedores de blog – aceitam as duras condições de trabalho propostas pelos empregadores como "única forma" de ingresso no campo. "Sabemos que pra chegar lá é preciso aguentar tudo. Mas vale a pena. Tem que valer a pena. Se você titubear, dançou" (FR).

Destacamos, em terceiro lugar, a tendência orgânica de impedir ou dificultar a ação de qualquer agente externo ao campo que vise subverter suas regras de ingresso, definição do valor e acesso aos troféus. Isso faz que o campo não seja apenas um espaço de conflito ou de luta social, para permanecer no jargão caro a Bourdieu. Ele pode converter-se num espaço de cumplicidade, em que o espírito de corpo impedirá qualquer revolução que coloque em perigo a própria sobrevivência do espaço.

A instituição do espaço jornalístico implica a imposição de uma fronteira entre os que estão preparados para entrar no jogo da produção concorrencial da notícia e os que, quando participam em algum momento desta produção, encontram-se excluídos. Essa exclusão se deve, muito além das barreiras oficiais da exigência de um diploma, à incapacidade de conversão de todo um conjunto de referenciais, conceituais e práticos, como a postura linguística, que supõe a entrada nesse espaço social.

A constituição de uma competência propriamente jornalística, domínio técnico de um saber afastado das simples recomendações do senso comum, desqualifica outros critérios de valoração do real,

Blogs políticos 155

específicos a outros universos sociais. Assim, a pauta, enquanto atribuição diária de certo valor, propriamente jornalístico, ao fato, objetiva um saber prático singular, constituído ao longo de uma trajetória escolar e profissional e que não se confunde com outras representações sociais. "Os assuntos que discuto no meu blog são aqueles que têm um valor óbvio para a sociedade" (FR).

A título de exemplo, uma aula de ética no jornalismo, boa ou má, não justifica, habitualmente, sua unção à condição de notícia. Ainda que, segundo os critérios acadêmicos, o valor da aula possa ser notório, de acordo com os critérios específicos ao campo jornalístico de produção da notícia a mesma aula não tem relevância. Teria se algum fato inusitado ocorresse, como o desentendimento com violência física entre dois alunos resultando na morte de um deles.

A distância entre a visão não-iniciada de uma fonte e de um profissional da notícia não tem nada de acidental. Ela institui uma relação de poder que funde dois sistemas diferentes de pressupostos, duas visões de mundo. Essa distância torna-se visível, por exemplo, na discrepante familiaridade com a tecnologia televisiva entre o mediador de um debate político, profissional da informação, e os candidatos em disputa.

Diferentemente do direito, da economia e de outras atividades sociais, o jornalismo não consiste num uso particular da linguagem ordinária. Destinada, em princípio, ao maior número, a notícia não requer conhecimentos específicos para ser entendida. Assim, a autonomização relativa do espaço jornalístico não se serve da ruptura simbólica que representa esta ou aquela jargonização da atividade profissional. Enquanto no direito, na economia e na medicina os códigos linguísticos participam da definição dos limites do universo social em que são produzidos, o jornalismo se serve de um recurso menos visível, mais sutil, e, portanto, menos eficaz de ruptura: o método.

156 Clóvis Barros Filho

O espaço jornalístico funciona como um lugar neutro, que opera, num primeiro momento, uma verdadeira neutralização da carga axiológica (valorativa) com a qual os fatos vêm eivados do senso comum. Enquanto supostamente indiferentes ao fato (o que não quer dizer desinteressados) e preparados para apreender a atualidade, esses agentes especializados introduzem, sem querer e sem saber, uma distância neutralizadora inscrita no mais profundo habitus profissional: as disposições ao distanciamento que se configuram na realização incorporada do "dever de reserva" jornalístico são constantemente relembradas nas instâncias de formação profissional e de adestramento de novatos.

A transformação de uma realidade fenomênica, com suas causas e efeitos em fluxo inestancável, num flash de atualidade impresso ou eletrônico, num recorte hierarquizado e dramatizado de real, está inscrita na existência mesma de um corpo profissional especializado, relativamente autônomo com relação aos interesses sociais que envolvem qualquer reconstrução do real. Esse corpo está encarregado de definir e dar a ver a realidade, organizar segundo formas codificadas a manifestação pública dos conflitos sociais e de conferir-lhe soluções socialmente reconhecidas como imparciais, porque definidas segundo regras preestabelecidas de deontologia jornalística.

É esse corpo relativamente autônomo de profissionais do relato que denominamos "campo jornalístico". Analisando a sua constituição histórica, Bourdieu (1994:4) observa que "o campo jornalístico se constituiu como tal, no século XIX, em torno da oposição entre os jornais que ofereciam antes de tudo 'nouvelles' (novidades) de preferência sensacionais, ou melhor 'à sensation' (para a sensação) e os jornais que propunham análises e 'comentários', que se empenhavam em marcar sua distinção em relação aos primeiros afirmando com veemência os valores de objetividade".

A definição de campo como um espaço estruturado de posições em que os agentes estão em uma concorrência pelos seus troféus es-

Blogs políticos   157

pecíficos seguindo regras igualmente especificas – que nessa pesquisa nos serve de referência conceitual – exige algumas observações preliminares. A primeira delas é que a teoria dos campos sociais não esgota a vida social, isto é, nem tudo que é atividade social se desenvolve em campos. Consagra muita energia para esclarecer as grandes cenas em que se realizam as lutas de poder, mas pouca para compreender os que montam as cenas, instalam os cenários ou fabricam seus elementos, varrem os corredores, fotocopiam documentos ou digitam cartas etc. Ainda assim, propomos a fertilidade do conceito para a investigação a que nos dispusemos. A análise das manifestações dos agentes de produção de notícia política online que empreendemos nos permite supor que esses agentes participam do campo jornalístico, que ocupam uma posição dominada, que adotam estratégias de subversão e que disputam os mesmos troféus de seus "coirmãos" da mídia tradicional.

Da mesma forma, o conjunto das atividades nas quais nos inscrevemos apenas de maneira temporária (a prática de futebol para diversão, os encontros e discussões ocasionais com amigos num bar ou numa rua, por exemplo) não são inscritas em campos sociais particulares, porque não são sistematicamente organizadas sob a forma de espaços de posições e de lutas entre diferentes agentes ocupando estas posições. A teoria dos campos mostra, assim, pouco interesse pela vida fora da cena ou fora do campo dos agentes lutando no seio de alguns universos profissionais. Contrariamente ao que as fórmulas mais gerais podem fazer crer, nem todo indivíduo, prática, instituição, situação, interação está vinculado a um campo. Na verdade, os campos correspondem: 1) a domínios de atividades profissionais (e/ou públicas) e colocam fora do jogo as populações sem atividade profissional; e, mais precisamente, 2) às atividades profissionais e/ou públicas comportando um mínimo (ou até um máximo) de prestígio (capital simbólico) e podendo se organizar, assim, em espaços de concorrência e de luta pela

158 Clóvis Barros Filho

conquista deste prestígio específico (em relação às profissões ou atividades que não estão particularmente engajadas nas lutas no interior destes campos: "pequenos" burocratas administrativos, pessoal de serviço, operários...). Essa ressalva tampouco denuncia impertinência desse marco teórico para nossa investigação.

Todo campo social produz em seus membros uma espécie de ilusão. Ilusão de que as lutas, as regras que normatizam seus golpes, os prêmios próprios a cada campo são fruto de deliberação do sujeito e não definidas nas intersubjetividades das relações sociais e aprendidas em socialização. É forçoso reconhecer, no entanto, que outros universos sociais, que não se enquadram na noção de campo, também contam, para existir, com convenções não-assumidas.

Uma grande parte dos indivíduos de nossas sociedades (as classe populares, excluídas de ofício dos campos de poder) se encontram "hors-champ" (fora do campo), imersas num grande "espaço social" que só tem como eixo de estruturação o volume e a estrutura do capital possuído (capital cultural e capital econômico). Pierre Bourdieu o admite indiretamente quando explica que a compreensão da obra de um autor famoso apresenta problemas particulares quando comparada com a compreensão do discurso de um "profano" e isto "em função, sobretudo, do pertencimento do autor a um campo" (Bourdieu, 1992, p. 418).

Não importa se consideramos o campo político (lutas entre partidos, profissionais da política...), o campo jornalístico (lutas entre jornais, jornalistas), o campo da edição (lutas entre editoras), o campo literário (lutas entre escritores), o campo teatral (lutas entre autores de peças, produtores, teatros...), o campo filosófico (lutas entre filósofos), damo-nos sempre conta que estamos diante de atores desempenhando atividades profissionais prestigiosas e limitamo-nos à observação desses atores exclusivamente em suas atividades profissionais, ignorando outras relações sociais, públicas ou privadas, duráveis ou efêmeras.

Blogs políticos   159

É revelador, consideradas estas exclusões de "tempo fora do campo" e de "atores fora do campo" que esta sociologia não somente se interessa pela situação daqueles que praticamente "nasceram no campo" ou "nasceram no jogo" (filho de ator que se torna ator, por exemplo), mas que ela generaliza, de maneira por vezes abusiva, este modelo de situação: "A illusio é um tipo de conhecimento que é fundado no fato de ter nascido no jogo, de pertencer ao jogo por nascimento: dizer que eu conheço o jogo desta maneira significa que eu o tenho na pele, que ele joga em mim sem mim" (Bourdieu, 1993, p. 44). Ou ainda: "Por que é importante pensar o campo como um lugar no qual nascemos e não como um jogo arbitrariamente instituído?" (Bourdieu, 1993, p. 49).

Podemos, assim, estar investidos desta illusio, própria a um universo social, sem que este universo combine o conjunto das propriedades que permitiriam defini-lo como um campo. A família, por exemplo, embora não seja nunca um campo social, estrutura-se em torno de uma série de implícitos normativos e valorativos que garantem a sua reprodução e o não-questionamento de algumas perdas individuais que a vida familiar necessariamente acarreta.

Além disso, o pertencimento a um campo como o jornalístico não garante um engajamento homogêneo. Isto porque é possível viver num universo sem estar possuído totalmente por esse universo, pela illusio específica a este universo. Isso significa que o pertencimento a um universo não garante níveis equivalentes de engajamento na concorrência pelos seus troféus, nem a adoção de estratégias de conquista do seu capital específico.

Assim, no campo jornalístico, a existência de um espaço de luta relativamente autônomo, com regras próprias, troféus específicos e estratégias singulares é indiscutível. Mas o pertencimento a este universo não se dá com o mesmo nível de engajamento entre seus múltiplos tipos de agentes. Pela especificidade da atividade jornalís-

160 Clóvis Barros Filho

tica, decorrente de uma progressiva segmentação, o tipo e intensidade desenvolvido no campo pode variar significativamente.

Dessa forma, dos editores e redatores envolvidos na produção diária de notícia impressa e televisiva, passando por colunistas, que se manifestam com regularidade diária, mas não são obrigados a estar diariamente no jornal, colunistas semanais, articulistas regulares, articulistas esporádicos, frilas, consultores, fontes privilegiadas etc. o nível de engajamento no campo tende a decrescer. Quase sempre esse decréscimo é diretamente relacionado a outras formas de subsistência, isto é, ao pertencimento eventual a outros universos sociais.

Estabelece-se uma fronteira entre jornalistas, profissionais que vivem de e para o jornalismo e participantes do campo jornalístico que, embora aproveitem da visibilidade que só os meios podem garantir no espaço público contemporâneo, "jogam outro jogo", respeitam outras regras e se interessam por outros troféus. Assim, acadêmicos, artistas, médicos, psiquiatras não hesitam em usar um pertencimento de circunstância no campo jornalístico como estratégia de distinção social e legitimação em seus campos de origem. A esse nível de engajamento o agente de produção de notícia online faz alusão recorrentemente: "Nós sim, estamos comprometidos. O tempo todo. Não é o pessoal do andar de cima – alusão aos agentes dominantes da mídia tradicional – que trabalha para 24horas" (FR). "Fazer um jornal por dia permite uma vida cheia de outras atividades" (JS). "Se alguém sabe o que é ser jornalista, é essa molecada que trabalha comigo. Em muitos lugares, já ser perdeu a noção do que jornalismo quer dizer" (FR).

O jornalista político online que entrevistamos se apresenta como o legítimo representante de uma profissão que se deteriorou. Mistura argumentos ligados à performance tecnológica, mas, percebendo sua relativa ineficácia subversiva, alude às origens, ao que "nunca deveria ter deixado de ser" (FR), "aos ideais que não deixaremos morrer" (JS), "à determinação dos que davam

Blogs políticos   161

a vida pela profissão" (RN). Assim, um campo será tanto mais autônomo quanto mais seus participantes se engajarem exclusivamente a ele, lutarem exclusivamente pelos troféus específicos a ele, incorporarem a illusio própria dele. Podemos, portanto, medir a autonomia do campo jornalístico brasileiro investigando em que medida há atores que transitam tanto no campo jornalístico como político (a), utilizando o primeiro como instrumento para conquista (ou permanência) de posições no segundo.

A AUTONOMIA POLÍTICA DO CAMPO JORNALÍSTICO

Os grandes blogs, como o todo dessa investigação denuncia, estão vinculados, por intermédio de seus criadores, às empresas tradicionais. Assim, o que fizemos até aqui foi discutir as condições de possibilidade da ação desse agente blogueiro em face de sues pares jornalistas. Mas nosso interesse se restringe ao processo de produção de um tipo específico de notícia: a que tem por objeto o jogo político. Dessa forma, a análise das condições sociais dessa produção que estamos empreendendo compreende discutir a autonomia possível da ação de seus agentes em face do próprio campo político. Tema que nos ocupará nas páginas que seguem.

O duplo pertencimento aos campos jornalístico e político no Brasil seria completamente explícito caso atores de um campo disputassem troféus pertencentes a outro, exibissem comportamentos próprios do pertencimento ao outro etc.

Críticos de ultraesquerda, que buscam denunciar a "manipulação da imprensa", a "má-fé dos jornalistas", a "falta de ética dos poderosos da mídia", apresentam argumentos quixotescos nesse sentido. O jornalista Perseu Abramo (2003, p. 44) afirma, por exemplo, que os meios de comunicação brasileiros "se transformaram em novos órgãos de poder, em órgãos político-partidários. Os grandes e modernos órgãos de comunicação, no Brasil, parecem-se

162 Clóvis Barros Filho

efetivamente muito com partidos políticos". O mesmo autor (2003, p. 46) emenda: "Se os órgãos não são partidos políticos na acepção rigorosa do termo, são, pelo menos, agentes partidários, entidades parapartidárias, únicas, sui generis. Comportam-se e agem como partidos políticos. Deixam de ser instituições da sociedade civil para se tornar instituições da sociedade política. Procuram representar – mesmo sem mandato real ou delegação explícita e consciente – valores e interesses de segmentos da sociedade. E tentam fazer a intermediação entre a sociedade civil e o Estado".

Os partidos políticos brasileiros detêm o monopólio da representação política desde 1945, sendo as únicas entidades a quem é facultado o direito de apresentar candidatos às eleições. Ainda que a Folha de S.Paulo, O Estado de S. Paulo, a TV Globo etc. quisessem apresentar seus próprios contendores, esbarrariam nessa dificuldade jurídica.

Mas o duplo pertencimento ao campo político e jornalístico no Brasil é plenamente evidente quando observamos o controle empresarial de empresas jornalísticas no país, costumeiramente chamado pelos estudiosos de "coronelismo eletrônico". Ocorre quando um cacique político estadual ou municipal controla o direito de retransmitir, em seu estado, a programação da TV Globo, por exemplo. Dado que, entre os dez programas de maior audiência da televisão em 2000, num ranking de média de telespectadores, todos eram da Globo. Quatro eram programas de informação, três de ficção e três eram shows de variedades. Entre esses dez mais assistidos, o primeiro foi uma telenovela, com média de 67% da audiência no seu horário – 35 milhões de telespectadores –, e o décimo foi um telejornal, com média de 51% da audiência – 21 milhões de telespectadores (Santos e Capparelli, 2005, p. 85). O poder de retransmitir essa programação não é algo a ignorar.

Até a Constituição de 1988, o Executivo federal decidia exclusivamente, por meio do Ministério das Comunicações, a quem outorgaria as concessões de rádio e televisão no país. Era também o responsável pela renovação das concessões. Entre 1987 e 1988, o Ministério das Comunicações, comandado pelo político baiano Antonio Carlos Magalhães (PFL), distribuiu 168 emissoras de rádio e televisão a empresas ligadas a 91 parlamentares. Destes, 88 votaram a favor da emenda que concedeu mais um ano de mandato ao então presidente José Sarney.

No entanto, a Constituição de 1988 retirou esse poder do Executivo, atribuindo ao Congresso Nacional a prerrogativa de outorgar e renovar concessões de rádio e televisão. Lima (2005: 1) observa que "a Constituição também proibiu que deputados e senadores mantenham contrato ou exerçam cargos, função ou emprego remunerado em empresas concessionárias de serviço público". Em outras palavras, o duplo pertencimento aos campos é inconstitucional. Vejamos, nas tabelas 1 e 2, sua dimensão no Brasil:

Tabela 1:

Outorgas de retransmissoras de TV controladas por políticos*

Estados	Quant. de Retransmissoras	Total de Retransmissoras (%)
Maranhão	178	5874
Piauí	53	5638
Bahia	392	5544
Tocantins	81	5225
Goiás	213	4268
Sergipe	21	3500
Ceará	103	3011
Amazonas	72	2975
Paraná	131	2775
Roraima	37	2402

164 Clóvis Barros Filho

Sao Paulo	56	322
OUTROS	428	-------
Total	1765	1803

*Pessoas que exercem ou exerceram, nos últimos 15 anos, mandato eleitoral.

Fonte: Santos e Capparelli, 2005.

Tabela 2:

Outorgas de geradoras de TV controladas por políticos*

Estados	Quant. de Geradoras	Total de Geradoras (%)
Roraima	2	100
Rio Gde. do Norte	6	8571
Maranhão	8	727
Goiás	10	625
Alagoas	3	600
Bahia	8	5714
Piauí	4	5714
Ceará	5	555
Paraíba	3	500
Amapá	2	500
Sergipe	2	500
São Paulo	13	2063
OUTROS	62	----
Total	128	3360

*Pessoas que exercem ou exerceram, nos últimos 15 anos, mandato eleitoral.

Fonte: Santos e Capparelli, 2005.

Observamos grande desigualdade regional do coronelismo eletrônico, mais presente em estados do Norte e Nordeste. De acordo com Santos e Capparelli (2005), 97 personagens políticos controlam as 128 geradoras. Os partidos políticos a que são filiados são: PMDB (25), PSDB (25), PFL (23), PP (7), PL (3),

Blogs políticos   165

outros (14). Lima (2005, p. 2) ainda observa que "um número expressivo de deputados e senadores, nas diferentes legislaturas desde 1988, é concessionário e continua a exercer cargos e/ou funções nas suas próprias concessões de rádio e televisão". Dos atuais 513 deputados, pelo menos 51 são concessionários diretos de emissoras de rádio e/ou televisão (Lima, 2005).

Que parlamentares sejam concessionários é um problema adicional, pois eles podem ocupar cargos na Comissão de Ciência, Tecnologia, Comunicação e Informática (CCTCI) da Câmara dos Deputados. Por meio de votações nesta comissão, decide-se a quem outorgar e renovar as concessões de rádio e TV. Ora, se os concessionários pertencem à CCTCI, podemos esperar que eles usem o cargo em proveito próprio. Certamente as condições para que isso aconteça estão dadas. Segundo Lima (2005, p. 8), os nomes de 16 deputados membros da CCTCI em 2003 aparecem no cadastro do Ministério das Comunicações como sócios e/ou diretores de 37 concessionárias (31 emissoras de rádio e 6 de televisão). Naquele ano, a comissão tinha 51 membros titulares. O quorum mínimo para a votação de qualquer matéria era 26 deputados. Em tese, os 16 concessionários teriam maioria dentro da comissão, quando houvesse apenas quorum mínimo, para aprovar medidas que os beneficiassem diretamente.

O mesmo quadro se repetiu em 2004, quando 15 membros titulares da CCTCI apareceram como concessionários de 26 emissoras de rádio e 3 de televisão. Naquele ano, o número de membros da CCTCI diminuiu para 33, permitindo que, com quorum mínimo de 17, os deputados concessionários tivessem ampla maioria para aprovar ou rejeitar proposições referentes às suas concessões. Lima (2005, p. 12) identificou os deputados federais Waldemar Corauci Sobrinho (PFL-SP) e Nelson Proença (PPS-RS) como tendo participado de votações em que as concessões em que aparecem como sócios foram renovadas. Votaram, é claro, favoravelmente às renovações.

166 Clóvis Barros Filho

O fato de eles terem participado nessas votações fere o parágrafo 6° do artigo 180 do Regimento Interno da Câmara dos Deputados e o artigo 306 do Regimento Interno do Senado Federal. Ambos afirmam que: "Tratando-se de causa própria ou de assunto em que tenha interesse individual, deverá o deputado dar-se por impedido e fazer comunicação nesse sentido à Mesa Diretora, sendo seu voto considerado em branco, para efeito de quorum". Os regimentos internos são conjuntos de regras definidas e aceitas pelos integrantes do campo político na esfera legislativa. Além do duplo pertencimento aos campos político e jornalístico, os deputados acima citados desrespeitam pressupostos que definem o campo político como tal, ou seja, entram em desacordo com o que é tacitamente acordado pelos demais integrantes.

Buscando verificar a influência do campo político no jornalístico, Darras (2005) mostra que programas de debate político na França e nos Estados Unidos servem como instituições políticas nas quais a seleção de convidados e de temas abordados é muito mais ditada pela lógica do campo político do que do campo jornalístico. Da mesma maneira, Cook (1998) afirma que os "valores-notícia" (news values) ligados às pressões econômicas utilizados pelos jornalistas têm levado os governantes cada vez mais a criar e adaptar políticas públicas para que elas ganhem a atenção dos meios de comunicação.

Nesse sentido, para Bourdieu (1996, p. 39), "a televisão é um instrumento de comunicação muito pouco autônomo, sobre o qual pesa uma série de coações que decorrem das relações sociais entre os jornalistas, relações de concorrência impiedosa e de conivência, de cumplicidade objetiva, fundadas sobre os interesses comuns ligados à sua posição no campo de produção simbólica e no fato de que eles dispõem em comum estruturas cognitivas, categorias de percepção ligadas à sua origem social, à sua formação (e à sua não-formação)".

Blogs políticos   167

No entanto, discriminar os fatores internos ao campo jornalístico e os que lhe são externos pode fazer esquecer que o campo jornalístico é um universo social apenas em vias de autonomização, que ainda apresenta fronteiras, em muitos momentos, pouco nítidas com outros universos sociais. Isso porque ainda não se pode falar, no caso do campo jornalístico, de uma rigorosa singularidade de regras, estratégias e troféus em disputa. Dessa forma, as decisões jornalísticas raramente obedecem exclusivamente à lógica deste espaço social.

Bourdieu comenta que "o campo jornalístico é muito pouco autônomo, mas essa autonomia relativa, por mais fraca que seja, significa que ninguém consegue entender o que ocorre no campo jornalístico simplesmente observando o mundo em volta. Para entender o jornalismo, não basta saber quem financia os meios de comunicação, quem são os anunciantes, quem subsidia etc. Parte do que é produzido no campo jornalístico só pode ser compreendido se o pesquisador entender o campo como um microcosmo e buscar entender os efeitos que as pessoas engajadas nesse microcosmo exercem umas sobre as outras" (Bourdieu, 2005, p. 33).

Nesse sentido, o mundo dos blogueiros se apresenta como mais autônomo, menos sujeito às pressões empresariais presentes nos meios jornalísticos consagrados. Exemplo contundente disso é o fato de Matt Drudge, dono de um pioneiro blog nos Estados Unidos, ter sido o primeiro a denunciar o affair Clinton-Lewinsky, publicando boatos (depois confirmados) que a consagrada revista semanal Newsweek havia descartado por falta de provas.

É o que fazemos na próxima parte, propondo a existência de um habitus propriamente jornalístico.

168   Clóvis Barros Filho

Habitus e campo jornalístico

Há, entre as estruturas internas do campo do jornalismo, um mecanismo de autopreservação objetivado no exercício constante de uma dupla classificação das ações da imprensa. O jornalismo é pródigo em autocríticas e indicações de procedimentos na mesma medida em que se protege de ataques e críticas externas (Bourdieu, 1996, p. 109). O exercício da autocrítica garante a impressão de autonomia, de independência e do livre procedimento dos agentes do campo, afastando do debate as estruturas do campo que, em grande parte, condicionam a prática real.

Analisando o discurso dos nossos entrevistados, muitos ainda estudantes de comunicação contratados para trabalhar nos blogs analisados, observamos uma progressiva incorporação da crítica ao campo como uma condição tácita e expressiva de participação nesse universo. Em outras palavras, as estruturas determinantes da ação prática incluíam uma dimensão crítica ontológica como premissa de existência do campo.

O exame das principais críticas à prática jornalística convencional, apresentadas pelos nossos entrevistados, revela uma surpreendente unidade estrutural da escolha de argumentos, do foco dos ataques e as discriminações de procedimentos esperados e condenados revela a vinculação da crítica livre a condições específicas de ação no campo jornalístico. Em outras palavras, a crítica desses jornalistas ao jornalismo apresenta-se como parte de uma estrutura de campo – no caso, um mecanismo de legitimação dos procedimentos práticos pela crítica do próprio procedimento.

Condição expressa de ação em um campo, a objetividade do procedimento manifesta-se na aparente inexistência de referências anteriores, escondendo as estruturas inerentes a qualquer codificação. Difundida pelo próprio campo para assegurar sua existência, ganhar e manter a confiança do público, a crítica da profissão proposta por

Blogs políticos   169

nossos entrevistados – seus mais legítimos representantes – é garantia de independência. O procedimento prático é apresentado como uma entidade abstrata vinculada apenas à subjetividade do agente.

A crítica à profissão é um procedimento adquirido na medida em que os indivíduos vão travando conhecimento com as condições específicas de produção e prática do jornalismo. Os entrevistados recém-chegados mostram uma espécie de "encanto" com a profissão, oriundo ainda de sua vinculação a universos sociais nos quais o prestígio do "homem letrado", segundo uma longa e complicada tradição (Cohn, 1973), ainda é alto.

À medida que se familiarizam com aqueles procedimentos jornalísticos, próprios da produção da notícia on line, o processo se inverte. O aprendizado da prática acompanha a crítica da prática, respeitando-se os cânones do convencionado bom jornalismo. Em ambos os casos, o fundamento está no procedimento dos elementos em destaque, na transferência de capital simbólico pela imitação das ações consagradas na esfera prática e na esfera crítica.

A apresentação da norma atual como absoluta retira a dimensão histórica, portanto material, de sua produção, privilegiando a impressão de atemporalidade das regras da prática, e, portanto, sua posição além de qualquer crítica. As modificações históricas na prática correta da profissão mostram os elementos arbitrários presentes na concepção do que era, em cada momento, o melhor desempenho possível da profissão. As regras atuais, portanto, devem ser localizadas histórica e socialmente como construções específicas de um momento particular. A história a cada momento se torna regra na definição de novas regras do jogo em oposição às antigas e sua constante incorporação pelos participantes do campo.

Existe um evidente paradoxo entre a independência crítica do nosso entrevistado, jornalista de blogs, com relação à própria atividade e sua concomitante adequação aos mesmos mecanismos que critica. Esse efeito de legitimação é relacionado, todo o tempo, com o discurso dos dominantes do campo jornalístico. Dessa forma, o que está em jogo é muito mais do que a propagação de um modelo de jornalismo. Cada corrente pretende alcançar a dominação tendencial do campo, destituindo os concorrentes de sua razão de ser. Isto é, que seu capital profissional é menor, falível, portanto inútil. "O jornalismo impresso parece seguir, cada vez mais, o televisivo nessa busca a todo custo pela audiência. Nesse sentido, vejo nos blogs maior compromisso com a reflexão crítica" (RN).

O estabelecimento das práticas cotidianas é um complexo fenômeno influenciado por matrizes diversas de ação reguladas por uma conjunção de fatores que escapam tanto à redução do comportamento à atitude volitiva do sujeito quanto de sua submissão a um contexto espaço-temporal determinado. As práticas não são estabelecidas por critérios objetivos e mensuráveis, passíveis de articulação por parte do indivíduo. Ao contrário, a maior parte das ações apresenta-se ao sujeito como a consequência óbvia de uma ação anterior, ignorando o arbítrio existente na adoção de uma escolha. Esse fenômeno resulta da interação entre o espaço ocupado pelo indivíduo em um determinado campo e o habitus individual.

Pierre Bourdieu parte do princípio de que os objetos de conhecimento são construídos, não dados. Todavia, o mundo não está baseado unicamente na representação subjetiva – ou volitiva – construída sobre princípios da vontade. As estruturas de ação do sujeito são antes de tudo objetivas, preexistentes e fundamentais para a compreensão posterior do mundo pelo sujeito.

O princípio dessa construção é o sistema de disposições estruturadas e estruturantes que se constituem na prática e são sempre orientadas em seu sentido prático. Tais disposições são incorporadas pelo agente durante sua trajetória social, em particular na família e nas instituições escolares. Esse sistema de disposições duráveis e aplicáveis a qualquer situação, "estrutura estruturada" predisposta a operar como "estrutura estruturante", enquanto

Blogs políticos 171

princípio gerador de práticas e representações, é o habitus. O habitus, explica Bourdieu (1980, p. 88), pode ser comparado a um maestro que comanda as diversas partes da ação do sujeito nos diversos campos em que está inserido.

O habitus, portanto, é o princípio "gerador e regulador" das práticas cotidianas, definindo em sua atuação conjunta com o contexto no qual está inserido, reações aparentemente espontâneas do sujeito. Uma determinada prática social é produzida a partir da relação entre a estrutura objetiva definidora das condições sociais de produção do habitus e as condições nas quais ele pode operar, ou seja, na conjuntura em que está inserido.

A existência de um habitus particular compreende a aceitação tácita das regras de conduta no campo, objetivadas na prática dos agentes concorrentes e colaboradores. Todavia, há uma despersonalização dessa situação, remetendo o iniciante no jornalismo para a hipotética existência de uma regra independente do sujeito – um fenômeno, como apontado por Lukács, de reificação. "Pois é o jornalismo que converte o jornalista em mestre do próprio jornalismo. A origem do jornalismo é o jornalista. A origem do jornalista é o jornalismo" (Costa, 1991, p. 241).

O habitus profissional é a matriz comum das práticas de todos os agentes que vivem e viveram nas mesmas condições sociais de existência profissional. Graças a essas disposições comuns, decorrentes de uma percepção comum de mundo socialmente forjada e interiorizadas ao longo de trajetórias no mesmo universo, cada profissional, obedecendo ao seu "gosto pessoal", concorda, sem saber ou perceber, com muitos outros levados a agir em condições análogas.

Bourdieu usa a metáfora de um "maestro invisível" para elucidar essa concordância. Isso porque, quando percebida como tal, é tomada por obviedade, naturalizada. Simplifica-se assim as causas do fenômeno pela economia da identificação dos processos propriamente socializadores que o acarretaram.

172   Clóvis Barros Filho

Esse agir comum, decorrente ou não de ações pré-reflexivas, é matéria-prima do eidos profissional. Os efeitos homogeneizadores citados não podem ocultar a singularidade de cada trajetória no campo. Em especial quando nos interessamos por agentes dominados de um campo, com expectativa de rápida subversão da relação de forças que define essa posição. Unidades de comportamento observadas são constatadas como semelhantes na singularidade do espetáculo perceptivo de cada observador. Assim, a um conjunto fático, não percebido, somatória das condutas profissionais deste ou daquele universo, sobrepõe-se uma outra sequência, flagrada, constituída por cenas em parte impostas – ao observador em vias de socialização – pelo acaso e, em parte, procuradas e encontradas.

É essa última sequência que existe para o observador e, portanto, que produz efeitos socializadores sobre ele. Em função disso, é nesse espetáculo singular que o eidos jornalístico se converte em disposições subjetivas de ação, isto é, em um habitus jornalístico.

Como já observamos, todo habitus é um tipo de saber prático, ou seja, de conhecimento voltado para a ação, para a praxis. Assim, dada certa situação, essa praxis pode ser precedida de um cálculo, de uma reflexão consciente com base em efeitos presumidos e fins a alcançar. Nem sempre, no entanto, esse cálculo é necessário. A observação repetida de situações, constatadas como análogas, pode produzir no agente social uma reação espontânea, não refletida.

Em suma, nem sempre o saber prático é conscientemente aprendido e aplicado. Abordaremos, assim, num primeiro momento, a origem do habitus jornalístico, pela observação socializadora de uma prática rotinizada; em seguida, destacaremos a síntese dessa prática em disposições de agir ou reagir, dadas certas situações reconhecidas como familiares.

Blogs políticos   173

ORIGEM DO HABITUS JORNALÍSTICO: PRÁTICA ROTINIZADA

Como já dissemos, o blogueiro, nosso entrevistado, apresenta-se como um jornalista. Não parece abrir mão dessa adesão. Nem do pertencimento ao universo mais amplo de produção de notícia. No entanto, busca identificar sua posição nesse espaço. Aponta como critério distintivo – em relação aos demais – certa singularidade prática relacionada ao tempo. Ao ritmo, á cadência de trabalho. "Nosso trabalho é mais intenso, não há como negar". "Aqui um cafezinho pode custar um furo". "Tem que estar ligado o tempo todo" (RN). Ora, esse ritmo permitiria a incorporação de certo sentido do jogo que na mídia tradicional se daria mais lentamente. "Aqui aprendemos rapidinho o que é e o que não é notícia" (FR). "Se no primeiro dia você não sacar o que é importante, é melhor desistir" (RN). "Não dá pra pensar. O jornalista que é jornalista tem que pegar no ar. Não sei explicar. É difícil explicar o que é óbvio. Tem certas coisas que é preciso perceber. E aqui você não vai ter tempo de se recuperar. Por isso, o chefe diz que aqui você descobre se dá pra coisa ou não" (JS).

Também na produção da notícia, o erro de habitus é um mau encontro, uma inadequação entre disposições interiorizadas e condições sociais objetivas. Pode ser causado por uma ruptura de ordem fática – o real a ser relatado se encaixa mal nos esquemas de atribuição de valor interiorizados até então – ou, mais frequentemente, de ordem prática. Esta última se produz em conflitos de socialização. "Sempre fiz jornalismo impresso. Me acostumei com esse tipo de jornalismo. Fiquei meio perdido quando comecei com essa coisa de blog" (FR). Em que condições da produção da notícia estes conflitos podem se verificar?

O campo jornalístico é constituído por muitos subcampos. Embora estes apresentem aspectos comuns que justifiquem a constituição de um campo geral do jornalismo – relativamente autô-

174   Clóvis Barros Filho

nomo em relação a qualquer outro espaço social – discriminam-se por singularidades que também os constituem enquanto espaços sociais com autonomia relativa. Assim, os jornalismos televisivo, radiofônico e impresso aproximam-se e, ao mesmo tempo, se singularizam-se como espaços destinados a uma produção específica e, portanto, a uma subjetivação própria de certo profissional.

Da mesma forma, o jornalismo impresso de jornal diário em relação às revistas semanais. Finalmente, cada empresa, como espaço de posições sociais, estrutura-se de uma maneira específica, produzindo também efeitos singulares de subjetivação. Essas singularidades ensejam, em caso de ocupação de uma nova posição, num novo espaço, os erros a que nos referimos. A posição social anterior permitia e exigia ações "de olhos fechados" que o desconhecimento da topografia do novo espaço inviabiliza.

Uma das dificuldades de ação nesse novo espaço é a conversão do capital social acumulado ao longo da trajetória percorrida no espaço anterior em capital válido no novo espaço. Esta conversão será tanto mais onerosa quanto maior for seu grau de estruturação, isto é, quanto maior for sua autonomia relativa em relação aos demais espaços sociais: autonomia de regras de conduta, de troféus, de atores etc.

Analisando os ônus da ocupação de um novo espaço, o apresentador esportivo Milton Neves observou sobre sua passagem pelo programa televisivo Super Técnico da Band: "O que aqui na rádio sai sem pensar, na televisão foi preciso aprender tudo de novo. Nos primeiro dias, pelo amor de Deus, foi uma calamidade. Eu tive de enfrentar em audiência cobras criadas da televisão".

Esses erros, no entanto, não constituem regra. A relativa coerência dos processos de socialização permite antecipações com alguma certeza de sucesso. Mesmo quando as sequências esperadas envolvem maior número de unidades e de naturezas diferentes, como uma entrevista jornalística. O que se costuma chamar de

Blogs políticos 175

uma "grande sacada", "senso de oportunidade", "superintuição" em muitos casos se constitui em ações não calculadas, é verdade, mas decorrentes de um saber prático aprendido na repetição observada, por vezes exaustivamente, de reações de entrevistados.

Como destacou Jô Soares, "não me pergunte porque, mas antes do entrevistado se sentar eu já sei se a entrevista vai ser boa". Também apontando para a existência deste saber prático incorporado, Marília Gabriela foi enfática em comentário publicado no jornal Folha de S.Paulo: "De tanto fazer entrevista, tenho uma forte intuição do que o entrevistado vai dizer; é como se tudo não passasse de uma repetição". Assim, da mesma forma que esperamos o segundo beijo, o entrevistador pode antecipar reações e, na hipótese de acerto, dispor de tréplicas "na manga".

De que forma as sequências da realidade, constatadas pelo observador, dispensam cálculo, permitem antecipações, geram reações? Hume explica que casos idênticos ou comparáveis, quando constatados na observação, se fundem na imaginação.

Experiências análogas, na medida em que são flagradas sensorialmente, sobrepõem-se, perdem a sua singularidade. Fundamentam indutivamente categorias que, uma vez definidas, dispensam fundamento. Dão sustentação empírica a esquemas genéricos de classificação do mundo que, por serem a trajetória objetivada no instante, aniquilam a trajetória enquanto sequência.

Assim, no instante da percepção de um elemento da progressão aritmética, do segundo beijo ou da última tentativa para quebrar o gelo do entrevistado, o agente faz manifestar, sem pensar e mesmo não querendo, uma história de experiências semelhantes. Como observa o editor do Jornal Nacional William Bonner, "acho que cada momento da minha vida profissional teve a sua importância para as reações quase espontâneas que tenho hoje no trabalho, mas não consigo identificá-los na hora de agir".

176 Clóvis Barros Filho

Desenvolvo aqui essa análise para esclarecer que não considero o fazer jornalístico on-line um desses subcampos. Que considero esse fazer como inscrito na lógica social do fazer jornalístico impresso, em que toda singularidade nada mais é do que estratégia de subversão.

"Pra ser um bom blogueiro, é preciso ter certo instinto" (JS). Ou, como observa o repórter Cláudio Tognolli, "o grande pauteiro tem faro de pauta". Talvez, mais do que um dote olfativo incomum, a capacidade de valoração e consequente hierarquização de um fato da realidade fenomênica com relação à especificidade do veículo, aos demais fatos, às opções dos concorrentes, às limitantes de infinitas naturezas que agem sobre qualquer produção editorial são consequência de certo tipo de aprendizado. *Sui generis*, é verdade.

A repetição diária, inerente a certa produção jornalística e, em menor grau, a semanal, enseja – ou talvez force – a inculcação de associações entre fato e notícia que se naturalizam, enrijecem-se, cristalizam-se. Aprendizado sui generis porque dispensa reflexão. Como o olfato, dando razão ao repórter.

A dimensão rotineira do fazer jornalístico fica evidente, embora não manifestamente destacada, no relato de Isabel Siqueira Travancas (1992). O uso, no relato, do presente do indicativo reforça a coincidência dos procedimentos dia a dia. Assim: "deixa suas coisas em cima da mesa, cumprimenta-me rapidamente e vai falar com o pauteiro. Ele está terminando a pauta para aquele dia e ela dá palpites. (Como de hábito) ainda não há nada marcado para ela. Ela dá uma olhada nos jornais do dia, faz comentário sobre sua matéria da véspera".

> Ela torce para que lhe deem logo uma (pauta) de preferência bem interessante. Dessa rápida conversa, dá para notar como se costuma definir uma boa matéria – aquela reportagem que repercute muito, que sai na primeira página, que todo mundo lê e é alvo de comentários, em geral positivos e elogiosos. Um fator importante na rotina

é a demora da pauta. Quanto mais tempo o repórter demora para sair, mais tarde voltará à redação. O ideal de todo repórter é chegar à redação, pegar a pauta e ir direto para a rua. Senão, quando estiver quase na hora de ir embora, surge outra matéria e isso acaba prejudicando o horário. Não é à toa que muitos comentam que, quando se aproxima o final do turno, certos repórteres se escondem atrás do terminal ou vão para o banheiro.

Esse relato aproxima o fazer jornalístico de atividades profissionais de cunho estritamente burocrático, reconhecidamente repetitivas.

Assim, da mesma forma, a distância mantida entre duas pessoas raramente é objeto de um cálculo explícito. Este só se faz necessário ante o relativo, ou mais raramente, absoluto ineditismo da situação. Assim, quase sempre, a repetição de aproximações análogas permite uma adequação topográfica, de distância de corpos, a vários tipos de temas, locais e posições sociais dos interlocutores.

Essa adequação não é memória nem entendimento: a contração, que permite a tradução de um aprendizado contínuo num saber prático instantâneo e gerador de comportamento, não é uma reflexão, e sim uma síntese do tempo, de uma trajetória num instante. Nesse ponto, tempo, trajetória e habitus se tangenciam.

A AÇÃO JORNALÍSTICA COMO SÍNTESE

O discurso de nossos entrevistados é recorrente. Apontam para um fazer em ritmo alucinado. Em que a sobreposição de experiências é matéria-prima de um saber prático que permite antecipação e aceleração. Os múltiplos momentos de experiências de ações repetidas e independentes entre si se condensam, comprimem-se, fundem-se num só instante, numa só expectativa, numa só disposição de agir. É nesse instante de atualização de potências, de redução

178   Clóvis Barros Filho

das contingências, de tangência entre a contração do observado e a ação social destinada a outras observações que é concebível a percepção – subjetiva – do tempo, ou seja, o próprio tempo.

Por que atualização de potências e redução de contingências? Observamos que o habitus enquanto saber prático interiorizado resulta de uma compactação das múltiplas experiências da trajetória do indivíduo nas também múltiplas situações de ação. Isso significa que esse saber prático decorre de um forte determinismo e singularidade fática, ou mais precisamente, singularidade de percepção do fato.

Assim, fosse outra a trajetória do indivíduo, outra a sua percepção do mundo, também outro seria seu habitus. Dessa forma, a trajetória singular de um indivíduo exclui, a cada ponto de sua constituição, infinitas "não trajetórias", infinitos espetáculos não percebidos num processo de exposição às mensagens do mundo essencialmente seletivo. Daí a atualização – no sentido de ato e de atualidade – e redução de contingências: o mundo é potencialmente infinito, porque infinitos são os flagrantes perceptivos possíveis.

Essa contração das experiências não é síntese operada pelo sujeito, mas constituinte desse. Assim, observados os critérios de atividade e passividade em função do sujeito, popularizados pelo direito pelas categorias de "sujeito ativo" e "sujeito passivo", qualificamos a síntese da trajetória social em um só momento de passiva, porque não reflexiva, porque instituidora da subjetividade e, portanto, anterior a ela. Gerson Moreira Lima

costuma dar o seguinte exemplo aos alunos: "Romário e o Ronaldinho quebram a perna no mesmo dia. Qual dos dois será a manchete? Eles demoram para responder. Ainda não têm reflexo de pauta. Por isso são obrigados a pensar nas categorias de valoração do que é e não é notícia, como proximidade, universalidade etc."

Em outras palavras, a síntese passiva é causa eficiente da subjetividade, é instrumento ou processo de subjetivação, não podendo, assim, depender de nenhuma decisão do sujeito, nem ser objeto de seu controle. Ao contrário, impõe-se a ele. Nem sempre da mesma forma e com a mesma intensidade. Os flagrantes das sequências fáticas constatadas pelo sujeito como repetições em trajetórias singulares, são qualitativa e quantitativamente desiguais, produzindo, assim, efeitos variáveis.

Dessa forma, podemos não só constatar o efeito subjetivo produzido pela observação de ações sociais "repetidas" mas também avaliar a intensidade deste efeito, isto é, da expectativa pela superveniência de um elemento da sequência gerada pela constatação de seu imediatamente anterior. Como observa Deleuze (1968, p. 96), "a imaginação contrai os casos, os elementos, os instantes homogêneos e os funde numa impressão qualitativa interna de um certo peso". Discutir o grau de determinismo de um saber prático incorporado sob a forma de habitus é precisar a partir de que momento o cálculo custo x benefício se faz necessário para a ação.

Saliente-se que essa síntese passiva, gênero do qual o habitus bourdieusiano é espécie, não esgota na não-consciência suas experiências. Em outras palavras, nada impede que as experiências sintetizadas, indiscriminadas em um magma perceptivo condensado, espécie de trajetória de um ponto só, sejam resgatadas na memória, no entendimento, avaliadas e classificadas em função de referenciais cognitivos e repertório.

Não regressamos, com isso, ao estado primeiro das coisas observadas, rigorosamente independentes, "ao estado da matéria que não produz um caso sem que o outro tenha desaparecido" (Deleuze, 1968, p. 98). Mas a partir da síntese passiva, da imaginação singular, a memória reconstitui distintos pontos da trajetória, produzindo, agora ativamente, uma espécie de descompressão. Esta, contrariamente à compressão da síntese passiva,

180 Clóvis Barros Filho

desenvolve-se sob a égide da reflexão e do entendimento. A identificação consciente deste ou daquele ponto da trajetória não altera disposições de ação determinadas por síntese passiva.

Dessa forma, a metáfora da virgindade, tão cara a muitos manuais de metodologia jornalística para indicar a suspensão eidética ou transcendental, induz o repórter ou o pesquisador à ilusão de um possível ineditismo investigativo, da definição consciente de um hiato na trajetória que, se é cogitável na fase ativa de descompressão, encontra seus limites na síntese passiva com relação à qual não tem nenhum controle.

Assim, se toda investigação, jornalística ou científica, apresenta "causas finais", teleológicas, comumente discriminadas nos objetivos da pesquisa ou na discussão sobre as funções jornalísticas, não se pode perder de vista suas causas eficientes, condições materiais e sociais de produção do discurso acadêmico e jornalístico que não se restringem às relações hierárquicas mais visíveis, de cunho infraestrutural, mas estendem-se a maneiras de agir interiorizadas, específicas aos respectivos campos.

Embora apresentem características distintas, compressão e descompressão não são excludentes, e sim complementares. Qualquer reflexão ou cálculo se apóia numa prática reflexiva, profundamente interiorizada durante uma longa trajetória de reflexões. Da mesma forma, toda reconstituição de trajetória, com base na memória, serve-se de um habitus de recall, de busca; de uma prática associacionista de vínculo de novas experiências sensoriais a referenciais anteriores, de organização de informações encontradas e, se a ocasião ensejar, de elaboração de um relato.

A relação de participação das sínteses ativas e passivas na ação é imponderável porque dependente de todas as variáveis aleatórias que condicionam a cena em que devemos agir. Melhor dizendo, o quadro da ação imediata é, em parte, previsível e, em parte, não. Por isso, por mais previsíveis ou imprevisíveis que sejam as condutas, sempre haverá combinação de passividade e atividade. Dessa forma, mesmo ações poderosamente mecanizadas, com procedimentos interiorizados por inculcação em horas de observação e prática como a condução de um automóvel, não dispensarão, em situação anômala, cálculo e reflexão. Seguindo o exemplo, o caso de uma pane mecânica, uma perda de controle por derrapagem etc.

A combinação entre sínteses ativa e passiva nos faculta reflexões de natureza deontológica sobre a investigação e a reportagem que buscam se afastar de um achismo mais ou menos socialmente autorizado pela maior ou menor legitimidade do porta-voz analista. A título de exemplo dessa combinação, o impulso jornalístico (incentivado e premiado), a chamada vocação de repórter que, em competição entre pares – em que a busca da informação inédita é troféu discriminante e valorizante – enseja o recurso ao meio mais eficaz para obtê-la. Assim, o falseamento na relação com a fonte, por meio da adoção de comportamentos e estratégias investigativas que induzam dolosamente a expectativas equivocadas vai se constituindo em cultura jornalística.

Dessa forma, mesmo as correntes mais críticas do jornalismo concentram suas análises nas opções conscientes e refletidas da produção da notícia, como se elas esgotassem esse fazer. Ao ignorar os saberes práticos não refletidos, apocalípticos e integrados compartilham uma mesma representação da praxis jornalística, centrada na razão e no cálculo, passando à margem da origem de relevantes questões de ordem ética e moral.

Consideramos, sem nenhuma pretensão conclusiva, mas para por termo a esse relatório, que o blogueiro se considera agente do campo jornalístico; ocupante de uma posição dominada no campo; e que, a despeito da posição de dominado, representa um fazer jornalístico legítimo, que combina a mais nova tecnologia com o idealismo dos pioneiros. Que, no futuro, o jornalismo tende a ser somente on-line, mas que hoje, os troféus são controlados

182   Clóvis Barros Filho

por agentes que operam outros veículos. Concordam, finalmente, que por mais sedutoras que sejam as possibilidades que a tecnologia oferece, a eficácia do seu agir jornalístico é, ainda, limitada e circunscrita a nichos sociais muito específicos.

REFERÊNCIAS BIBLIOGRÁFICAS

ABRAMO, Perseu. Padões de manipulação da grande imprensa. São Paulo: Fundação Perseu Abramo, 2003

ADAMS, Scott. Dilbert: O Controle de Qualidade Vol. I. Porto Alegre: L&PM, 2008

BOURDIEU, Pierre. Lês règles d´art: genèse et structure du champ littéraire. Paris: Seuil, 1992

_____. "Intéret et disintéressement", Cahiers de recherché du GRS, n. 7, -Lyon, 1993

_____. "L´emprise du jornalisme", Actes de la Recherche en Sciences Sociales, n. 101-102, Paris, 1994

_____. Sur la télévision. Paris: Líber, 1996

COOK, GTimothy E. Governing with the News: The News Media as a Political Institution. Chiga

DARRAS, Eric. "Media Consecration of the Political Order", in Berson, Rodney & Neveu, Erik (eds.). Bourdieu and the Journalistic Field. Cambridge: Polity Press, 2005

HALLIN, Daniel. "Field Theory, Diff erentation Theory, and Pussy horny by the Movies", in Benson Rodney & Neveu, Erik. Bourdieu and the Journalistic Field. Cambridge: Polity Press, 2005

KAYYAN, Omar. Rubayat, Paris: Líber, 1975

LAMIZET, Bernard. Les lieux de la communication. Liège, Mardaga, 1992

LIMA, Venício A. "Concessionários de radiofusão no Congresso Nacional". Acessado em http://observatorio.ultimosegundo.ig.com.br/, em 01/08/2005

PINTO, Louis. "Lê journalisme philosophique", Actes de la recherche em sciences sociales, n. 101-102, 1994

SANTOS, Suzy & CAPPARELLI, Sérgio. "Coronelismo, radiodifusão e voto", in BRITTOS, Valério Cruz, FOFÃO, Amico, BOLAÑO, César. Rede Globo: 40 anos de poder e hegemonia. São Paulo: Paulus, 2005

Repensar o método

O consumo da comunicação

Daniel Miller [1]

Todos os meus trabalhos acadêmicos partem da subdisciplina específica à qual me dedico, denominada "estudos de cultura material". Esta costumava ser vista como um dos aspectos antiquados da antropologia, mas penso que está atualmente sendo reconhecida como a vanguarda. Uma das razões para isso é o reconhecimento de que vivemos num mundo cada vez mais material, e de que está se tornando cada vez mais importante entender as consequências desse mundo material para o que somos e o que fazemos.

---

1 PhD. em Antropologia e Arqueologia pela Universidade de Cambridge. Professor de Cultura Material do Departamento de Antropologia da UCL - University College London. Professor convidado da ESPM em setembro de 2006.

188 Daniel Miller

Mas a outra razão é que os próprios estudos de cultural material mudaram radicalmente. O que desenvolvemos foi um compromisso tanto com a teoria quanto com os fundamentos filosóficos daquilo que fazemos e também com a etnografia antropológica essencial. E com o fato de que, só porque estamos lidando com situações urbanas dinâmicas e em transformação não significa que deveríamos nos tornar mais superficiais em nosso encontro. Ainda defendemos a tradição acadêmica da etnografia antropológica baseada em um bom número de anos de trabalho de campo na linguagem local.

E, também, porque aceitamos temas de pesquisa bastante difíceis e desafiadores. Afinal, a comunicação não é um tema óbvio para a cultura material; parece ter tanto em comum com o material quanto com o imaterial, tanto com palavras em conversações quanto com objetos, como os dispositivos de mão (handsets). De fato, muito do trabalho na Internet se relaciona ao virtual, e o mesmo é verdadeiro para o estudo do consumo. Temas como o da comunicação desafiam o conceito de consumo porque a distinção entre produção e consumo e tecnologia é muito sutil. A tecnologia permite o desenvolvimento do texting NT1, mas o que aconteceu com isso não era esperado pelos que fazem telefones: a forma e extensão do texting é uma tecnologia produzida principalmente por consumidores?

Assim como no volume I, recentemente editado em Materiality, (Miller Ed., 2005), precisamos começar por atualizar constantemente nossos fundamentos teóricos e filosóficos, estando, ao mesmo tempo, constantemente envolvidos em etnografia. Hoje iniciarei com questões teóricas amplas e terminarei com estas, mas a maior parte do que está no meio é essencialmente etnográfico. Para começar, refiro-me aos fundamentos filosóficos ou teóricos. Naturalmente, pode-se conversar extensivamente sobre isso, mas sob muitos aspectos o ponto essencial é muito simples. O termo

O consumo da comunicação   189

dialética parece difícil e intimidante, mas o modo como funciona realizando uma etnografia da comunicação não o é .

Escrevi dois livros sobre a etnografia das comunicações, um com Don Slater sobre o uso da Internet em Trinidad e Tobago (Miller e Slater, 2000) e outro com Heather Horst sobre o uso de telefones celulares por jamaicanos de baixa renda (Horst e Miller, 2006). A teoria é a seguinte: a maior parte das pessoas imaginaria que o que queríamos estudar era como os trinitinos adotaram a Internet, como um estudo de localização. E não é assim absolutamente que estudo essas coisas. Meu ponto de partida é que não existe Internet e tampouco trinitinos.

Deixe-me explicar. Quando dizemos Internet, exatamente a que nos referimos? Que por algum tempo, provavelmente um curto período, as pessoas estão usando principalmente computadores stand alone[2] e nessa máquina três tecnologias estão reunidas. É usada para e-mail, para bater papo e para navegação (surfing). E como nós, para trabalhar. A Internet como rede mundial pode ser usada para quaisquer dessas funções, que estão em constante desenvolvimento. Na época em que realizei aquele estudo, não falávamos que íamos "googlear" as pessoas, e hoje em Londres usamos essa expressão frequentemente. Essas funções não precisam ser combinadas. Em algumas regiões, as pessoas podem até surfar e nem conhecer e-mail, em outra podem bater papo pela Internet e nunca surfar na rede. Podemos usar uma máquina que não o computador. Então, tudo o que podemos dizer é que essas facilidades existem como potenciais, e, na verdade, o que a Internet é depende de quem a usa.

O segundo ponto é que não existem pessoas privilegiadas. Quando dizemos que os trinitinos adotam a Internet, isso signi-

---

2   [NT1]Text-messaging (mensagens rápidas e rasteiras em linguagem das mais abreviadas, também conhecidas como Short-Message Service ou SMS).

190   Daniel Miller

fica que a verdadeira Internet é o modo em que algumas outras pessoas a usam, por exemplo, em Londres, e que aquilo que os trinitinos fazem é uma adaptação. Mas não aceito isso. Escrevi um livro inteiramente sobre capitalismo, o que é o capitalismo, e também baseei essa ideia em Trinidad, porque se isso é o capitalismo em Trinidad, então isso também teria direito de ser chamado de capitalismo no Japão ou no Brasil. Os antropólogos deveriam opor-se a qualquer forma de privilegiar qualquer povo. Capitalismo é o que as pessoas fazem com o capital, sejam lá quem forem. O Brasil não é um centro, nem uma periferia. É apenas Brasil, seu capitalismo ou uso da Internet não é nem mais nem menos autêntico do que em qualquer outro lugar.

Então, o que queremos dizer com o termo trinitino. As pessoas em Trinidad que usam o computador sofrem diversas mudanças. Seu relacionamento com seus primos muda, as pessoas enviam cartões de maneiras diferentes, podem se tornar mais ligados a alguém em Nova York do que a alguém da vizinhança. Não são mais as mesmas pessoas, com as mesmas capacidades. Mas é isso que um trinitino pode ser agora: alguém que, por meio da Internet, tem as expectativas desses comportamentos ou desses relacionamentos.

Portanto, minha educação acadêmica em filosofia dialética significa que posso estudar trinitinos ou a Internet, posso estudar um processo de mudança ao final do qual vejo alguém chamado um trinitino que usa a Internet, e que não é o mesmo que outra pessoa. Agora, pelo restante desta palestra, tentarei não ser tão sofisticado teoricamente; falarei de telefones e jamaicanos, pois é muito difícil não fazê-lo, e assim transmitir os resultados do trabalho. Mas meu objetivo é mostrar como o telefone celular jamaicano não é o mesmo que um telefone celular e que um jamaicano "usador de telefone" não é o mesmo que um jamaicano que usa o telefone. Da mesma maneira, isso não se trata de consumo

O consumo da comunicação   191

e produção; trata-se de um processo em que o consumo é sempre produtivo.

Isso também significa que, quando se olha para o uso do telefone como parte de uma antropologia da comunicação, também se olha para a história da comunicação, ou seja, o modo em que uma nova entrada nesse campo será formatada por formas anteriores de comunicação. Os habitantes do Caribe se comunicam diferentemente das pessoas que vivem em Londres. Existe uma necessidade de gritar para as pessoas que passam por você na rua, o que em Londres não seria nada polido. Há uma constante competição por meio da voz. Há uma cultura da competição de insultos (insult competition) em Trinidad, mas não na Jamaica. Em Trinidad, para ser amigo, você deveria imaginar alguns insultos para dizer a eles, mas se fizer isso na Jamaica sua cabeça pode ser explodida. Portanto, é importante entender a comunicação corretamente.

Nosso livro sobre a Internet em Trinidad enfoca particularmente as comunicações religiosas, pois em religião o modo pelo qual você se comunica pode ser um assunto sério. Um católico pode dizer que, para ter confissão, você precisa que um padre esteja presente, ou um Pentecostal pode pensar na religião como levar "a palavra" às pessoas. Isso era importante porque era uma grande parte do modo pelo qual eles viam a Internet. Os católicos a viam como uma conversação mediada, isto é, entre pessoas em ilhas diferentes, e se perguntavam se aquilo era semelhante à mediação do confessionário. Os pentecostais se perguntavam por que Deus inventou a Internet hoje, neste momento, para eles, e percebiam que Deus inventara a Internet como um modo aprimorado de levar a palavra ao mundo.

Se desejar, você pode conceber isso como sendo uma dimensão vertical, como colocar uma inovação no contexto do tempo. Mas também necessita levar em consideração que as comunicações

192 Daniel Miller

existem numa comunicação horizontal. Por exemplo, meu colega Don Slater fala em termos de uma ecologia da comunicação. Isso significa que existe todo um ambiente baseado em diferentes sistemas e formas de comunicação, e, assim, para entender a evolução de uma nova espécie, como a do telefone celular, temos que ver como isso se ajusta e como altera todo o elo ecológico entre todos os outros sistemas de comunicação.

Então, pensemos em outro sistema de comunicação. Um exemplo bastante óbvio é o do transporte. Trata-se de como as pessoas visitam umas as outras. Então, o telefone celular tem que encontrar seu nicho nessa ecologia em relação ao transporte. Poderia significar que as pessoas não precisam viajar muito para se verem porque agora podem conversar entre si sem fazê-lo. Por um lado, isso pode facilitar o transporte. Na área dos morros, uma das duas áreas em que trabalhamos na Jamaica, o sistema de táxi tradicionalmente segue certas rotas arranjadas. Se a pessoa tem compras pesadas, toma um táxi e paga ao taxista para deixá-la em sua casa no morro. Mas, antes do telefone, não era possível fazer do outro modo. Não era possível chamar um táxi para uma casa; era necessário descer até a rota regular do táxi. Agora, com o celular, a pessoa pode iniciar um percurso de táxi a partir de sua casa e também terminá-lo lá. Essa é uma das muitas maneiras em que uma forma de comunicação, o telefone, liga-se com outra, o sistema de transporte, como parte dessa tecnologia de comunicação.

Isso é importante porque nossa tarefa, nesse último estudo na Jamaica, foi avaliar o telefone do ponto de vista do desenvolvimento e do bem estar. O projeto foi patrocinado pelas agências de desenvolvimento para examinar quão efetivo o telefone poderia ser no apoio a populações de baixa renda Uma questão era seu impacto em cuidados de saúde. Se isso for visto de uma forma estreita, como apenas olhar para o telefone em si, obter-se-ão resultados muito diferentes do que se examinarmos isso num

O consumo da comunicação   193

contexto ecológico mais amplo. Por exemplo, se você perguntar – as pessoas usam o telefone para chamar o médico e conseguir cuidados médicos? Então, talvez surpreendentemente, verá que elas não o fazem, e o telefone não parece ter muito impacto em assuntos médicos e de bem estar.

Se, contudo, você toma essa estrutura maior de referência e contexto e olha para esse impacto, então o telefone se torna muito importante porque as pessoas constantemente discutem ao telefone assuntos relacionados a doenças e a medicamentos, e essas conversas geralmente determinam o que fazem. Agora, se ligarmos o assunto dos cuidados médicos com o do sistema de transporte, conseguiremos mais ligações. Isso porque, quando uma pessoa adoece, o uso principal do telefone mais frequente é chamar um táxi para ajudá-la a chegar a um hospital ou até para entrar em contato com um parente em Nova York que envie dinheiro por via Western Union para que ela possa pagar pelo medicamento de que precisa na Jamaica.

Essa etnografia foi realizada por Heather Horst, que ficou um ano, e por mim, que fiquei vários meses, em dois lugares. Um era uma localidade rural no meio da Jamaica e o outro um subúrbio da capital, Kingston. Ambos eram áreas de baixa renda e, em ambos os casos, vivemos nas casas de famílias locais. O resultado desse trabalho mais recente é um livro sobre o telefone celular que acabou de ser publicado.

O telefone celular se disseminou a um ritmo tão espantador que 2004 foi provavelmente a primeira oportunidade de se realizar até então uma avaliação inicial de seu impacto nos grupos de baixíssima renda, porque foi apenas nessa época que este espalhou-se para essa população, tanto na Jamaica quanto em muitas outras partes do mundo. Assim, era totalmente possível que esse fosse um novo invento que representaria um custo considerável e, em última análise, esgotaria as finanças das pessoas de

194 Daniel Miller

rendas mais baixas. Alternativamente, poderia representar uma vantagem (boom) considerável e uma maneira genuinamente nova de as pessoas melhorarem suas rendas. Um problema, contudo, já se evidenciou ao se apresentar a questão dessa maneira. A renda, em si, é a melhor medida do bem-estar das pessoas? Um dos argumentos que antropólogos como Mary Douglas têm invocado em tentativas progressivas de melhorar nossas medidas de bem-estar humano refere-se à avaliação da comunicação por si mesma. Sob a influência de economistas como Amartya Sen, a ONU tem expandido seu índice de bem-estar nacional para além do critério único de renda para incluir fatores como educação e saúde. Contudo, até agora, a comunicação permanece amplamente entendida como um meio para esses fins, em vez de um fim em si mesmo. Douglas, em contraste, argumentou que a comunicação é uma preocupação humana tão básica que necessitaria ser avaliada em seus próprios termos. Estudos antropológicos mais antigos sobre o Caribe, com títulos como "O homem de palavras nas Índias Ocidentais" de Roger Abrahams, examinaram o lugar da conversa na sociedade e mostraram, em detalhes consideráveis, a importância que o imperativo para se comunicar parece ter nessa região, uma significação que não se reduz facilmente a qualquer outro imperativo.

As pesquisas iniciais sobre o impacto do telefone celular em base regional já sugerem, de fato, uma ampla gama de diferenças relacionadas a padrões de uso locais (Katz e Aakhus, 2002). Que isso é verdadeiro, mesmo dentro do Caribe, é evidenciado pelo contraste entre Jamaica e Trinidad (Miller e Slater, 2000). A população de Trinidad é aproximadamente a metade dos 2,6 milhões de habitantes da Jamaica (Henry, 2004), mas sua renda per capita é quase três vezes maior: em 2003, US$ 7,260 em comparação a da Jamaica, de US$ 2,760 (Banco Mundial, 2004). A etnografia do uso da Internet em Trinidad demonstrou o grande entusiasmo

O consumo da comunicação   195

pela Internet em 1999, acompanhado de um partilhamento considerável de acesso, ao passo que nosso estudo sobre a Jamaica de 2004 revelou um interesse muito menor, e, de fato, partilhamento de recursos da Internet. Se as estatísticas do governo sugerem uma penetração de 7% da Internet em Trinidad e 3% para a Jamaica, nossa evidência é de que o uso real é consideravelmente maior em Trinidad (Henry, 2004).

Com relação ao uso de celulares, também houve algumas diferenças bem claras, mas na direção oposta. Pelo final de 2004, Trinidad tinha aproximadamente 600.000 assinantes de celulares (Trinidad Guardian, 2004), ao passo que havia 2.000.000 de assinantes em Jamaica (Digicel, comunicação pessoal). Esse último dado reflete uma média de três telefones por moradia. Considerando os níveis de renda muito mais elevados dos trinitinos e seu senso de si mesmos como um país do primeiro mundo (Miller e Slater, 2000, p. 118), esses números foram muito surpreendentes.

Muitos fatores explicam a razão pela qual os jamaicanos preferem telefones celulares à Internet e as diferenças em relação à Trinidad. Uma diz respeito à resposta de cada governo à liberalização do Setor de Telecomunicações apoiada pelo Banco Mundial e outros. O governo de Trinidad encorajou o desenvolvimento da Internet e de computadores, fornecendo empréstimos sem juros para funcionários do setor público, o que, combinado com níveis muito mais elevados de renda resultou em computadores mais baratos. Em contraste, foi lento em conceder licenças para o setor de telefonia móvel. O governo jamaicano se mostrou menos interessado no potencial da Internet, mas foi rápido em ceder licenças para a indústria de telefonia móvel.

O papel das empresas tem sido tão importante quanto o do Estado. Como aconteceu em grande parte do Caribe (Maurer, 2001), a empresa Cable and Wireless dominou a indústria de telecomunicações na Jamaica durante os últimos 100 anos. Como

196   Daniel Miller

a corporação no comando, essa empresa tentou, como a maioria das empresas o faria, defender sua posição no negócio. Em alguns casos, isso pode ter feito com que fosse vista como uma força conservadora, impedindo o desenvolvimento da indústria de tele-comunicações (Miller e Slater, 2000, p. 117-143, Stirton e Lodge, 2002). Isso se mostrou decisivo quando, após a concessão das licenças, ela se viu cara a cara com a estratégia comercial moder-nizadora adotada pela Digicel, uma empresa de telefonia móvel que, tendo capitalizado em seu sucesso anterior no desenvolvi-mento de mídia na Irlanda, usou os lucros para entrar no mercado caribenho (Boyett e Currie, 2004). Desde o início de suas ope-rações em 2001, a Digicel atingiu um sucesso extraordinário na Jamaica. No final de 2004, havia vendido cerca de 1,5 milhões de telefones celulares nesse país de apenas 2,6 habitantes. A Digicel criou uma campanha de marketing impressionante, liderada por um jamaicano altamente experiente, Harry Smith. Smith fez um uso muito bem sucedido de muitas imagens populistas, como a de Rasta ou de cores "raízes" [3]assim como patrocínios importantes a eventos esportivos e de entretenimentos como "Rising Stars", o equivalente local de "Pop Idol" da Inglaterra ou "American Idol"[4]dos Estados Unidos. Durante o curso de muitas entrevistas, tornou-se claro que a Digicel estava capitalizando em cima de sua posição de recém-chegada, e estava capitalizando em cima de uma insatisfação intensa que emergira com relação a quem estava lá há muito tempo.

Claramente, então, poder-se-ia argumentar que o sucesso com-parativo da Internet em Trinidad e do celular na Jamaica repousa inteiramente nas ações do Estado e das respectivas empresas.

---

3   Literalmente, "ficam em pé por si", ou equipamentos dedicados de alto custo ou completamente autosuficientes

4   Para informações sobre a cultura Rasta, ver http://pt.wikipedia.org/wiki/Rasta. Cores "roots" (vermelho, dourado e verde).

O consumo da comunicação   197

Mas essa análise deixa escapar outra história totalmente diferente, uma que emerge da etnografia do uso. Defendemos que há outras causas que respondem pelas diferenças na compreensão das tecnologias dentro de uma região e entre regiões diferentes. Além disso, o estudo etnográfico pode indicar formas locais de uso bem específicas, nesse caso um padrão específico jamaicano de uso do celular que denominaremos link-up (ligar-se). O entendimento desse processo revela não apenas como o celular conecta os jamaicanos em casa e no exterior, mas também com o estudo do celular liga aquilo que de outro modo poderia ser visto como gêneros díspares de pesquisa antropológica.

Iniciarei esta análise mais contextual sobre o uso com preocupações mais relacionadas à economia, de geração de renda, e depois examinarei as redes sociais mais amplas em que o telefone está embutido. Mas um dos pontos principais é mostrar como é difícil separá-las como áreas distintas de interesse.

A questão apresentada pelo nosso organismo financiador seria geralmente entendida como uma questão relacionada à possibilidade de o telefone ajudar a gerar renda. A lógica foi evidenciada num número da revista *The Economist* que deu proeminência a esse tópico. A fotografia de capa mostrava um jovem africano segurando um falso celular, feito de barro, próximo ao seu ouvido, sob o título "A verdadeira divisão digital". O artigo que a acompanhava, um dos vários naquele número que examinava o papel da tecnologia na mitigação da "digital divide", concluía que: "Em vez de tentar acabar com a divisão digital por meio de projetos de infra-estrutura de TI top-down [5], os governos de países em desen-

---

5   *American Idol* (em português, *Ídolo Americano*) é uma competição americana de calouros que teve sua primeira temporada em junho de 2002. O programa, que faz parte das séries *Idol*, foi originado da versão britânica, *Pop Idol*, uma competição feita para determinar o melhor cantor na competição. *American Idol* se tornou o programa musical com a maior

198   Daniel Miller

volvimento deveriam abrir seus mercados de telecomunicações. Assim, firmas e clientes, por si sós, e até nos países mais pobres, acabariam com a divisão eles próprios " (*The Economist* March 12-18, 2005, Page 9).

Na verdade, *The Economist* está defendendo dois pontos de vista. O primeiro considera o telefone celular como um veículo melhor que a Internet para eliminação da pobreza. O argumento, repetido em diversos artigos, é que a Internet requer muitas habilidades e muito conhecimento para ser a força capaz de verdadeiramente tirar as pessoas da pobreza. Com base na inspeção de facilidades baseadas em desenvolvimento, fornecidas no sul da Índia, a revista alega que "TICs[6]rurais parecem particularmente úteis para pessoas alfabetizadas, para os mais ricos e os mais jovens – aqueles, em suma, que estão no topo da hierarquia socioeconômica. Nos doze vilarejos nos arredores de Pondicherry, na Índia, os estudantes estão entre os usuários mais frequentes dos Centros de Conhecimento" (*The Economist* 12/3/05 Technology Quarterly, p. 22). A segunda alegação é a de que o celular, fornecido por meio do mercado, é o que em verdade fornece maior renda às pessoas: muitas evidências sugerem que o celular é a tecnologia que causa maior impacto no desenvolvimento (*The Economist* 12/3/05, p. 9). Esse tema também é discutido em sua página seminal chamada "Foco Econômico", em que economistas declaram que "num típico país em desenvolvimento, um crescimento de dez celulares por cem pessoas impulsiona o PIB em 0,6 pontos percentuais" (ibid, p. 94).

Se seguirmos os argumentos apontados na *The Economist* e outros corpos amplamente influenciados pela disciplina da econo-

---

publicidade nos Estados Unidos. O formato tem como parte três juízes que criticam a performance dos candidatos para facilitar o voto do público.

6   Tecnologias de Informação e Comunicação.

O consumo da comunicação   199

mia, a tendência é assumir que, para melhor entender o potencial do celular como uma contribuição à eliminação da pobreza, necessitamos primeiramente considerar sua contribuição ao aumento do PIB, em particular, e na geração de renda mais em geral. Em termos mais específicos, a expectativa inicial é de que o celular possibilite que indivíduos se tornem empreendedores. Estes não mais precisam do capital necessário para ter um escritório ou uma base fixa, pois agora têm outro endereço móvel na forma do telefone que lhes permite tornarem-se acessíveis a fornecedores ou clientes potenciais a qualquer momento. Se estes não se desenvolverem como empreendedores, o telefone pelo menos lhes permitiria obter emprego ao construírem redes para fazer indagações sobre empregos disponíveis.

A observação etnográfica nos permitiu investigar essas expectativas e chegar a conclusões que se diferenciam marcadamente dessas suposições e que revelam um relacionamento muito mais complexo entre a difusão do celular e o aumento da renda. Enquanto em alguns países investigados as pessoas realmente usam o telefone para se tornarem empreendedores ou obter empregos, na Jamaica tal uso entre indivíduos de baixa renda foi decididamente raro. Não há qualquer novo espírito empresarial importante baseado no telefone, com duas exceções. Uma foi o ramo de negócios da música. Quase todos os homens que conhecemos com idade abaixo de 40 anos realmente viam algum novo potencial em tocar música, contratar grupos musicais, fazer CDs e, de algum modo, obter sucesso na música secular ou religiosa. Não há qualquer sinal de que isso esteja realmente acontecendo, mas isso demonstra que, onde existe uma imaginação de um determinado tipo de futuro comercial, então os telefones são entendidos imediatamente como sendo um meio de transformá-las em possibilidades.

Mas esses casos são excepcionais. A vasta maioria de indivíduos de baixa renda (diferentemente dos jamaicanos classe mé-

200 Daniel Miller

dia) não usava o telefone para atividades empresariais, a menos que isso já estivesse acontecendo antes da difusão do telefone. De maneira similar, o telefone não era importante para obter um emprego. Embora houvesse casos em que algumas pessoas foram informadas sobre anúncios de empregos pelo telefone, o consenso geral era de que esse era um uso muito menos importante do telefone, simplesmente porque se acreditava que a vasta maioria dos empregos era acessada por meio de conexões sociais e apadrinhamentos, e não simplesmente pela combinação da oportunidade com as qualificações. Portanto, concluímos que as oportunidades esperadas de geração de renda pelo telefone ficaram longe de se materializar.

Se houvéssemos permanecido com um foco estreito sobre a questão da geração de renda, então teríamos concluído que o impacto era desapontadamente fraco. Mas, de fato, passamos a considerar o telefone como tendo um impacto positivo e importante na luta pela sobrevivência dos grupos de renda mais baixa. Fomos capazes de explicar por que motivo o telefone se torna uma prioridade para pessoas vivendo em condições de pobreza, ou mesmo de miséria. Em termos de prioridades do DFID para alívio da pobreza, poder-se-ia dizer que o telefone celular mostrou-se um mecanismo altamente eficiente.

Como parte de nossa pesquisa, realizamos investigações bastante aprofundadas sobre os orçamentos de famílias de baixa renda, tanto em ambientes rurais como urbanos. Dia após dia examinávamos gasto e renda diários até sentirmos que havíamos atingido um ponto em que nossos dados sobre renda e consumo estavam de acordo, o que é algo certamente não verdadeiro em estatísticas oficias sobre orçamentos. À medida que se aprofunda mais e mais nos orçamentos diários de moradias de baixa renda, e que se considera o modo em que as pessoas simplesmente sobrevivem no dia-a-dia, começa-se a perceber por que o telefone,

O consumo da comunicação   201

longe de ser periférico ou uma despesa adicional, é, na verdade o novo coração da sobrevivência econômica. Para indivíduos de baixa renda, o que importa em última análise não são ganhos que vêm de empregos, ou rendas oriundas de atividades empresariais e vendas; eles não possuem essas rendas. O que realmente importa é o apoio que vem de outras pessoas.

Daqueles que "têm" 70% das residências em nosso local de baixa renda recebiam dinheiro de outros, incluindo pessoas da família, namorados e parceiros, pais de bebês e amigos na Jamaica e o exterior; 48% recebiam mais de um terço de sua renda de outros, e 38% das residências pesquisadas sobreviviam exclusivamente de redes sociais e apadrinhamentos de outros. Em nosso local rural, a agricultura familiar tem um papel importante na economia, mas mesmo nesse caso 34% supriam suas necessidades diárias por meio de suas redes sociais, o que inclui família imediata, família estendida, namorados, namoradas, vizinhos, conhecidos e um grande número de amigos.

A conclusão nos dois ambientes, rural e urbano, é que mais de um terço das moradias não possui qualquer "renda", no sentido de algo que ganhem por meio de seu trabalho ou suas vendas. Elas apenas existem graças a sua habilidade de obter dinheiro dos outros. Este talvez seja um exemplo extremo, mas demonstra que, na Jamaica pelo menos, a diferença entre ser miserável e não ser miserável está em ter amigos ou família a quem se pode recorrer em tempos de necessidade, ainda que seja para obter um dólar para transporte para visitar um amigo que talvez não tenha qualquer perspectiva financeira visível. O que as pessoas pobres realmente precisam não é de comida, mas dessas redes sociais críticas. O telefone celular é, portanto, a ferramenta ideal para um jamaicano pobre que tenta criar as redes sociais – que se encontram em constante mudança –, as quais eles acreditam serem mais confiáveis do que uma empresa, um empregador ou um parente

202   Daniel Miller

ou esposo isoladamente. Essa característica, talvez mais do que qualquer outra, representa o impacto econômico crítico do celular na Jamaica.

Como muitos estudos sobre a pobreza demonstram, o problema é que as pessoas em tais condições estão num estado quase constante de crise imposta por cada nova demanda de fundos, seja esta um uniforme escolar para uma criança ou uma compra de um medicamento prescrito pelo médico. Simplesmente não existe um excesso de fundos disponível para despesas adicionais ou não antecipadas. Muitas das histórias curtas que pontuam nossa monografia são demonstrações da efetividade do telefone na resolução dessas crises. Indivíduos em crise usam constantemente seu celular para lidar com necessidades imediatas; frequentemente vão correndo os olhos pelas suas agendas telefônicas, não apenas para ver quem "poderia ter", mas quem poderia "ter" naquele momento preciso do tempo. Portanto, o impacto primordial do telefone celular na pobreza se dá pela mudança da temporalidade da redistribuição num nível mais baixo, o que pode ser alcançado rápida e efetivamente, seja por meio de uma remessa por via Western Union, alguém enviando uma pequena quantia de dinheiro com um motorista de táxi, ou pela redistribuição de microcrédito ao se textar números de cartões telefônicos. Esse último caso é importante porque, nesse nível de pobreza, a redistribuição dos próprios meios suficientes para realizar uma chamada é necessária antes que esses possam então ser usados para solicitar fundos ao se lidar com crise.

Nossa conclusão nesse nível é que o celular é altamente efetivo para aliviar as piores formas de sofrimento associadas à pobreza. Esse se tornou parte integrante de um sistema em que, conforme nossa cuidadosa análise de microorçamentos demonstra, mais da metade da renda doméstica é oriunda de quem se conhece e não do que se faz. Portanto, o celular não é utilizado para fazer di-

O consumo da comunicação   203

nheiro, mas é vital para conseguir dinheiro. Há, então, uma conexão interessante entre as duas observações. Sob muitos aspectos, a relativa falta de empreendedorismo entre as pessoas de baixa renda por todo o Caribe tem sido associada ao que se poderia chamar de individualismo econômico. O grau em que o dinheiro permanece associado ao indivíduo, e não à moradia, significa que mesmo a pequena quantia de capital representada pela moradia como agregada não está disponível para investimento. Essa falta de capital é um fator principal na falta de empreendedorismo, e o telefone celular parece exacerbar essa tendência. O celular, então, parece reforçar a tendência de distribuir renda dentro de áreas de baixa renda, daqueles que num dado momento "têm" para aqueles que "não têm", frequentemente por meio do mecanismo interveniente das relações de gênero.

Com respeito às tradicionais expectativas de bem-estar e economia de desenvolvimento, conforme refletido pela agenda de desenvolvimento ou pelo jornalismo do The Economist, temos uma importante conclusão. Há uma expectativa geral de que a tecnologia irá aliviar o problema da pobreza ao se tornar uma base para novas formas de empreendedorismo e geração de renda que, em ultima análise, serão refletidas em figuras agregadas como o PIB. Contudo, nossas evidências sugerem que aí se dá a conflação de duas tendências radicalmente opostas. O próprio fato de que o celular seja usado para um alívio imediato do sofrimento está estreitamente relacionado ao fato de que ele não é parte do desenvolvimento de tal empreendedorismo. O dinheiro que poderia ser usado para acumulação de capital é, em vez disso, filtrado para baixo para ajudar a aliviar crises regulares de pobreza. Essa redistribuição mais efetiva para baixo para resolução de pequenas crises de pobreza reduz ainda mais o pool de capital disponível para qualquer tipo de investimento que poderia ser empregado em realmente fazer dinheiro. Se o telefone não ajuda com a geração de renda, e, portanto, de PIB, parece que faz isso para aqueles que já têm o capital e a educação para trabalhar a partir de um patamar mais elevado. Nossa conclusão a respeito do celular na Jamaica seguiria o argumento do *The Economist* para a Internet; que esse provavelmente requer, de antemão, um nível muito alto de capital de vários tipos para causar esse tipo de impacto. Mas, contrariamente à hipótese implícita no argumento feito pela The Economist, isso acaba acontecendo precisamente porque este é eficaz no alívio de problemas relacionados à pobreza.

O que foi descrito acima é típico de resultados encontrados na etnografia. Não é que simplesmente se encontrem respostas diferentes, mas frequentemente se descobre que o problema era que a questão original fora colocada de forma inapropriada para o caso sob estudo. Após decorrer sobre esse ponto, gostaria agora de examinar outras consequências bastante inesperadas do uso mais detalhado de telefones. Como uma ponte entre preocupações econômicas e o uso do telefone, existe a questão da conta telefônica. Se os jamaicanos preferem pensar em orçamentos e relações econômicas em termos individuais – e não em termos de moradias – isso traz consequências para o modo em que a própria conta é entendida e vivenciada. Um dos efeitos não-intencionais da introdução do telefone celular foi o modo pelo qual este ajuda os jamaicanos em seu dilema criado pelo telefone fixo (landline). O problema com o fixo é que a conta vem na forma de um extrato mensal, que diz respeito a um objeto partilhado por todos os membros da família. Isso era frequentemente a causa de consideráveis brigas e conflitos intrafamiliares devido às disputas sobre quem seria responsável por chamadas específicas, e como a conta deveria ser dividida entre os membros da família. De fato, essa é umas razões pelas quais a empresa telefônica dominante, Cable and Wireless, tornou-se um objeto de insatisfação entre grande parte da população, como se evidenciou em coberturas jornalís-

O consumo da comunicação   205

ticas durante esse período, e a partir de nossas entrevistas. Isso não se deveu necessariamente a atos errados da empresa. Ocorreu, simplesmente, que o sistema de cobrança se tornou a causa de muitas brigas e disputas dentro do lar e da família: era mais fácil transferir a culpa por essas disputas internas para a empresa telefônica e, coletivamente, acusá-la de trapacear e de aplicar golpes na moradia, em vez de encarar o fato de que se as somas não faziam sentido, a culpa teria que ser dos próprios membros individuais da moradia que não estavam se responsabilizando por seu uso pessoal do telefone coletivo.

Esse foi um dos motivos pelos quais a Digicel foi inundada por demanda quando entrou no mercado. Seu sucesso é particularmente espantoso ao se considerar que as condições iniciais dificultavam a emergência de qualquer nova empresa, porque, inicialmente, o custo de se ligar para os novos celulares, a partir de uma linha fixa, era pelo menos quarenta vezes maior do que o de ligar para outro fixo. Quando se perguntou às pessoas que trabalhavam para a Digicel sobre seu sucesso imediato, a razão mais comumente apresentada foi a de que eles introduziram a ideia de cobrar as chamadas por segundo e não por minuto. O significado dessa mudança apenas se torna aparente quando se considera outro dado bondosamente fornecido durante nosso trabalho de campo em 2004, que é o de que a duração básica de uma chamada de um celular na Jamaica é 19 segundos. Por que tão curta?

Defendemos que uma das principais razões pelas quais o celular foi difundido tão rapidamente foi a de que ele permitiu que as famílias substituíssem a cobrança coletiva de telefones fixos pela cobrança individualizada do celular, e isso, por sua vez, teve outra consequência inesperada. Um resultado foi o de que a pessoa que fazia a chamada agora era quase sempre a pessoa que pagava a ligação e isso era evidente aos dois lados da conversação. Isso significou, por sua vez, que a ligação telefônica em si tornou-se um objeto de troca explícita entre essas duas pessoas, o que poderia ser diretamente avaliado referindo-se ao custo de uma chamada. Assim, poderíamos esperar que a ligação estivesse sujeita precisamente a tais diferenças culturais no modo como as pessoas equiparam relacionamentos com outras formas de valor, como dinheiro. Deixe-me ilustrar isso com um contraste. Estava recentemente conversando com um grego sobre seu uso do telefone quando ele estava interessado em uma mulher. Ele notou com algum orgulho que estava gastando mil dólares por mês. O ponto é que isso expressava uma concepção central grega de amor e masculinidade: que um homem apaixonado não deve absolutamente pensar em coisas tão vulgares como custo e consequência, porque a paixão dita de outro modo. Nesse caso, ele estava demonstrando isso por meio de um desprezo total pelos gastos envolvidos nas frequentes ligações telefônicas e longas conversas internacionais. Na Grécia, ele estava sendo um homem completo. Na Jamaica, esse indivíduo seria visto como um tolo completo; a mulher em questão provavelmente perderia qualquer respeito que algum dia teria tido por ele.

Na Jamaica, a habilidade valorizada é a de como se pode manter um relacionamento baseado no menor dispêndio possível e, de fato, se é de alguma forma possível que outra pessoa assuma esse gasto. Não se trata de ser generoso ou mesquinho. Trata-se de uma percepção diferente da natureza do valor. Então, por exemplo, as conversas por via celular na Jamaica são bastante desnudadas de convenções normais e etiquetas de conversações. Não há um cumprimento educado, e, frequentemente não há qualquer finalização; talvez apenas palavras como "tudo bem", ou "até mais". Cada qual reconhece a importância de manter a ligação a um custo mínimo. A tentação é ver essa falta de etiqueta e as frequentes ligações curtas como uma inovação causada pelo celular. No caso da falta de etiqueta, esse pode bem ser o caso. Mas com respeito à forma

O consumo da comunicação   207

de uso do telefone, isso estaria inteiramente errado. Pelo contrário, a tradição na Jamaica sempre foi de contatos altamente extensos baseados em elos sociais ocasionais e breves, que se tornam operacionalizados apenas em certos momentos de necessidade.

Um ponto central aqui é podermos facilmente assumir que, como a invenção da linha fixa antecede a do celular, nós passamos a considerar a linha fixa como mais tradicional e o celular como mais moderno e inédito. Pelo menos na Jamaica, isso é invertido. Na maioria dos aspectos, é o celular que se ajusta facilmente a ideias tradicionais jamaicanas de redes baseadas em indivíduos, e foi o telefone fixo que se ajustou de modo estranho e causou problemas. Enquanto realizávamos trabalho de campo, uma alta proporção de famílias em nosso estudo não estava apenas adotando celulares; estava também desistindo de telefones fixos.

Cerca de 98% das chamadas na Jamaica são feitas na base de cartões pré-pagos. Contratos telefônicos são praticamente desconhecidos, exceto entre uns poucos ricos. Isso permite que as pessoas tenham controle de seus gastos. Também permite o desenvolvimento das microtrocas dentro de famílias ou entre amigos que foram descritas. É comum, por exemplo, implorar por um cartão enquanto se está ao telefone. A pessoa simplesmente solicita que a pessoa do outro lado arranhe o número no pré-pago e lhe diga qual é esse número. Isso permite que se continue a chamada, mas usando o crédito da outra pessoa. Ou, ainda, os indivíduos pedem o crédito restante num telefone. Muitas pessoas checam após cada chamada para verificar quanto crédito resta. Em outras palavras, dar, comercializar e solicitar créditos pode representar uma microtroca que envolve até alguns poucos centavos.

Talvez seja raro que antropólogos sejam tão afortunados de ter suas ideias testadas pelas próprias empresas de telefone, mas, neste caso, tivemos muita sorte. Exatamente quando estávamos percebendo que a preocupação dominante era como os relacionamentos

208   Daniel Miller

eram mantidos com uma despesa mínima, preferivelmente transferida ao recipiente da chamada, a Digicel introduziu uma nova facilidade. Na metade do ano de 2004, a Digicel respondeu a suas próprias observações de tais atividades ao adicionar uma nova facilidade que denominaram "Ligue-me". Isso permitia que a pessoa com menos de três dólares jamaicanos (cerca de 5 centavos americanos) em seu telefone contatasse até 21 pessoas por semana na esperança de que a pessoa a quem estavam ligando concordasse em aceitar o custo da chamada em seu crédito . Dentro de poucos meses, "Ligue-me" respondia por mais de 80% de todas as mensagens de texto. De fato, no final do trabalho de campo, quando muitas pessoas se referiam aos textos, elas mais frequentemente queriam dizer textos "Ligue-me". Isso, por sua vez, reforçou o tipo de elo quase familiar que as pessoas sentiam ter com a Digicel, como uma empresa que solidariamente cuidava dos pobres, pois isso era visto não como uma forma de exploração, mas uma forma de respeito aos modos segundo os quais os jamaicanos de baixa renda se comportavam. A Digicel também ajudou a promover essa identificação ao ser leniente não somente ao não desligar os telefones que permaneciam sem uso ou que estavam sem créditos. Isso também se deu a partir da integração de aparelhos de mão (handsets), subsidiados a preços relativamente baixos, como presentes comuns entre amigos e parentes em aniversários e no Natal e também entre jamaicanos residindo no exterior e na própria Jamaica. "Ligue-me" foi percebido como assegurando que até aqueles com nenhum crédito pudessem achar uma maneira de usar seus telefones para conversas importantes e emergências. Dessa maneira, a integração da economia também é vivenciada como um tipo de economia emocional de identificação entre os setores formal e informal.

Novamente, isso é típico de abordagens antropológicas, que não se ramificam facilmente numa divisão social ou econômica, ou em outra divisão da vida cultural. Na Jamaica, as pessoas tentam desen-

O consumo da comunicação 209

volver redes sociais extensivas. De fato, num certo momento, verificamos as listas de endereços telefônicos de vinte e cinco informantes, para checar quem eles conheciam e porque ligavam para essas pessoas. Surpreendentemente, apenas 15% desses números pertenciam a parentes. Agora, poder-se-ia dizer que as pessoas têm redes sociais extensas para sobreviver economicamente, ou poder-se ia dizer que há uma tendência na Jamaica de se estabelecer redes sociais extensas como um fenômeno social. Eu sugeriria que o que há é uma busca pela própria comunicação, e que este eterno ligar e contatar numa média de 19 segundos por chamada significa que estamos nos referindo aqui a uma forma muito específica de comunicação.

Neste ponto chegamos à equação que iniciou este texto. Como podemos começar a considerar o modo em que a própria comunicação é avaliada, como um fim em si próprio e não apenas um meio? "Ligue-me" ressalta a questão de se avaliar tanto a chamada como, consequentemente e em alguns sentidos, a própria pessoa, em termos de dinheiro. Vale a pena pagar por uma chamada, por quanto tempo vale pagar por ela, e, nesse caso, vale a pena pagar para que eles liguem para você? Essa última questão deriva da antiga tradição de chamada a cobrar, que o serviço "Ligue-me", em alguns aspectos, replica. Conforme observei, na Jamaica, espera-se em vez de se rejeitar a ideia de que os relacionamentos sejam vistos como tendo um valor que é comensurável com valor monetário. Como tal, o telefone celular se ajusta bem, em vez de trazer rupturas, à união desses dois conceitos de valor, o mensurado e o íntimo. Em Londres, não gostamos de pensar as relações pessoais em termos financeiros, mas, na Jamaica as pessoas têm um senso muito mais individualista da economia, mesmo dentro de uma família. Assim, um pescador vende peixe para sua esposa que, por sua vez, vende no mercado, e é por isso que eles odeiam a cobrança agregada das contas de fixos.

Bem, iniciei com alguns pontos teóricos sobre a dialética e sobre formas de análise vertical e horizontal. Em seguida, forneci muitos detalhes de nossa etnografia. Mas quero descer da etnografia para retomar um pouco mais de teoria muito mais geral. Na última parte de minha apresentação, observei que as pessoas na Jamaica gostam do celular por este ser individual, diferentemente do fixo, pois cada pessoa pode avaliar a quantia de dinheiro representada por uma comunicação com outra pessoa. E também que, na Jamaica, diferentemente de Londres, as pessoas gostam de equacionar relacionamentos diretamente com dinheiro. Isso implica dizer que os jamaicanos têm ideias diferentes de avaliação e de valor.

Agora, como acontece em outro texto que terminei recentemente, tenho explorado essa palavra "valor". Mesmo que você não tenha interesse na Jamaica ou em comunicação, suspeito que a palavra valor é importante para você. Na área de negócios, as pessoas estão constantemente falando de valor do acionista ou de valor agregado.

Se você refletir sobre o significado da palavra inglesa value (avaliar, estimar, prezar), esta significa coisas quase opostas. Por um lado, pode significar o trabalho envolvido em dar um valor monetário a um objeto, como em avaliar uma peça antiga de porcelana, e, portanto, torna-se quase sinônima da palavra price (preço). Por outro lado, pode referir-se àquilo que tem significado para nós precisamente porque a única coisa a que nunca pode ser reduzida é uma avaliação monetária, com, por exemplo, o valor que prezamos com relação à família ou à religião. Mas a maioria das pessoas parece extaticamente despreocupadas com o fato de que usam um único termo, value, que pode significar uma coisa e seu exato oposto. Mas, e se esse for o ponto? Que o que value faz é precisamente criar uma ponte entre valor como preço e valor como algo que não pode ser reduzido a preço, porque essa ponte repousa no centro do que poderia ser chamado de cosmologias diárias, pelas quais as pessoas, e, de fato, as empresas e governos vivem.

O consumo da comunicação   211

Retornemos agora ao caso do telefone jamaicano. A questão aqui é que, na Inglaterra, sentimo-nos a vontade em admitir essa variação de significados para valor. Não gostamos de ver valor como preço, posto com relação direta com ideais sobre o que não deve ser visto como relacionado ao dinheiro. Como a socióloga Zelizer (1987) mostrou em seu livro "Apreçar Crianças sem Preço" (Pricing the Priceless Child), não gostamos de pensar que uma companhia de seguros tem que colocar um número na quantia de dinheiro a ser dada em compensação pela morte de uma criança. Mas, na realidade, muito da vida diária depende dessa constante reunião de valores que, como vimos para os jamaicanos, é vista como um dos benefícios do telefone.

Em meus trabalhos recentes, tenho aplicado a mesma ideia aos negócios e à macroanálise de valor. A maioria das melhores abordagens de valor separa-a de valores e a trata como um tipo de bottom-line [7]. Karl Marx não aprovava a redução de pessoas a dinheiro, mas sua teoria do trabalho com base no valor reduziu o conceito de valor a uma bottom-line que era trabalho, e, pessoalmente, penso que é daí que muitos problemas surgem. Darei um exemplo no extremo oposto. Há alguns anos, teóricos da área de negócios vieram com a ideia do valor do acionista, que também era uma abordagem bottom-line. Basicamente, quase todas as empresas estavam sendo informadas por missionários dessa nova religião sobre o valor do acionista. Missionários em empresas, como os consultores McKinsey, diziam que o modo de avaliar uma empresa no passado estava errado. A fixação demasiada em coisas como lucros ou bem-estar estava errada; o que realmente importaria, o ponto fundamental, seria estabelecer valor para o acionista, e, no futuro, tudo deveria estar relacionado com essa propriedade de valor do acionista (Froud, Haslam Johal e Williams, 2000).

---

7   Departamento para o Desenvolvimento Internacional do Reino Unido.

212 Daniel Miller

Reitero meu pensamento de que essa foi uma grande falha. Certamente, se houver uma concentração no valor do acionista, este se valorizará, mas em detrimento de todo o mais, e, portanto, no longo prazo, não haverá benefícios. Minha análise mantém que essa é uma das razões pelas quais tivemos aquilo que se denominou de fracasso das empresas dot.com (Cassidy, 2002). Não foi apenas causado pela supervalorização de ações da Internet; foi, igualmente, porque o valor da ação havia se tornado separado de outras formas de valor.

Em contraste a esses exemplos de usos bottom-line do valor, examinei exemplos em que, como no caso do telefone celular na Jamaica, as pessoas tendem a trabalhar diretamente em cima da relação entre valor e valores, e tentar reuni-los ao invés de mantê-los separados. Descobri que as empresas e os governos que se saem melhor não são aqueles que usam uma teoria bottom-line de valor, mas os que entendem que parte de seu papel consiste em reconciliar e conectar esses dois significados opostos dessa palavra. A loja de departamentos mais conhecida na Grã-Bretanha é o grupo John Lewis, uma cooperativa de trabalhadores fortemente compromissada em ligar a valor, como lucro, com os valores que ele representa, tanto para seu quadro de funcionários como para seus clientes (Bradley e Taylor, 1992). De modo semelhante à maior parte da história moderna, a economia mais bem sucedida não foi a dos Estados Unidos, mas a da Suécia, que, novamente, concentrou-se em não manter assuntos financeiros isolados, mas junto a valores de bem estar e outros valores (Rojas, 1998).

Esse seria outro artigo decididamente, mas para meus propósitos, somente queria abordar esse ponto para ilustrar o que sugeri bem no início deste artigo. Um dos objetivos dos estudos sobre cultura material não é apenas enfocar diretamente o lugar dos objetos em nossas vidas, mas também permanecer conectado à tradição antropológica de que somos os mais extremos em termos de nosso envolvimento em estudos empíricos por meio de etnografia de

O consumo da comunicação   213

longo prazo. E, ainda, talvez igualmente extremos na outra ponta, em termos de nosso compromisso contínuo com a teoria, como a teoria dialética, ou, com a possibilidade de se ter uma teoria geral do valor. A questão, para nós, é nunca fazermos apenas um ou outro. O trabalho acadêmico que mais valorizamos é aquele que reúne esses dois extremos, que constantemente vê o elo entre trabalho teórico e trabalho substantivo, do que, espero, vocês vejam pelo menos algumas indicações neste trabalho que acabo de apresentar.

Referências bibliográficas

Abrahams, R. D. *The Man-O-Words in the West Indies: Performance and the Emergence of Creole Culture.* Baltimore e Londres: The Johns Hopkins University Press, 1983

Boyett, I. and G. Currie "Middle managers moulding international strategy: An Irish start-up in Jamaican telecoms." *Long Range Planning* 37: 51-66, 2004.

Bradley K and Taylor S. *Business performance in the retail sector* Oxford: Clarendon press, 1992.

Cassidy, J. *Dot.con:* How America lost its mind and its money in the Internet era. Londres: Penguin Books, 2002.

Douglas, M. and S. Ney "Communication Needs of Social Beings". In *Missing Persons*. Berkeley: University of California Press: 46-73, 1998.

Froud, J, Haslam C, Johal S. and Williams, K Eds. "Shareholder value and the political economy of late capitalism". *Economy and Society* 29: 1, 2000.

Henry, L. "The Digital Divide, Economic Growth and Potential Poverty Reduction: The Case of the English Speaking Caribbean". *Journal of Eastern Caribbean Studies* 29(1): 1-22, 2004.

Horst, H and Miller, D. *The Cell Phone*: An Anthropology of Communication. Oxford: Berg, 2006.

214   Daniel Miller

Katz, J. and M. Aakhus, Eds. *Perpetual Contact*: Mobile communication, private talk, public performance. Cambridge: Cambridge University Press, 2002.

Maurer, B. "Islands in the Net: Rewiring technological and financial circuits in the 'offshore' Caribbean." *Comparative Studies in Society and History* 43(3): 467-501, 2001.

Miller, D. Ed. *Materiality*. Durham: Duke University Press, 2005.

Miller, D. (in press) *The uses of value*. Geoforum.

Miller, D. and Slater, D. *The Internet*: An Ethnographic Approach. Oxford: Berg, 2000.

Rojas, M. *The Rise and Fall of the Swedish Model*. London social market foundation, 1998.

Slater, D. (Forthcoming). "Ethnography and communicative ecology: Local networks and the embeddedness of media technologies."

Stirton, L. and M. Lodge "Regulatory reform in small developing states: Globalisation, regulatory autonomy and Jamaican telecommunications." *New Political Economy* 7: 437-455, 2002.

World Bank Jamaica: The Road to Sustained Growth. Geneva, World Bank, 2004.

Zelizer, V. *Pricing the Priceless Child*: the changing social value of children. Nova York: Basic Books, 1987.

Desejo de imagem e empresa

François-Pierre Soulages[1]

As ciências humanas permitem pontos de vista instrutivos sobre a empresa que é uma realidade social ao mesmo tempo específica e comparável às outras. Em particular, a utilização do conceito de inconsciente e dos conceitos trabalhados pela psicanálise permitem não só compreender o funcionamento dos sujeitos individuais dentro e com relação à empresa, mas também o funcionamento da empresa ela própria habitada por um inconsciente coletivo. Prova disso são os trabalhos dos fundadores, como Freud, daqueles que introduzem as primeiras aplicações sobre management, como Kets de Vries, e sobretudo daqueles que propõem um verdadeiro conselho em management, com conhecimento de causa, e sobre o inconsciente, como Didier Toussaint.

---

1 Professor e Diretor de pesquisa da Universidade de Paris VIII, Soulages articula funções de consultor de empresas com a direção do Colégio Icônico do Instituto Nacional de Áudio-visual (INA). Criador do Centro de Estudos Imagem, Inconsciente e Empresa. Esteve na ESPM em abril de 2006 para proferir palestra a convite do CAEPM. Tradução de Ana Luiza Carvalho Bittar.

A problemática que pensa a empresa em função do inconsciente pode ser trabalhada enfatizando o papel motor que a imagem desempenha e desemboca, assim, na problemática específica: imagem, inconsciente & empresa. É sob essa perspectiva que uma reflexão geral sobre o desejo de imagem pode se desdobrar. Entendemos por "desejo de imagem" esse desejo que habita um sujeito – individual ou coletivo – e que visa não uma realidade, mas uma imagem; pode ser o desejo de uma imagem (nova, melhor, ideal, impossível) de si mesmo, de um outro sujeito (individual ou coletivo), de um objeto, de uma situação, etc. Esse desejo trabalha o sujeito, sem que ele tenha consciência disso; muito frequentemente, o sujeito cria motivos e constrói racionalizações, muitas vezes pseudocientíficas, para operar uma negação desse tipo de desejo que se articula, certamente, em seu inconsciente.

Imagem, Inconsciente & Empresa

Esse texto analisa as relações existentes entre a imagem, o inconsciente e a empresa tem a partir de um objetivo duplo: determinar a problemática que subentende essas relações fundamentais, mas complexas e diferenciadas, e dar perspectivas originais aos problemas que se colocam no interior dessa problemática.

A empresa é um conjunto social como os outros; ela tem, é claro, sua especificidade, como, aliás, todos os outros conjuntos têm, também, sua especificidade. Ela obedece, então, em grande parte, às mesmas leis que os outros grupos, mesmo que tenha leis específicas de funcionamento; essas leis – gerais e específicas – podem ser estudadas pelas ciências humanas e questionadas pela filosofia.

É claro que ela tem, frequentemente, a ilusão, como todos os grupos sociais humanos, de que sua especificidade a remete às leis gerais e constantes que, em geral, fazem funcionar esses grupos.

Desejo de imagem e empresa   217

Essa ilusão e esse autoconhecimento não são nem mais nem menos importantes que aqueles que habitam e enganam os outros grupos, quer sejam religiosos, esportivos, políticos, artísticos, etc. Não precisamos temer essa ilusão constitutiva do imaginário fundador dos grupos sociais: os grupos têm como (primeiro) objetivo não pensar, mas sim funcionar e perseverar no seu ser, autoexpondo-se ao preço de uma fabulação de um passado e de uma imaginação de um futuro extraordinário, na impossibilidade de ser sobrenatural. Não há grupo humano que não tenha ilusão federativa: não há nenhuma razão científica para que certos agrupamentos sociais escapem a essas leis, embora isso possa ser caro ao seu narcisismo; particularmente para a empresa isso é verdadeiro.

É, portanto, cientificamente legítimo estudar a empresa graças às ciências humanas: a economia, a história, a sociologia, a etnologia, a psicologia e a psicanálise, por exemplo, devem trabalhar sobre um tal objeto. Certamente, a epistemologia mostrou que a "cientificidade" das ciências experimentais não tem nada a ver com a das ciências lógico-matemáticas: o conceito de verdade, por exemplo, não tem absolutamente o mesmo sentido em axiomática e em física. A fortiori, o distanciamento é ainda maior entre as ciências humanas e as matemáticas: ninguém pensará em encontrar o mesmo nível de certeza em uma pesquisa em economia ou história e em uma pesquisa em lógica formal ou química orgânica. É por isso que, se hipóteses e leis podem ser empregadas em sociologia ou psicanálise da empresa, elas não devem ser avaliadas à luz das ciências lógico-matemáticas, nem à luz da física ou da biologia. Por outro lado, não podemos esperar de uma ciência humana, e a fortiori de uma única, que nos dê a verdade total de uma coisa ou de uma realidade humanas; seria dar prova de dogmatismo, portanto, de ingenuidade e crença. É necessário usar as ciências humanas e sociais como um corpo eficaz e eficiente de hipóteses operatórias fecundas, e articular entre elas hipóteses

218 François-Pierre Soulages

diferentes, oriundas de pontos de vista diferentes e de ciências diferentes; assim, a representação de uma realidade humana e social – como, aqui, a empresa – será mais rica.

O que é verdadeiro em teoria, é igualmente na prática. Só podemos transformar o funcionamento de uma empresa articulando muitos ângulos de ataque e de ação, correlativos a vários pontos de vista e representações teóricas, eles mesmos oriundos, frequentemente, de vários campos problemáticos, disciplinares ou científicos diferentes. Isso é verdadeiro tanto para o management como para o conselho. Toda a arte reside no fato de operar as boas articulações da pluralidade.

Estudemos, aqui, a contribuição dos conceitos de imagem e de inconsciente para pensar a empresa e agir sobre ela.

Empresa e inconsciente

O estudo da empresa pelo viés das ciências humanas, em particular pela psicanálise, é algo relativamente antigo. Freud, em 1921, em Psicologia das massas e análise do eu, refletiu sobre o funcionamento de organizações e instituições, como a Igreja e ou o Exército; durante toda sua vida e, em particular, no seu final, em O mal estar na civilização, ele estudou a natureza e os comprometimentos das organizações sociais a partir do funcionamento do coletivo e sobretudo do amor ao chefe, tanto que podem servir de exemplo, em uma mesma época, a Alemanha, Itália e outros. Portanto, Freud não era, ainda, o pensador do funcionamento do inconsciente do indivíduo tomado somente ao nível da vida pessoal e interpessoal; ele tinha também, como objeto de estudo, os grupos e as multidões, e o funcionamento do seu inconsciente coletivo.

É por isso que não foi uma surpresa ver, nos anos 40, na Grã-Bretanha, dois psicanalistas, Wilfred Bion e Elliott Jacques, estu-

Desejo de imagem e empresa   219

darem a empresa a partir das contribuições da psicanálise, e isso no quadro da fundação do Tavistock Institute.

Assim Bion examina como, no seio de uma empresa, pode nascer e se desenvolver uma paranóia de grupo, como, por projeção sobre um concorrente ou sobre um conjunto de atores e instituições exteriores, uma empresa pode imaginar-se ao mesmo tempo perseguida por esses concorrentes e esses atores e que ela deveria ter sido a melhor sem essa ação imaginária. Então a empresa certamente ganha em unidade e fusão, mas perde na sua relação com a realidade e a performance; sua ilusão é, então, cada vez mais perigosa quanto àquilo que ela pensa de si mesma e quanto a suas possíveis relações com a realidade do mercado e das outras empresas.

Se Bion estuda os efeitos da psicose interior de uma empresa sobre seus membros e sobre o mundo exterior a ela, levando em conta a deterioração efetiva das relações entre ela e os outros, Jacques trabalha para saber como e por que os membros da empresa podem trazer para ela as disfunções, as angústias e as crises, tendo como origem o inconsciente pessoal de seus membros, enfim, como e por que o exterior e o privado agem, como quem não quer nada, sobre o interior e o público da empresa pelo viés do inconsciente; o incontrolável, duplamente incontrolável, é atingido na empresa: o inconsciente e o exterior sendo vencidos por alguns, como esse par incontrolável. Assim, os funcionamentos irracionais e contraproducentes que as pessoas possuem no exterior serviram de modelo para o trabalho no seio da empresa; a dificuldade para desconstruí-los se deve ao fato de que essas pessoas se identificam, inconscientemente com eles e para eles. Romper esse tipo de lógica empresarial é tão difícil quanto o sujeito desempenhar aí sua relação inconsciente com seu inconsciente.

220 François-Pierre Soulages

As PRIMEIRAS TENTATIVAS

Há quarenta anos na França, foi aberta essa fonte de compreensão da empresa pelo viés da psicanálise e da ação sobre esse tipo de organização por essa disciplina. Pesquisadores, conselheiros, mediadores se reúnem em associações para confrontar seus trabalhos, ser mais eficientes e institucionalizar seus conhecimentos e habilidades. De um lado, a Associação para a Pesquisa e Intervenção Psicológica desenvolve certa atividade, graças sobretudo ao trabalho de Max Pagès e de Eugène Enriquez; este último está atento aos mitos fundadores e às construções imaginárias que formam as representações, os inconscientes e, portanto, as práticas dos membros da empresa. De outro lado, a Associação Nacional para Desenvolvimento das Ciências Humanas explora os campos novos da empresa: ontem, Didier Anzieu[2] explorou o inconsciente de uma coletividade e, hoje, Christophe Dejours nos permite compreender melhor a psicodinâmica do trabalho e o peso específico da empresa sobre aqueles que são recrutados para fazê-la funcionar, quando estão frequentemente sob sua dominação, a ponto de se perguntar se a empresa não é com frequência vivida como uma empresa, levando em conta sobretudo a força do inconsciente.

Há vinte anos, certo número de teóricos e consultores produzem textos e produtos se esforçando em utilizar as luzes da psicanálise para explicar, curar, dinamizar ou dopar uma empresa. Como sempre, o espectro desses atores se mostra um guru inspirado no mais sério consultor, cada qual engendrando efeitos particulares, muitas vezes deploráveis e ou enganosos, outras vezes notáveis e ou espantosos. Manfred Kets de Vries e Danny Miller fazem parte desses pesquisadores que trabalham para a empresa, utilizando de

---

2 Enriquez, E., *L'organisation en analyse*. Paris, Puf, 1997.

Desejo de imagem e empresa   221

maneira original e sistemática certas proposições da psicanálise. Eles partem, por exemplo, dos diferentes funcionamentos psíquicos de um dirigente – histérico ou teatral, depressivo, compulsivo, paranóico, esquizofrênico – para empregar sua tipologia das empresas neuróticas ou psicóticas, afirmando, assim, que o inconsciente da empresa reflete a imagem do inconsciente do dirigente. A dificuldade, então, não é tanto a decriptação dos sintomas patogênicos, mas sim sua supressão real – a técnica da camuflagem e do deslocamento dos sintomas não permitindo em nada resolver a meio termo os problemas. O próprio Ketz de Vries constata que uma das contradições com as quais se depara aquele que quer utilizar a psicanálise para a empresa é que há, frequentemente, uma demanda rápida, na verdade, urgente de resultados, quando o tempo da análise e de seus efeitos depende sempre de longo prazo ou, ao menos, médio prazo. Pior, a demanda pode ser empregada por um superinvestimento da imagem daquele que é consultado; esperamos dele, então, aquilo que pedimos a um guru, porque nós o tomamos por um guru. Nós lhe pedimos milagre, e, não podendo obter o impossível, renunciamos ao possível que esse consultor poderá trazer. A resposta é, pois, de tal forma complexa que o chefe da empresa fica preso a um desejo do impossível, fundamentado não somente no funcionamento particular do sujeito que solicita, mas também no seu desconhecimento daquilo que se pode esperar de tal intervenção. Como para a análise de uma pessoa individual, a cultura, a personalidade e a relação com o desejo do chefe da empresa condicionam a própria possibilidade de êxito do trabalho feito com um analista para a empresa; o desejo não deve ser delírio, sobretudo se esse desejo delirante não for senão um prolongamento segundo outras modalidades de desejo delirante que faz que toda a empresa não funcione. Com efeito, o psicanalista não é somente, como diz Kets de Vries, " um detetive

222 François-Pierre Soulages

do sentido", ele deve ser também aquele que o trabalha e que faz acontecer outra relação entre o sentido e a realidade e a eficácia.

A CONSULTORIA INTEGRAL EM MANAGEMENT

Os trabalhos precedentes eram empregados, muito frequentemente, pelos pesquisadores no quadro da ação-research. Essa concepção ainda bastante clássica é substituída por Didier Toussaint por um verdadeiro conselho em management que, utilizando os conhecimentos adquiridos da psicanálise, apóia-se sobre as estruturas da empresa, sobre a estratégia que ela possa ter e sobre a conduta de mudança, e isso tudo permitindo sobrepujar as resistências. Uma nova etapa é então superada, abrindo perspectivas totalmente novas e fecundas.

Psychanalyse de l'entreprise[3] é o livro fundador de Toussaint; a problemática geral é exposta e demonstrada nele. O autor mostra, efetivamente, porque e como há o inconsciente na empresa: a maior parte dos dirigentes o vivenciam no cotidiano, sem ter, para tanto, os conceitos para dizê-lo e agir em função disso. Ora, Freud, em suas reflexões sobre o vínculo social, revela que todos os fenômenos coletivos se organizam em torno da memória de um "grande homem", a figura do fundador. Toda uma concepção da organização, da estratégia, do trabalho e dos recursos humanos da empresa deve, então, ser repensada, levando em conta a intrusão do desejo e do fantasma na racionalidade do discurso sobre a gestão. Consequentemente, uma das funções essenciais do dirigente é de referenciar o inconsciente da empresa, do que ele tem a responsabilidade, sendo a arte de management antes de tudo a arte da interpretação. O papel do consultor em management é,

---

3   Anzieu, D., *Le groupe et l'"inconscient, L'imaginaire groupal.* Paris, nouvelle édition, 1984.

então, de fornecer ao dirigente a ocasião, as circunstâncias e o dispositivo para chegar a isso.

Em Renault ou l'inconsciente d'une interprise[4], Toussaint faz um estudo de caso que enriquece sua concepção do consultor em management. Ele mostra como as representações inconscientes de um fundador vêm se instituir nas estruturas e estratégia de sua empresa, em favor de uma tragédia edipiana da qual Louis Renault foi inicialmente o herói, antes de se tornar sua vítima: a morte do Pai intervindo por ocasião da nacionalização foi o momento de um refreamento que, paradoxalmente, perenizou a herança de um homem, reforçando a memória de suas resistências. Apesar das aparências, a Administração Renault não estava rompendo o seu passado. O inconsciente da empresa, conjunto de processos primários, tem sempre a última palavra. Por ignorá-lo demais, o dirigente acaba por sofrer a repetição quasemortífera do sintoma dissimulado nos processos secundários da empresa, e, vez de controlar sua utilização. Indica-se, então, o lugar destinado a um conselho em management total.

É com isso que trabalha Didier Toussaint como consultor para diversas empresas: ele coloca um desenvolvimento interpretativo dos processos secundários – caracterizados pelo sistema pré-consciente – consciente – para reencontrar os processos primários – caracterizados pelo sistema inconsciente –, de maneira a desbloquear as resistências à mudança enraizadas no inconsciente da empresa.

---

4 Didier Toussaint, *Psychanalyse de l'entreprise, Inconscient, structure & stratégie*. Paris, L'Harmattan, 2000.

224   François-Pierre Soulages

Empresa e desejo de imagem

Quando conversamos com os últimos operários da siderurgia belga, compreendemos que o que eles lamentam amargamente junto com todas as conclusões é certamente seu salário e seu ofício difícil e extenuante, mas, acima de tudo, seus sonhos e desejos. Porque, quando eles falam do que fizeram durante toda sua vida, eles evocam suas imagens e desejos, ou melhor, seus desejos de imagens; vivem como os companheiros dos deuses gregos que agem sobre a matéria, transformando-a e dominando-a. Sua vida é trabalhada por seu imaginário: dessas realidades sem complacência que são o ferro, a fundição, o aço, eles fizeram um mundo que metamorfoseiam, graças ao fogo. Ao escutá-los, acreditaríamos escutar a mitologia grega, a poesia alquimista, a filosofia dos elementos de Bachelard: ele nos abre para a psicanálise do fogo. Eles transformam matéria em desejo de imagem, tornam-se heróis mitológicos[5].

Como é possível essa transformação? Por que o desejo de imagem é nodal na empresa? Porque todo o homem é habitado por desejos de imagens: na empresa, diante dela, e sempre com seus produtos. Mas o que é o desejo de imagem?

O desejo de imagem

A problemática que pensa a empresa em função do inconsciente pode ser trabalhada enfatizando o papel motor que a imagem desempenha e desemboca, assim, na problemática específica: imagem, inconsciente & empresa. É sob essa perspectiva que uma reflexão geral sobre o desejo de imagem pode se desdobrar. Enten-

---

5   Didier Toussaint, *Renault ou l'inconscient d'une entreprise*. Paris, L'Harmattan, 2004.

Desejo de imagem e empresa   225

demos por "desejo de imagem" esse desejo que habita um sujeito – individual ou coletivo – e que visa não uma realidade, mas uma imagem; pode ser o desejo de uma imagem (nova, melhor, ideal, impossível) de si mesmo, de outro sujeito (individual ou coletivo), de um objeto, de uma situação, etc. Esse desejo trabalha o sujeito, sem que ele tenha consciência disso; muito frequentemente, o sujeito cria motivos e constrói racionalizações, muitas vezes pseudocientíficas, para operar uma negação desse tipo de desejo que se articula, certamente, em seu inconsciente.

Tomemos alguns exemplos: um dirigente pode querer não deixar seu lugar a seu sucessor unicamente em função do desejo de imagem que ele quer deixar na história de seu grupo; um executivo pode sistemática e regularmente mudar de empresa por desejar corresponder à imagem que tem do quadro internacional do século XXI[6]; um assalariado pode viver os momentos mais excitantes de seu trabalho, por ocasião das "charrettes", que solicitam um dispêndio de tempo não remunerado, unicamente para satisfazer seu desejo que é de ter a imagem de membro de uma equipe dinâmica; um executivo pode querer fazer viagens regulares fatigantes ao exterior para simplesmente contentar seu desejo de identificação com as personagens publicitárias; um velho dirigente pode mesmo desejar criar uma fundação de arte contemporânea, certamente por amor à arte, mas também pelo desejo de imagem; ele pode querer desempenhar o papel de manager-mecenas como um americano; sabemos, desde 1943[7], que um empregado de café pode se deliciar desempenhando o papel de um empregado de café: aí, também, desejo de imagem; uma empresa pode contratar um executivo não em função de seu valor provável, mas em função de seu valor desejado, da imagem que queremos ter graças a ele,

---

6   Ver conversa com Pierre Bilger.
7   Ver, nessa obra, o artigo de Charles Austin.

226   François-Pierre Soulages

enfim, tomar seus desejos pela realidade; um produto pode ser concebido, difundido e comprado não por sua realidade própria e sua capacidade de ser superior aos outros produtos similares, mas pela gratificação que ele produz ao desejo de imagem de quem o concebeu – "sou aquele que faz um produto requintado" –, do divulgador – "sou aquele que divulga os produtos conectados" –, ou do consumidor – "sou aquele que pode consumir produtos raros". Esse motor desejoso pode habitar tanto o sujeito individual como o sujeito coletivo: para satisfazer seu desejo de imagem, uma empresa pode querer criar produtos requintados, pode querer se instalar no exterior, pode querer fazer escolhas estratégicas fundamentais, mesmo se todas as suas ações corram um grande risco de ser um fracasso. Esse desejo de imagem pode estar condicionado a um desejo de distinção em relação a outros sujeitos ou simplesmente ser engendrado e nutrido pela história do sujeito.

Um problema se coloca: quais são, portanto, a função e o papel conscientes e inconscientes do desejo de imagem na empresa? Podemos, então, responder à questão: como empregar uma estratégia para a empresa que pudesse ser tão eficiente a ponto de não fazer que os desejos de imagem se constituíssem em um dos enredamentos de uma empresa ?

Assim, a análise dos desejos de imagem no seio da empresa deve ser uma ferramenta para auxiliar na transformação da estratégia de uma empresa, e isso justamente em função de se levar em conta esses desejos de imagem; com efeito, esses últimos estruturam a empresa e constituem um dos componentes dos fluxos, da vida e da economia de seu (des)funcionamento e de sua (problemática) comunicação interna e externa[8]. Operar uma denegação com relação a eles seria um erro pragmático; reconhecer sua natureza e seus efeitos permite ter uma melhor política

---

8   Jean-Paul Sartre, *L'Etre et le néant*. Paris, Gallimard, 1943.

Desejo de imagem e empresa   227

desse corpo social específico que é a empresa. A gestão[9] desse corpo coletivo produtor deve ser confrontado menos a buracos negros e a representações simplificadoras de sua realidade sempre complexos; dessa forma, ela deve ser menos simplista e ingênua, portanto, mais precisa e mais adaptada a seu objeto que ela deve procurar conhecer sempre melhor para poder produzir melhor e ter melhor êxito.

Uma análise global do desejo de imagem em empresa[10] mostra que ele estrutura o todo da empresa: primeiramente os sujeitos individuais – de e fora da empresa, como os clientes, os fornecedores, os divulgadores e os outros intermediários; em seguida, as relações entre todos esses sujeitos; depois, a própria empresa, como sujeito coletivo produtivo; finalmente, os objetos produzidos por ela. O objetivo deste artigo é sensibilizar para essa problemática geral e isso graças a uma indicação de alguns casos concretos particulares, que mostram a sua importância, especialmente quando ela permite melhor compreender as relações que a empresa e os sujeitos, dentro e fora dela, podem ter com os objetos produzidos ou a serem produzidos na empresa[11]. Por quais mecanismos os produtos da empresa engendram, portanto, os desejos de imagem? Em que essa indicação pode ter consequências sobre o management?

A CABEÇA E OS PÉS

Dentro ou diante de uma empresa, todo ser – dirigente, executivo, empregado, comercial, divulgador, go between, cliente,

---

9   Schwebig, P., *Les communications des entreprises, au-delà de l'image*. Paris, Ed. Mac GrawHill, 1988.

10   G. Charreaux, *Le Gouvernement des entreprises*. Paris, Econômica, 1993.

11   Soulages, *Désir d'image & entreprise* (no prelo).

228 François-Pierre Soulages

etc. – é, antes de tudo, um ser de desejo e não de necessidade ou de vontade. Pensar esse conjunto econômico-social somente em termos de necessidade ou de voluntarismo é impedir que se compreenda o motor da empresa no seu conjunto, a motivação dos indivíduos e o motivo das relações interindividuais; é "impor o mecânico ao vivente"[12]; é sobretudo se impedir não somente de pensar no funcionamento da empresa, mas também nas razões de suas crises e de seus êxitos, principalmente aqueles que são qualificados como "geniais".

Na empresa, motor, motivação[13] e motivo não funcionam tendo em vista a necessidade e a realidade, mas o desejo e a imagem: toda criação, toda produção, toda negociação, todo comando, todo pedido são filhos do desejo, e não da necessidade; toda liderança, todo management, toda ordem são filhos da imagem, e não da realidade. Mesmo as relações de força e de violência são também habitadas pelo desejo e pela imagem; esquecê-lo é se impedir de ter as armas para pensar e agir sobre eles. A polemologia, estudo científico da guerra, mostrou bem isso; pois as guerras dentro e da empresa são casos particulares e específicos da guerra, sejam os conflitos sociais e financeiros internos ou os conflitos econômicos externos[14].

Paradoxalmente, entretanto, essas criações, negociações e lideranças habitadas pelo desejo de imagem partem da realidade para ir à realidade e se desdobrar em função da realidade: devemos em uma empresa "ter os pés no chão", ser realistas e pragmáticos. Como, então, compreender esse paradoxo, na verdade o

---

12 Soulages, *Communcations & entreprises* (Editions Argraphie) e *Photographie et inconscient* (Editions Osíris).

13 O que é, para Bergson, a causa primeira do cômico e do riso (*Le rire*, Paris, 1900).

14 Chiffre, D., Teboul, J., (1988), *La motivation et ses nouveaux outils – Des clés pour dynamiser une equipe*. Paris, Les éditions ESF.

Desejo de imagem e empresa   229

que aparenta ser uma contradição entre o desejo e o realismo? Lembremos que se deve ter somente os pés no chão, do contrário a burocracia e a mediocridade se instalam, o fracasso e a falência acontecem.

Como articular desejo e pragmatismo, imagem e realidade? Não sendo mais do que pés, esse corpo coletivo produtor que é a empresa tem também uma cabeça. E essa cabeça deve comandar os pés: "A intendência seguirá", dizia de Gaulle, que dirigiu homens, superou enormes desafios, governou um país e deu orientações industriais e econômicas importantes a uma coletividade. A cabeça dirige melhor ainda os pés se estes estiverem bem colocados no chão. Notemos que os pés não designam certo tipo de pessoa: em cada indivíduo há pés e uma cabeça. O esquecimento desse fato obstinado é causa de dois grandes erros. Por exemplo, se prendemos pessoas pelos pés e as reduzimos a isso, então tudo deixa de funcionar, porque sua cabeça se revolta (?); da mesma forma, se prendemos indivíduos pela cabeça, portanto, eles devem também ter os pés no chão, do contrário a tecnocracia se instala e o fracasso espreita, então, a empresa. Não tomar o corpo coletivo da empresa como uma totalidade composta de indivíduos eles próprios totais é não dirigir, mas se dirigir, com toda a certeza, para a burocracia, ou para a tecnocracia, duas doenças infantis da empresa.

Mas, se a empresa deve unir e não cortar cabeças e pés, é antes de tudo porque os pés estão no presente e na realidade e a cabeça pode nivelar, antecipar, prever, até mesmo governar o futuro, levando em conta o passado e o presente. Portanto, o futuro não é – por isso, ele é tão importante: o futuro deve ser imaginado. E quem, melhor do que a cabeça, pode imaginar o futuro ? Sua capacidade de antecipação e de inovação repousa no fato de que a cabeça é habitada por desejos de imagens e assim o futuro é duplamente preparado. De um lado, levando em conta a natureza

230 François-Pierre Soulages

do desejo: quando a necessidade leva a uma categoria de objetos – indivíduos ou produtos –, o desejo se abre para uma pluralidade; a necessidade depende da atualização única, o desejo, da virtualidade plural; a necessidade serve, no melhor dos casos, à tática, o desejo é necessário à estratégia. Por outro lado, como o desejo leva a uma imagem aberta, e não a uma realidade fechada, não é um futuro único, espécie de dublê mecânico, caricatural e falso do passado que é encarado, mas imagens múltiplas dos possíveis futuros. Assim, graças à pluralidade do desejo e à multiplicidade da imagem, a cabeça, como membro de um corpo coletivo ao mesmo tempo produtor e produtivo, pode se dirigir ao futuro ao mesmo tempo com serenidade e paixão: é dessa forma que o dirigente pode dirigir eficientemente. E a intendência segue, sem arrastar os pés, e os indivíduos aderem e agem sem ter preocupação. Eles não têm mais necessidade disso, porque não estão mais na necessidade, sempre medíocre, mesquinha e redutora; estão no desejo que eleva o sujeito. O management torna-se, portanto, um management ascensional, e não sem elevação.

A IDENTIFICAÇÃO E A REORGANIZAÇÃO DOS DESEJOS

Para que haja na empresa um êxito "genial", o desejo de imagem do cliente (diante do produto), o desejo da empresa e os dos membros da empresa devem ser mobilizados todos ao mesmo tempo. Se, como vamos mostrar, o desejo de imagem do cliente depende bem da lógica da revelação-satisfação-prazer-adesão, em compensação, os desejos de imagem da empresa e de seus membros se movem ainda mais em face do produto, mas segundo outra lógica, a da identificação narcisista com o produto "genial"; essa identificação imaginária permite à empresa e a seus membros satisfazer o desejo de ser, eles próprios, "geniais". Um estudo sintomático dos discursos e das posturas mantidos pelos membros

Desejo de imagem e empresa 231

do EADS, no primeiro voo do último Airbus, permite reencontrar todos os discursos e posturas produzidos no século XIX pela doutrina romântica do artista genial, por seus argumentadores e seus significantes.

Mas esse desejo de imagem é ambivalente: ele é ao mesmo tempo necessário, para que se possa ter êxito, e perigoso, porque ele pode encerrar o sujeito (individual ou coletivo) em uma ilusão que o impede de ver o que tem de realidade nele, igualmente a do mercado e a da concorrência, como a sua própria. Em função desse último aspecto, esse desejo poderá então ser considerado como emocionante e patético, porque ridículo e vital. Mas seria um erro desqualificá-lo: ele está lá, é um fato, não se pode eliminá-lo; ele constitui toda a realidade antropológica, individual e coletiva. Desqualificá-lo pressupõe que ele poderia não existir, o que é uma ilusão: não há sujeito sem ilusão fundadora. É preciso, portanto, reconhecer a existência e as modalidades desses desejos de imagem e levá-los em conta na direção de uma empresa.

Com o desenvolvimento exponencial da concorrência, o desejo de imagem pode desempenhar dentro da empresa um papel motor[15]. Uma empresa que tem êxito é aquela que sabe gerir suas relações com a concorrência: ela deve fazer diferente e vender melhor. Os que apenas repetem são varridos pela concorrência. Para fazer diferente, a empresa deve inventar produtos que instalem o cliente em outra problemática de vida e, portanto, em outra relação com seu desejo de imagem. O carro Velsatis da Renault (l7) tentou ser o melhor carro de luxo, ele não é um carro de luxo qualquer; seu êxito comercial é, no entanto, muito medíocre. Em compensação, o Espace não é um carro melhor, é um carro outro; seu êxito comercial é notável. A alteridade deve ser a chave da

---

15 P. Milgrom & J. Roberts, *Economie, organisation & management*. De Boeck Université, 1997.

232   François-Pierre Soulages

superioridade, somente a qualidade não é suficiente. Sendo assim, o Espace é uma referência para todas as outras marcas em todas as escalas: a alteridade de qualidade torna-se referência e então engendra uma redefinição do contexto em que o produto toma sentido. Assim, o Espace inventou uma nova relação com o automóvel, com o espaço exterior e com o espaço interior, com os outros e consigo mesmo. Ele permite a cada um – indivíduo ou empresa, cliente ou construtor – redefinir seu universo de desejos de imagens, fazendo emergir alguns e rechaçando outros, enfim, reorganizando, independentemente de sua vontade, a estrutura e os objetos primordiais de seu desejo de imagem. O que faz a força do Espace não é que ele faz sonhar: tudo pode fazer sonhar, mesmo os produtos mais medíocres. Mas é que ele permite outro universo de sonhos, de desejos, de imagens e de desejos de imagens e, assim, o sujeito que se liga a ele se transforma, transformando a forma explicita de seu desejo: é uma revelação, um parto de seu desejo de imagem e de si mesmo. "Eu não sou mais o mesmo com meu Espace, não porque eu consuma de outra forma, mas porque eu quero imagens novas e essas imagens ultrapassam de longe a imagem que tenho de carro: isso vai do desejo de minhas imagens de mim e do mundo. Como um parceiro de uma relação amorosa, esse produto me seduziu e conduziu a lugares impensáveis em meu consciente usual."

O desejo de imagem que o produto permite e autoriza deve ser dutor: sedutor e condutor. Cada criador de um produto verdadeiramente novo, cada empregado de uma empresa que fabrica esse produto, cada consumidor desse produto deve poder ser tocado em seu desejo de imagem e reorganizar, por um tempo, o campo de seu desejo. Foi o caso dos novos produtos concebidos por ocasião dos primeiros anos do Canal +, pela Internet, pela ponte de Millau, pelo envio do homem à lua; este, talvez, o caso de menor dimensão dentro de todos os produtos. A moda grande público,

Desejo de imagem e empresa   233

mesmo pouco requintada, pode aspirar revolucionar o desejo de imagem daqueles que a criam e daqueles que a encarnam.

A TRANSFORMAÇÃO DE SI MESMO E A TRANSFORMAÇÃO DA REALIDADE

Uma empresa, hoje, é pois obrigada não somente a evoluir, se adaptar mas sobretudo fazer evoluir a realidade em função das suas novas proposições que são seus produtos, e, isso, sem cair no delírio psicótico desligado da realidade. O Clube Mediterranée mostrou isso inventando, com animação, novos produtos que revelaram novos desejos junto aos clientes e criaram, assim, um novo modo de estar junto, um novo modo de estar com seu corpo, uma nova maneira de viver as férias. Antropologicamente, essa revelação é comparável à revelação religiosa; existencialmente, ela é comparável à revelação sexual como fim da frigidez e abertura ao desejo; filosoficamente, ela é paradoxalmente pascaliana: "Eu não te procuraria se eu já não tivesse te encontrado", exclama, diante de Deus, aquele que o procura. O que é revelado ao cliente do Clube é o que ele desejava secretamente e procurava confusamente por outras vias que não podiam em nada o satisfazer: ele colocava mal o problema de seu desejo pelo motivo de que ele o colocava em termos de necessidade; o Clube permite que ele encontre a boa resposta, porque ele lhe oferece ao mesmo tempo a boa pergunta e o bom produto que satisfaça essa pergunta. Uma empresa performante é aquela que, graças a seus novos produtos, dá liberdade ao cliente de se permitir desejos de imagem os quais ele se permitia tão pouco que às vezes ele nem sonhava com isso. Com o Clube, o desejo de imagem é aguçado, e o Clube é considerado como utopia, o Paraíso: o desejo acha que é divino; é mais uma vez pascaliano.

O cliente do Clube se encontra, quando ele encontra o produto; ele se prende ao produto e permanece fiel a ele. A relação

234 François-Pierre Soulages

com o produto articula, então, o passional e o institucional, o individual e o social, o existencial e o dinheiro – dinheiro do mundo exterior (dólar, yen ...) que, no Clube, é substituído por uma moeda própria dele, permitindo, de um lado, realizar o desejo de viver em outro mundo, e, de outro, de viver a ambivalência e a contradição. Não há mais dinheiro e há somente dinheiro, o novo dinheiro estando em um colar, dia e noite em torno do pescoço do cliente, afirmando com isso, ao mesmo tempo, seu desprendimento do antigo mundo e do antigo dinheiro e sua adesão a um novo mundo e a um novo dinheiro. O Clube é ao mesmo tempo religioso e político: ele oferece outro mundo e um mundo outro. Dupla relação com a alteridade pelo desejo de imagem, dupla plenitude do sujeito. Notável operação que coloca a nu os desejos, os satisfaz e permite ao cliente viver ao nível do inconsciente, ignorando, assim, a contradição[16].

Satisfazer um desejo e, em particular, um desejo de imagem é, com efeito, satisfazer uma contradição. O Clube surfou sobre essa verdade primordial, inventando produtos novos que revelavam, alimentavam e desenvolviam esses desejos de imagem. Muitos outros exemplos poderiam ser dados, da Fnac passando pelo portátil, sem esquecer do microcomputador, dos produtos de beleza, em particular para homens.

O AMOR AO PRODUTO E O AMOR A SI MESMO

Para fazer isso, o Clube Méditerranée não assinalou as necessidades junto ao cliente, ouviu, com uma atenção flutuante, os desejos dissimulados e, como um excelente orador que diz o que a massa quer ouvi-lo dizer, soube propor produtos que permitissem

---

16 M. Glais, *Economie industrielle, Les stratégies concurrentielles des firmes*. Litec Economies, Paris, 1992.

Desejo de imagem e empresa   235

a revelação e a satisfação desses desejos. Ele soube satisfazer o cliente, quando não havia pedido de fruição. Dessa forma, o cliente teve mais do que seu dinheiro lhe daria: passou da necessidade consciente à tomada de consciência do desejo inconsciente. É por isso que amou: amou o produto, amou o Clube, amou as pessoas do Clube (isso é verdadeiro para os clientes e para os empregados do Clube); ele amou, dessa forma, ele mesmo; mais exatamente, ele amou uma imagem dele mesmo, amou um desejo de imagem dele mesmo. Durante o tempo do Clube, ele podia imaginar-se correspondendo ao inconsciente desejo de imagem dele mesmo. Clientes e empregados do Clube eram agostinianos.   Com efeito, Santo Agostinho, nas suas Confessions, caracteriza a primeira parte de sua vida por essa instrutiva fórmula: "Eu amava amar". Para vender, uma empresa deve conceber produtos que convidem o cliente a amar amar, ou seja, desejar corresponder a uma das imagens que ela torna possível e ao universo que ele pode produzir a partir desse produto. O produto será ainda mais forte se for pensado desde a criação em função desse potencial desejo de imagem, e não levado em custo, no final do percurso, por um publicitário que trabalhará a aparência o look, o packaging verbal ou visual. A publicidade deve trabalhar a aparência do produto e o desejo explícito do cliente, a empresa, a essência do produto e o desejo implícito de imagem do cliente. Para fazer isso, ela pode se apoiar nos desejos de imagem que o produto em gestação revela àqueles da empresa, com todos os que se aproximam dela, tanto de perto como de longe. Uma parte do trabalho do dirigente consiste em ser o porta-voz desse desejo de imagem, não necessariamente entrando no pormenor de cada produto, mas articulando o desejo de imagem de sua empresa e seu desejo de imagem com a política de concepção e de criação dos novos produtos.

Não é por acaso que a L'Oréal é uma das empresas que anda melhor e, ao mesmo tempo, atribui uma importância financeira e cultural muito grande à pesquisa e ao desenvolvimento de novos produtos, a propósito, passando portadores de desejos de imagens sempre renovados. Comprando esses produtos, mesmo sem consumi-los, o cliente da L'Oréal torna-se um membro do Clube L'Oréal e pode passar do "Eu amava amar" ao "Eu amo me amar, porque eu valho muito". O desejo de imagem chega ao limite máximo e cada cliente se toma por Luís XIV, ou seja, inventa para si uma Galeria dos Espelhos que lhe devolve sua própria imagem e de seus cortesãos: o produto cosmético criou um mundo, um cosmos de imagens desejadas. O que a L'Oréal faz, toda a empresa pode fazer: ela deve encontrar o bom ângulo de ataque. A concepção, a fabricação, a venda e o consumo das armas e dos cigarros fazem sonhar bastante, quando engendram a morte, uma imediatamente e a outra "mediatamente" – a indicação "Prejudica gravemente a saúde", sobre um maço de cigarros, não impede certas pessoas de satisfazer com ele um desejo de imagem: o inconsciente não sabe ler, mesmo sendo atingido. Como já foi lembrado por nós, ele ignora a contradição.

A interpretação e o lugar do Outro

É por isso que o desejo de imagem, às vezes, é aparentemente tão desconcertante, tão imprevisível. Na concepção, produção, divulgação, venda ou compra de um produto, assim como na direção, escolha ou motivação dos indivíduos, o homem deseja a imagem de uma coisa ou de um ser que frequentemente não tem nada a ver com a imagem que os outros têm dessa coisa ou desse ser. Essas contradições entre os desejos de imagens fazem, portanto, o enigma. A empresa deve integrar esse dado à pesquisa, ao desenvolvimento, à criação e à comercialização, ao management e à estratégia. Isso é complexo, pois o desejo de imagem é o incalculável do cálculo.

Desejo de imagem e empresa   237

É um fato, não há concordância e harmonia das imagens a propósito de um mesmo produto. Porque, antes de ser concebido, criado, vendido ou consumido, um produto é primeiramente interpretado; e toda interpretação diz respeito, igualmente, tanto ao sujeito que interpreta como ao produto interpretado. Assim, os desejos de imagem não serão os mesmos para os criadores e para os compradores e para os utilizadores do próximo Falcon 7 X da Dessault: já há um afastamento entre os engenheiros e os pilotos. Isso porque, em 5 de maio de 2005, por ocasião do primeiro voo de prova do aparelho, o avião foi pilotado por Yves Kerhervé, diretor do pessoal navegante da Dassault Aviação, e Philippe Deleume, piloto-chefe de provas de aviões civis. Assim, esses dois pilotos podiam dar informações e impressões pessoais diferentes, e isso em função de seu perfil profissional e dos desejos ligados a seus perfis diferentes; cada um tinha, na sua mente, imagens diferentes do último modelo requintado dos aviões comerciais da Dessault Aviação. Da mesma forma, os utilizadores terão desejos de ordem totalmente diferente, não porque serão confrontados também com a realidade financeira desse avião – o fato de que esse avião custará 30 milhões de euros faz que os construtores e os pilotos também sonhem –, mas porque eles farão outro uso dele: se para alguns esse avião será um objeto de prestígio, para outros ele será, antes de tudo, um aparelho que permite percorrer até 10.500 km por voo e isso para 8 a 14 pessoas e portanto fazer negócios de outro modo a partir de Paris com cidades como Tóquio e Los Angeles. Lembremo-nos do grande ciúme que o avião que Jean-Maria Messier utilizava provocou junto aos grandes dirigentes que podiam, entretanto, utilizar facilmente aviões particulares. É a mesma questão do desejo de imagem que foi o centro do primeiro setenário de Jacques Chirac, que quis que a República fosse mais "modesta" em seu uso de aviões reservados para os ministros, opção que foi modificada muito rapidamente por questões de comodidade e de desejo de imagem: por que quem afinal sabe quem toma um avião, se não é aquele que inicialmente está dentro?

Consumir um produto por sua imagem – ao mesmo tempo, a própria imagem e a do produto – pode dizer respeito não só ao sujeito, mas também àqueles que o rodeiam. Em compensação, fazê-lo em função de seu desejo de imagem diz respeito primeiramente ao sujeito – por exemplo, ao ministro que se permitiu não utilizar um avião de linha; certamente, esse desejo o remete também aos outros, mas os outros são em primeiro lugar imaginados antes de estarem presentes junto ao sujeito que consome. O sujeito primeiramente é solitário diante de seu desejo, no momento em que está na presença dos outros com a imagem.

Todo o trabalho do criador no seio de uma empresa consistirá, pois, em tentar tornar compatíveis esses diferentes desejos de imagens. Ele só poderá fazê-lo se hipertrofiar seu próprio desejo e, correlativamente, seu próprio Eu. Diante da intransponível interpretação dos produtos, ele deverá experimentar a difícil postura que consiste em se colocar no lugar do outro. Já a empresa será, ao mesmo tempo, um terreno obrigatório e uma oportunidade a explorar: ele deverá, com efeito, confrontar seu desejo de imagem com aqueles dos outros membros da empresa que trabalha nesse produto; isso lhe permitirá aumentar o círculo dos desejos de imagens que esse produto pode engendrar e assim abrir-se aos desejos dos futuros ou potenciais clientes. Paradoxalmente, as resistências da empresa ao desejo de imagem de um dos criadores do produto permitem enriquecer o valor deste, porque ela abre para novos usos do produto, e será por outras razões que não as primeiras que ele será utilizado. O desejo de imagem redefine o valor de uso de um produto. A evolução cada vez maior do telefone celular é um bom exemplo disso: sua definição inicial quase desapareceu por serem descobertos usos e funções sempre renovados, ao mes-

Desejo de imagem e empresa 239

mo tempo reestruturantes e reestruturados. Tornou-se um objeto indefinido com usos polimorfos: todos os desejos de imagem podem ser explorados nele. Assim, um produto é reestruturado pelo desejo de imagens daqueles que o criam, os que dele se aproximam e o consomem.

Longe de ser um handcap, esses desejos potenciais de imagens enriquecem o produto. É preciso reconhecê-los e explorá-los. O fabuloso destino do Twingo é um bom exemplo disso: concebido como um carro em 3 cores para um alvo jovem, ele tornou-se um carro que permite descontração e distinção para mulheres de 30-40 anos, para tornar-se em seguida o carro de um público dinâmico e conectado de qualquer idade. Uma avó de 80 anos com um Twingo podia se manter jovem mais facilmente do que com um produto da L'Oréal, porque o Twingo trabalhava o desejo de imagem e a aparência, enquanto o cosmético partia do corpo real. Todavia, o produto "de beleza" tem também a função de agir sobre o desejo de imagem do sujeito, mas, por seu objeto – o corpo envelhecido – , a realidade tem mais facilidade de resistir à imagem: há um retorno da realidade, um efeito de realidade que se pode, certamente, reinterpretar e reciclar com o produto concebido, divulgado – essa frase é capital – comprado e consumido, porque essas quatro operações são essenciais para a constituição do círculo eficiente dos desejos de imagem do produto.

Assim, esses exemplos que dizem respeito principalmente aos produtos nos mostraram que o desejo de imagem representa um papel fundamental dentro da empresa.

Ele coloca em movimento o homem tanto em sua escolha como em seu capricho, em sua determinação como em sua negação, em seu investimento como em seu desinvestimento, em sua compra como em sua recusa, em seu management como em sua implicação, em seu combate como em sua desimplicação, em sua solidão como em sua equipe, em sua relação consigo mesmo como em sua relação com outrem, etc. O desejo de imagem se caracteriza por sua onipresença.

Ele é um dado antropológico. Repousa ao mesmo tempo sobre a falta e a frustração, sobre o mimetismo e a distinção, sobre a inutilidade e a necessidade, sobre o imaginário e a projeção, etc. De todas as coisas (direção, decisão, ação, investimento, venda, publicidade, comunicação, compra, etc.), ele é a base.

Ele se abre sobre uma diversidade de desejos e de imagens. Ele é desejos de imagens. Ele se caracteriza por sua pluralidade.

O desejo de imagem é, portanto, incontornável em empresa. Toda ação da, na e com relação à empresa deve, portanto, levar em conta esse desejo de imagem, porque ele estrutura tudo: a concepção, o design (20) e a divulgação e o consumo dos produtos, o management e a vida da empresa. Uma das origens desse desejo de imagem se encontra no inconsciente, ao mesmo tempo o de todos os sujeitos particulares e o da empresa.

Ele é de natureza totalmente diferente da vontade, do projeto e da estratégia de imagem. Mas atravessa toda vontade, projeto e estratégia de imagem. Ele irriga também todas as relações de pedido e comando, de desejo e rejeição, de afirmação e ignorância, de antecipação e distância. É necessário, portanto, repeti-lo para compreender a empresa, nas suas relações internas e externas, enfim, para melhorar a estratégia de antecipação de toda empresa.

Mamãe, papai e as crianças

Rumo a uma arquitetura moderna da vida cotidiana

Stuart Ewen[1]

A força total de atração da cultura material não se mostra plenamente com referência ao lar até notarmos que ela é amplamente responsável por um novo tipo de casamento

Ernest Groves, The Drifting Home (1926)

INDUSTRIALIZAÇÃO E FAMÍLIA: A MUDANÇA DOS MODOS DE SOBREVIVÊNCIA

Os padrões para (a) maneira mais antiga de vida continuam, mas a situação socioeconômica a que eles estavam destinados se alterou. Jovens homens e mulheres encaram ou frustração em seus esforços para se adaptar aos padrões mais antigos, ou confusão e ansiedade ao explorar

---

1 Extraído do livro, com a autorização do autor, *Captains of Consciousness, Advertising and the Social Roots of Consumer Culture*, de Stuart Ewen, que é professor Titular da Cátedra de Estudos sobre Filmes & Mídia na Faculdade Hunter e dos programas de doutorado em História, Sociologia e Estudos Americanos no Centro de Pós-graduação da Universidade da Cidade de Nova York - CUNY. Participou, como palestrante, do II Encontro ESPM de Comunicação e Marketing, realizado em novembro de 2007. Tradução do texto de Simone Delgado.

novos padrões de conduta. Essas frustrações são o aspecto dominante da vida no lar e na família nos dias de hoje.[2]

Lawrence Frank,
Membro do Grupo de Educação Geral da cidade de Nova York (1932)
)

As políticas de consumo, assim como aquelas da própria sociedade capitalista, estendiam-se além da clara divergência política. Elas também se destinavam a áreas de distúrbios que eram articuladas menos ideologicamente. O avanço do consumo afetou as intimidades da vida social, assim como a indústria trabalhou para forjar uma nova definição de família que poderia se encaixar nas engrenagens da máquina produtiva. Na década de 1920, a vida em família havia se tornado assunto polêmico, desgastado pelo aumento de divórcios, com suas autoridades sob o fogo do movimento feminista. As pessoas sentiam que o que uma vez havia sustentado uma vida social ativa estava se tornando ineficaz e, muitas vezes, doloroso. A demarcação daquilo que a família deveria ser por meio da propaganda representou uma tentativa de recompor, redefinir papéis familiares de modo a sintonizá-los com o ritmo da época. Mas antes de analisar a ideologia do consumo e da família, é necessário oferecer uma breve discussão sobre o contexto no qual tal ideologia surgiu.

Antes do desenvolvimento industrial, os relacionamentos, interdependências e o trabalho dos membros da família estavam intimamente ligados à questão da produção. Apesar da opressão e da hierarquia naturais, a família patriarcal não era uma vaga ideologia disseminada pela sociedade como uma "tradição". Era uma forma de existência social largamente determinada pela luta pela sobrevivência em uma sociedade predominantemente agríco-

---

2 Lawrence K. Frank, "Social Change and the Family", *Annals of the American Academy of Political and Social Science*, CLX, (Março 1932), p. 98.

Mamãe, papai e as crianças   243

la e diante de uma crônica escassez. A autoridade do pai, o seu controle de maior parte da iniciativa produtiva e como ela seria implementada não pode ser separada de uma situação na qual havia poucos meios externos nos quais a família poderia confiar para a sua existência.[3]

O caráter autosuficiente da vida rural pode ser visto na irrelevância dos salários, como descritos no diário de um fazendeiro inglês do século dezenove:

> Minha fazenda proporcionou a mim e a minha família uma vida boa através de produção própria e me deixou, de um ano para o outro, cinquenta dólares, dos quais eu nunca gastei mais do que dez dólares por ano, que eram para sal e ferramentas. Nada de comer, beber ou vestir era comprado, já que a minha fazenda produzia tudo.[4]

A família era uma unidade, moldada em torno das tarefas de produção e necessidades de consumo-esferas que não eram distintas. Esse era o contexto dentro do qual todos, menos as famílias mais ricas, operavam. Com o início da produção fabril, as sementes da transformação foram plantadas. Ao surgir na paisagem Americana, as indústrias implementaram não só uma revolução

---

3 A função produtiva e interação da família pré-capitalista recebe uma dimensão histórica efetiva em Philippe Ariès, *Centuries of Childhood* (1962). Veja também Alice Clark, *The Working Lives of Women in the Seventeenth Century (1968)* para uma discussão sobre a produção do lar do século dezessete como um modo de sobrevivência. Apesar do contexto inglês desse trabalho, seu estudo detalhado examina bem a questão da arte do trabalho manual de homens e mulheres e as maneiras pela qual o capitalismo industrial interferiu na "parceria" produtiva da vida de família. Para uma discussão sobre a natureza de transformação entre a família pré-industrial e aquela do século dezenove, veja John Demos, "The American Family in Past Time", em *The American Scholar*, 43, N. 3 (Summer 1974), p. 442-446.

4 Frank, p. 95.

244   Stuart Ewen

"industrial" ou "tecnológica", mas romperam profundamente com a forma na qual a família havia sido enraizada. As primeiras áreas da indústria – tecelagem e confecção de roupas – marcaram uma transição direta do trabalho de casa para o modo de produção industrial. Em vez criar novos reinos de produção, que pudessem coexistir com as formas tradicionais ou enriquecê-las, o começo da industrialização criou um modelo competitivo no qual trabalhos, que antes eram executados na isolada esfera doméstica ou limitados a pequenas comunidades e oficinas, agora se encontravam socialmente e materialmente consolidadas no sistema produtivo fabril.

O que ocorreu no começo da industrialização, e que marcou sua história desde então, é a substituição constante da produção caseira pela produção social, com o *conhecimento* e o *costume* da produção formalizados e separados do lar como planejamento e execução. Assim a autoridade da indústria invadiu a autoridade do lar, cuja capacidade produtiva estava se tornando obsoleta.

No final dos anos vinte, dois terços da renda nacional foram obtidos "através dos balcões dos estabelecimentos de varejo" vendendo mercadorias que a menos de um século antes não tinham quase nenhuma relação com a questão dos salários, mercadorias que eram parte da capacidade produtiva diária de muitos lares.[5] Onde o fazendeiro do século dezenove pôde contar com um gasto de dez dólares por ano para suplementar o que era predominantemente uma forma de subsistência, dois terços da renda nacional agora eram gastos com: alimento básico, comida enlatada pronta, frutas e vegetais frescos (cuja publicidade foi possível por meio de melhoramentos nas técnicas de refrigeração), confecção, roupas de família, móveis, assim como muitas mercadorias que transcen-

---

5   Robert S. Lynd,"Family Members as Consumers", *Annals of the American Academy of Political and Social Science*, CLX, (March 1932), p. 87.

Mamãe, papai e as crianças   245

deram as necessidades e domínios da produção caseira tradicional (roupa sintética, eletrodomésticos, rádio e por aí vai)[6]. O salário surgiu, em sua capacidade de troca, como um meio dominante para a sobrevivência.

Enquanto a definição de família como trabalhadores interdependentes numa sociedade predominantemente agrícola do século dezoito e começo do dezenove não só definiu a expressão da produção, mas tinha sido a base dos relacionamentos sociais dentro da família, a desruralização desses papéis para a indústria colocou esses relacionamentos sociais num estado de confusão. O surgimento do sistema de salários como um modo de sobrevivência dominante significou que "viver" era algo a ser comprado e que a função social do trabalho era agora mediada por um processo de troca: vendendo trabalho e comprando mercadorias. A conexão entre trabalho e sobrevivência ainda existia, mas era socializada de maneira a tirar a questão da necessidade da função da família como organização de sobrevivência.

A indústria era uma iniciativa empresarial – concebida e guiada por uma classe comercial emergente. As relações sociais dentro da fábrica eram organizadas de acordo com as prioridades de quem estava no controle. As pessoas que entravam na fábrica eram envolvidas numa produção que era socialmente organizada, mas na qual as hierarquias localizadas da cultura agrária tinham sido terceirizadas. Inter-relacionamentos sociais tinham agora se tornado parte da terminologia estrutural da organização da fábrica. Cada trabalhador era contratado como um indivíduo; o trabalho individual dele ou dela era trocado por salários. O sustento mudou o foco da autoridade do patriarca da família para a autoridade daqueles que geraram novas formas de sobrevivência – os donos da fábrica que forneciam

---

6   Robert S. Lynd, "The People as Consumers", Recent Social Trends: Reporto f the President´s Research Committee on Social Trends (1933), p. 902-906.

os salários *para fazer a vida*. A garantia do pagamento dos salários estava num arranjo contratual isolado entre o trabalhador da fábrica e o dono, e, pelo menos nas mentes dos donos, a interdependência e acordos sociais que continuaram dentro da cultura de classe dos trabalhadores eram subversivos ao sistema salarial. Enquanto os trabalhadores lutavam para manter sua base social de trabalho, para o dono o salário era um custo de produção que reduzia cada trabalhador a uma unidade distinta no aparato produtivo. A mediação entre trabalho e sobrevivência tornou os trabalhadores substituíveis: por outros trabalhadores ou por máquinas.

Até meados do século dezenove, capitalismo era um sistema produtivo no qual a "escravidão salarial" (como o movimento dos trabalhadores se referia) tendia a individualizar e isolar as pessoas na sua luta pela sobrevivência. Em que o contexto préindustrial (agrícola e artesão) havia necessitado de relações completas envolvendo a família e a comunidade, o sistema industrial concretizou separações.

Homens, mulheres e crianças ainda trabalhavam, mas aqui o trabalho não era uma função interconectada, mas um trabalho vendido individualmente por salários no mercado. A fábrica era a base da organização social e a família, a base de trabalhadores interdependentes, mais como uma relíquia do passado, livre de qualquer suporte material de necessidades além da dependência salarial recíproca. Privada da necessidade interna, a família estava enfraquecida, relegada à ligação dos laços emocionais. Era agora mediada e comandada pelo processo industrial e pelo sistema de salários. A autoridade interna da família, na medida em que o mundo dos trabalhadores se tornava mais e mais *comprado* em vez de *produzido,* tornou-se simbólica – real para aqueles que vivenciaram, mas sem o apoio das novas prioridades de um mundo industrializado.

Em 1925, escrevendo sobre a incidência de mães nas indústrias, a socióloga Gwendolyn Hughes descobriu que o sistema de

Mamãe, papai e as crianças 247

salários definiu determinantemente a vida social. "Produtos de fábrica", ela constatou em seu levantamento em lares de trabalhadores da Filadélfia nos meados dos anos vinte, "suplantando os produtos feitos em casa, o trabalho das fábricas compete e substituí o trabalho do lar, e a renda da família, em vez de ser adquirida em produtos, agora é adquirida em forma de dinheiro para pagar por artigos prontos." A família, ela continua, "é cada vez mais dependente do dinheiro, enquanto os recursos de trabalho dos seus membros podem ser parcialmente utilizados na produção do lar. Quanto menos se produzir em casa, maiores são os gastos".[7]

Tendências para a restrição do trabalho infantil não impediram mulheres e crianças mais velhas de ingressarem na indústria ocasionalmente: elas funcionavam e ainda funcionam como uma reserva da força de trabalho. Os salários inadequados dos pais e as exigências da indústria fizeram que elas deixassem suas casas. Mesmo com o ingresso das mulheres e crianças mais velhas no sistema de salários, observadores contemporâneos viram que o pai continuava desempenhando um papel especial: investido com o caráter de "provedor" de um patriarca tradicional, no entanto, adaptado a um contexto industrial. Isso ajudou bastante a indústria. A noção de que *o lugar de uma mulher é em casa* acabou criando uma ambivalência entre famílias trabalhadoras em relação à decência das mães que trabalhavam: serviu como uma justificativa ideológica para a entrada e saída das mulheres da indústria. Quando era necessária uma maior população de trabalhadores, ou quando a população masculina estava servindo durante a Primeira Guerra Mundial, as mulheres ingressaram na indústria. Quando o mercado de trabalho estava saturado, a noção de "lugar da mulher" serviu como um meio de cortar a força

---

7 Gwendolyn Salisbury Hughes, *Mothers in Industry*: Wage-Earning by Mothers in Philadelphia (1925), p. 13.

248 Stuart Ewen

de trabalho sem criar "desemprego em massa". Afinal de contas, as mulheres estavam só re-entrando em seu domínio *apropriado*. Apesar daquela definição de decência ter nascido num cenário patriarcal, em que ligava a conexão das mulheres com o caráter produtivo do lar, no cenário industrial forneceu base para excluir as mulheres das formas dominantes de produção. Em uma sociedade basicamente agrícola que empregava toda a família, a tradução do patriarcalismo para o contexto industrial significou que o marido deveria "assumir grande parte da responsabilidade para o seu próprio sustento, assim como o de outro adulto e uma, duas ou mais crianças."[8] A ideologia da família criou um sistema de valor que era, de várias formas, contrário às necessidades econômicas da família. Durante os anos vinte, as mulheres trabalhavam na indústria fora da necessidade econômica que instruía o trabalho dos maridos, mas nunca com aceitação séria como participantes ativas da força de trabalho.

Nos anos vinte, observadores da sociedade americana falavam com tristeza da sensação comum de falta de raízes percebida em grande setores da população. Enquanto a família ainda fornecia uma base fortemente aceita para a vida social, sua erosão como o centro de produção se reduziu drasticamente a um novo âmbito

---

8   O problema das mulheres estarem ou não ligadas a seus papéis na fábrica era importante à Liga de União do Comércio das Mulheres. A preocupação da Liga era que, embora as mulheres estivessem cada vez mais trabalhando nas fábricas, a identificação delas com o lar apresentava problemas para a organização em sindicatos. A resolução aprovada pela Liga em 1921 indicava que o papel recorrente da mulher ligado ao lar deveria ser tratado com atenção especial. A resolução da Liga de União do Comércio das Mulheres argumentou que a organização deve prever o "reconhecimento do fato de que muitas mulheres não ficam permanentemente na indústria e então que nenhuma oportunidade deve ser perdida para despertar suas consciências sociais para garantir o futuro apoio moral do movimento dos trabalhadores." Gladys Boone, *The Women's Trade Union Leagues in Great Britain and the United States of America (1942)*, p. 130.

Mamãe, papai e as crianças 249

de experiências culturais e expectativas ligadas a um estilo de vida anterior. Ernest Groves, um líder estudantil da famíla nos anos vinte, escreveu como "a ideia de que a família tinha de empresa estava perdida e a tarefa econômica essencial da família se tornou o problema de distribuir uma renda, normalmente inadequada, no que diz respeito a satisfazer as necessidades e se possível os desejos dos seus membros." Os interesses comuns da família mudaram daqueles "trabalhadores companheiros num ambiente de família" para aqueles de discretos "ganhadores de salário".[9]

As viradas de tais desenvolvimentos foram marcantes. O divórcio entre 1870 e meados da década de 20 aumentou numa taxa inédita de 35% por década[10]. As causas do aumento dos casos de divórcio eram frequentemente atribuídas aos problemas causados no lar pelo mundo industrial. O sociólogo da Escola de Chicago William Ogburn, juntamente com Groves, sentiu que "a perda das funções econômicas do lar" era evidente entre essas causas[11]. Os divórcios eram de fato mais frequentes entre as pessoas mais ligadas à indústria e ao sistema salarial, em oposição àquelas cujo sustento permanecia na subsistência rural ou no artesanato.[12] Um especialista em primeira mão, Judge Bartlett, de Reno, Nevada, apóia o argumento comentando de maneira obscura que via o "fator econômico" como um crescente "elemento de discórdia".[13] A primazia do salário dentro da família tira grande parte da interdependência que a mantinha anteriormente. Apesar de o afeto ter permanecido como um laço de família, até isso se tornou parte da

---

9 Ernest Groves, *The American Family (1934)*, p. 139.

10 Ernest Groves e William Fielding Ogburn, *American Marriage and Family Relationships (1928)*, p. 346.

11 Ibid, p. 349

12 Ibid, p. 353

13 Chase Goring Woodhouse, "Money and Family Success", em Ernest Groves e Lee M. Brooks, *Readings in the Family* (1934), p. 185.

250 Stuart Ewen

estrutura de mercadoria – por meio da propaganda que identificou aceitação social com o processo de consumo. Falando sobre a tensão que afetou muitos relacionamentos na industrialização dos anos vinte, Groves e Ogburn concluíram que os relacionamentos estavam passando por um processo no qual "sua vitalidade é destruída até que um dia eles secam".[14]

O salário em dinheiro, é claro, era e é ligado a uma mudança significativa no processo de produção e na definição de trabalho. Ele elevou um tipo de trabalho que era cada vez mais separado de um entendimento consciente de seu relacionamento com o processo total de se produzir um produto. Numa situação em que o emprego de uma pessoa tinha importância diminuída para a ampla questão da sobrevivência social e em que os empregos se tornaram partes permutáveis de um processo mecanicamente ou burocraticamente definido, o *salário* surgiu como a conexão mais clara entre o trabalhador individual e a questão da sobrevivência. Escrevendo no final dos anos 20, Lawrence Frank, do Conselho de Educação da Cidade de Nova Iorque, notou que "renda em dinheiro" se tornou "o foco do esforço e o único meio para o sustento, não só para homens, mas cada vez mais mulheres, casadas e solteiras que estão no mercado de trabalho." [15]

O triunfo do sistema salarial, com promessas de adesão de um mundo novo e melhor, tirou duas funções sociais importantes da vida das pessoas. Primeiro, reduziu o trabalho a uma série de gestos de rotina, com conhecimento do processo total cada vez mais expropriado pela indústria em nome da racionalidade e eficiência organizacional.[16] Segundo, a industrialização da produção retirou o campo da *organização* do lar e da comunidade e canonizou

---

14 Groves e Ogburn, *American Marriage*, p. 24.

15 Frank, p. 95-96.

16 Lynd, "Family Members as Consumers", p. 89.

Mamãe, papai e as crianças 251

a estrutura corporativa centralizada como rota pela qual a vida produtiva das pessoas deve seguir. Considerando a separação dos trabalhadores dessas duas áreas cruciais da produção, não foi surpresa que Frank formulou com relação a essas pessoas um sentimento em qual o "desamparo do indivíduo" se tornou para os netos dos artesãos e pequenos proprietários rurais a "principal característica" da condição moderna.[17]

"A criação de produtos passou do lar para a fábrica", ressaltou o pesquisador empresarial Viva Boothe. "A habilidade dos homens de fornecer os produtos necessários para as suas famílias se tornou permanentemente entrelaçada ao sistema de salário."[18]Em termos da natureza do consumo familiar, e da tecnologia doméstica, os anos vinte viram uma dependência crescente das mercadorias vindas do trabalho das fábricas. Dentro desse contexto, a celebração do lar perdeu a maioria de suas bases. A chegada em massa de produtos corporativos e o declínio das funções produtivas do lar aumentaram a tensão entre a nova realidade familiar e o ideal caseiro.

Em tal divisão histórica, o lar se tornou um refúgio derrotado. Enquanto muitos sentiram necessidade das relações sociais que o lar conseguia manter, sua própria sobrevivência exigia que eles tivessem uma perspectiva mais objetiva com relação ao salário que manteria a casa da forma desejável. Viva Boothe comentou as contradições nessa vida moderna, principalmente no que diz respeito às mulheres, as guardiãs do lar na ideologia antiga:

Nas atuais condições, se o ditado antigo "O lugar de mulher é em casa" for considerado, o marido deve se tornar o único provedor econômico para o sustento da sua mulher e da família num sistema onde a estabilidade de emprego é cada vez menor, e o salário que ele consegue ganhar,

---

17 Frank, p. 95-96.
18 Viva Boothe, "Gainfully Employed Women in the Family", *Annals of the American Academy of Political and Social Science*, CLX (March 1932), p. 77.

252 Stuart Ewen

frequentemente, não é suficiente pra sustentar a família no estilo que a civilização moderna constantantemente apresenta como uma possibilidade. Assim surge o conflito. O padrão antigo dita uma existência parasita, improdutiva, maternal para a esposa, e mais adiante, implica que ela se contente com padrões mais baixos de conforto material e bem-estar do que os estimulados pelo seu ambiente para ela e sua família.[19]

Para manter o lar, tornou-se extremamente necessário que os membros da família adentrassem mais no mundo que havia sido o motivo principal dos seus problemas. Para os homens – que mantinham o papel ideológico do patriarca – tais viagens eram esperadas e legítimas. Para as mulheres, o ingresso no mundo do mercado e da indústria era considerado por muitos uma violação da moralidade. Ao contrário do feminismo do período, a ideologia dominante do sexo feminino nos anos vinte era a que esperava que as mulheres "fossem subordinadas às atividades da maternidade" e outros papéis caseiros.[20] Não obstante, a realidade objetiva criou uma ansiedade automática em torno desses papéis. Das mulheres da classe trabalhadora que aparecem no estudo feito por Hughes, 20% estavam no mercado de trabalho sendo proveitosamente empregadas. Quando esse número é analisado considerando o fato de que a questão moral e outras responsabilidades criaram condições para muitas mulheres "não ficaram permanentemente na indústria", a porcentagem de mulheres da família na indústria – durante certo período – seria significantemente maior.[21] Valores morais e regras de emprego fizeram as mulheres existirem como um força de trabalho ocasional ou de reserva. Quando as mulheres ingressaram na indústria, poucas encararam isso como vocação natural. No le-

---

19 Ibid.
20 Hughes, p. 22.
21 Boone, p. 130.

Mamãe, papai e as crianças   253

vantamento feito por Hughes, somente 11% das mulheres entrevistadas trabalhavam por "preferência pessoal". Para o resto (89 %), o aparecimento inicial de mães na indústria era atribuído, de uma forma ou de outra, à insuficiência dos salários dos maridos para ir ao encontro das necessidades de sobrevivência da família.[22] Em meados dos anos 1920, o Escritório de Pesquisa Municipal da Filadélfia estimava que $25-30 por semana era necessário para manter um "padrão mínimo de decência para uma família de marido, mulher e três filhos". Três em cada cinco trabalhadores ganhavam menos que $25 por semana.[23]

Foi por meio da indústria e não do lar que os meios de subsistência da família eram estáveis e determinados. As máximas da sobrevivência familiar que tinham funcionado tão bem numa era de autosuficiência agora pareciam inadequadas numa era de produção de massa e de uma rede social industrializada. Havia um desalento comum por um mundo perdido, assim como uma consciência de que o que antes fazia sentido, agora não se adequa mais com os mecanismos da vida moderna. Foi com essa realidade em mente que um jovem questionou:

O que eu posso fazer? O que devo fazer? Pelo que vale a pena lutar, no meio dessa confusão e tumulto?[24]

VISÕES RADICAIS E A TRANSFORMAÇÃO DA AUTORIDADE PATRIARCAL

Enquanto muitos lamentavam os rompimentos da modernidade, e outros olhavam para um passado idealizado como uma

---

22   Hughes, p. 22.
23   Ibid.
24   Frank, p. 100.

254 Stuart Ewen

época mais humana, para alguns o crescimento da tecnologia industrial e de produção social era precursor de um futuro novo e libertário. Longe da realidade dura e autoridades severas de um passado marcado pela desigualdade, escassez e períodos de fome, a industrialização apareceu para tornar possível um futuro em que as necessidades humanas comuns fossem satisfeitas e também para abolir a diferença de classes entre "os que têm" e os "que não têm nada".

Embora tendências dominantes na sociedade Americana propagaram uma moralidade vitoriana que ainda celebrava e perpetuava a família como base de fé, muitos confrontaram tal moral. A era vitoriana havia transmitido a regra Puritana do pai e das autoridades severas que ele simbolizava e levou-a para uma época histórica em que o pai era um fator cada vez menos determinante no cenário social. Onde o patriarcado foi apoiado pelas condições materiais da sociedade, o surgimento do capitalismo fez que evoluísse para algo como uma religião. Tal questão moral dividiu o mundo em dois. Onde a vida tradicional do lar tinha pelo menos teoricamente formado uma unidade de existência social e de produção, até metade do século dezenove, moralistas Vitorianos como Catherine Beecher, Sylvester Graham e Sara Josepha Hale (editora do livro *Godey's Ladies Book*) proclamaram um mundo de duas realidades distintas. De um lado, o corrupto e masculino mundo dos negócios; do outro, um lar comandado pelo pai e com a moral e virtudes mantidas pela mãe. Onde o lar e a comunidade tentaram compreender a totalidade da existência social e o patriarcalismo era o seu "código legal", a era Vitoriana elevou o lar patriarcal a um santuário espiritual contra as realidades da esfera produtiva. O trabalho das mulheres dentro de código vitoriano também mudou do produtivo para o espiritual. Isto também sinalizou a crescente exteriorização da produção num contexto industrial. Escrevendo na metade do século dezenove, a escritora A.

Mamãe, papai e as crianças 255

J. Graves projetou o mundo discreto em ascensão no qual "a mãe Americana deveria apreciar suas responsabilidades domésticas apropriadamente". A moral, particularmente, e a característica determinante dessas responsabilidades foram notáveis.

(...) nossos lares devem se tornar atraentes pelo prazer puro e satisfatório que a religião, o intelecto e o afeto social têm exercido em torno deles. Então, ela instruiu as mulheres (...) quando nossos maridos e nossos filhos seguirem adiante no mundo ocupado e turbulento, nós podemos nos sentir seguras que eles caminharão imunes às armadilhas e tentações. Seus corações estarão no lar, onde está o tesouro deles; e eles regozijarão o retorno ao seu santuário do descanso, para reenergizar seus espíritos exaustos, e renovar suas forças para o trabalho duro e os conflitos da vida.[25]

Enquanto alguns se arriscaram em venerar a *tradição* do lar e as virtudes morais do sexo feminino,[26] para outros o surgimento da produção social anunciava o começo de um mundo que poderia ofuscar a crença do jugo do patriarcado. Em uma sociedade na qual a base material da dominação do pai estava sendo enfraquecida, o surgimento de um movimento feminino militante na década de 1840 ganha importância histórica. A investida feminina contra o sistema patriarcal coincidiu com a investida da indústria contra a autoridade dele. Assim como a *igualdade* nasceu do espírito do Iluminismo, ela teve origem também na produção socializada. Apesar da moralidade vitoriana, o sistema salarial tendia a democratizar as relações entre indivíduos (tanto homens quanto mulheres, se empregados na indústria) e a sociedade. O exemplo

---

25 Sra. A. J. Graves, *Women in America* (1841), p. 164.

26 Veja Barbara Welter, "The Cult of True Womanhood: 1820-1860", *American Quartely*, XVIII (Summer 1966), p. 162.

256 Stuart Ewen

do início do feminismo aponta para a qualidade dialética do caminho rumo à produção social. Enquanto essa mudança rompeu seriamente os relacionamentos e demandava trabalho duro por pouca recompensa, acabou criando também uma máquina produtiva e uma visão social que apontavam para o fim das condições que davam suporte material para a dominação social.

No século XX, alguns pensadores da industrialização viram uma reconstituição das relações sociais que poderia transcender tanto o sistema pré-industrial patriarcal quanto a moral vitoriana que tentou substituir esse sistema. Para alguns deles, o desenvolvimento da produção industrial apontava para a supressão não só da autoridade paterna, mas do opressivo controle social *per se*. Thorstein Veblen, durante toda a sua vida, acreditou que enquanto atividades empresariais e dominação foram essenciais para a composição do sistema tecnológico, o papel das finanças tinha se tornado ultrapassado e agora *restringia* o potencial de libertação de uma sociedade tecnológica.[27]

Focando-se mais nas estruturas internas da vida social, algumas feministas mencionaram a possibilidade de liberar as relações entre os sexos da tradição que por muito tempo governou a história da escassez. Escrevendo no começo do século XX, Charlotte Perkins Gilman tratou de modo otimista o fim das condições "sexo-econômicas" que tradicionalmente obrigaram as mulheres a trocarem favores sexuais por sustento e as separou da potencialidade produtiva da sociedade industrial. Numa crítica direta

---

27 Veja Thorstein Veblen, The Engineers and the Price System. Esta convicção de que as elites financeiras haviam se tornado economicamente e socialmente ultrapassadas é um tema dominante no trabalho de Veblen e pode ser visto num argumento menos sistemático e desenvolvido em Theory of the Leisure Class, Theory of Business Enterprise e Absentee Ownership. O último trabalho parece ter grande influência no pensamento tecnocrático dos anos 1920.

ao patriarcado vitoriano, Gilman argumentou que a capacidade criativa das mulheres tinha sido sufocada,

confinada a serviços imediatamente ligados ao corpo, à costura e à preparação da comida para os particulares. Nenhum serviço social é possível. Enquanto o seu poder de produção é coibido, seu poder de consumo aumentou muito devido à enxurrada de presentes masculinos, um trabalho "sem aumento de salário" destinado à excessiva vontade masculina. Primeiro, não é permitida à mulher nenhuma produção gratuita; e, além disso, não há relação entre o que ela produz e o que ela consome.[28]

A dominação do patriarca dentro das arenas de produção tradicionais criou nas mulheres, segundo Gilman, uma "natureza sexual superdesenvolvida". Com isso, ela estava se referindo à sexualidade feminina como um meio forçado de troca que as "sabedorias" patriarcais fizeram as mulheres cultivarem. Com a produção industrial ou *social* substituindo a tradição do patriarcado, Gilman viu a criação de possibilidades novas e democráticas:

Enquanto a relação "sexo-econômica" torna a família o centro da atividade industrial, nenhuma coletividade maior do que a que temos hoje é possível. Mas, à medida que as mulheres se tornam livres economicamente, fatores sociais, se torna possível uma plena combinação social de indivíduos na indústria coletiva. Com tal liberdade, tal independência, tal ampla união, se torna possível também uma união entre homem e mulher como por tanto tempo o mundo havia sonhado em vão.[29]

---

28 Charlotte Perkins Gilman Stetson, *Women and Economics* (1900), p.117-118.
29 Ibid, p. 119, 145.

258 Stuart Ewen

O romancista Floyd Dell, em seu estudo O *Amor na Era das Máquinas*, traz o argumento feminista-humanista-industrial para o contexto de a produção de massa. Escrevendo em 1930, Dell disse que a possibilidade da produção satisfazer necessidades historicamente deficitárias criou a oportunidade de combinar o ideal romântico de amor com a realidade de um mundo que poderia arcar com isso destituída de *trocas* sexuais. "O maquinário moderno", ele enfatizou, "criou a base para uma vida de família mais biologicamente normal do que existiu durante todo o período histórico, ou na verdade, por toda a vida da humanidade".[30] Dando suporte a Gilman no "sonho de união entre homem e mulher", Dell argumentou que "a modernidade restabelece a vida de família baseada no amor romântico".[31]

Enquanto Dell tinha consciência de que novas autoridades pudessem surgir, ele e outros tendiam a sentir uma mudança positiva na ordem social. Para eles, o trabalho salarial e a produção industrial libertaram as pessoas das atividades da produção que tinham levado à dominação patriarcal. Assim como a abundância libertária que eles viram que o maquinário industrial era capaz de produzir o que iria por fim desafiar as irracionalidades e desigualdades do próprio sistema de salários.

Os homens de negócios tinham uma visão diferente do futuro. Enquanto muitos radicais enfatizavam o declínio da estrutura da família tradicional como uma referência a um futuro não-autoritário, o pensamento industrial Americano tendia a visualisar uma nova concepção de autoridade. O declínio do patriarcado da era pré-industrial foi essencial para a ascendência da indústria, no entanto, a adaptação da ideologia da família vitoriana junto ao

---

30 Floyd Delll, *Love in The Machine Age*, A Psychological Study of the Transition from Patriarchal Society (1930), p. 6.

31 Ibid, p. 7.

Mamãe, papai e as crianças   259

contexto da mercadoria deu a impressão de ter sido essencial à manutenção de um novo patriarcado.

A FAMÍLIA COMO BASE PARA O MUNDO DOS NEGÓCIOS

Enquanto sociólogos lamentavam o relaxamento dos laços da vida familiar, homens de negócios nos anos 1920 viam o fenômeno como parte essencial para seu próprio avanço rumo à dominação. Usando o dialeto do feminismo, na medida em que isso conotava um status de igualdade defronte a dominação coorporativa. Edward Filene escreveu:

> [...] desde que o chefe da família não exerça mais controle sobre o processo econômico através do qual a família obtinha sua sobrevivência, ele deve ser liberado de muitas das responsabilidades antigas, e, por conseguinte, de muitas das suas prerrogativas [...] As mulheres [...] e as crianças, provavelmente, irão descobrir que o seu bem-estar econômico não vem da organização da família, mas da organização da indústria, e elas podem procurar cada vez mais por orientação individual, não do pai, mas das "verdades" que a ciência está descobrindo.[32]

O bem-vindo fim da autoridade familiar foi seu principal argumento, ainda que não tenha sido dirigido à existência da própria autoridade. Mais propriamente, ele chamou a atenção para o mercado de produtos e a sua propaganda para substituir a autoridade do pai. Os negócios eram para fornecer a fonte para um estilo de vida em que antes o pai havia sido o ditador do espírito familiar.

Calvin Coolidge, também uma autoridade no assunto, anunciou a ascendência espiritual do patriarcado comercial: "o homem

---

32 Edward A. Filene, *Successful Living in the Machine Age* (1931), p. 96.

260   Stuart Ewen

que constrói uma fábrica, constrói um templo...e é lá, na sombra do altar industrial que a veneração deve se deslocar."[33]

Enfatizando o domínio inevitável histórico das corporações na extensão da vida moderna, Filene analisou os negócios num *continuum* que incluía os papéis da família e da república. "Assim como a instituição da família desenvolveu a maior parte das qualidades humanas que nós consideramos preciosas e, assim como a instituição do Estado desenvolveu o patriotismo e uma consciência humana mais ampla", ele argumenta, "a nova ordem do mercado está desenvolvendo uma lealdade mais inclusiva, um sentido de unidade em toda a humanidade, e já está fazendo que o egoísmo humano se transforme num trabalho conjunto para o bem comum em escala mundial".[34]

De muitas formas, Filene aceitou o argumento comum de deslocamento da família, não obstante, deu a isso uma nova perspectiva, de um papel espiritual firme e positivo no qual a sombra do patriarcado corporativo substituiria o antigo sistema. A depreciação do pai, cujo poder foi centrado na "necessidade intrínseca da dependência do processo (o antigo) de vida da sociedade"[35], foi apresentada em termos de uma nova e positiva ordem. Era um novo sistema que libertaria as mulheres e crianças das ordens rígidas do tradicional patriarca, porém as submeteria às ordens da indústria, que como o pai da moral vitoriana, exigia uma "lealdade total".

A usurpação industrial na estrutura familiar coincidiu com o surgimento da produção industrial em massa e das ofertas de emprego.

---

33   Gilman Ostrander, *American Civilization in the First Machine Age*: A Cultural History of America´s First Age of Technological Revolution e "Rule by the Young" (1972), p. 224.

34   Filene, *Successful Living*, p. 79-80.

35   Max Horkheimer, "Authoritarianism and the Family", em Ruth Wanda Aushen (ed), *The Family: It´s Function and Destiny* (1940), p. 383.

Mamãe, papai e as crianças   261

Como os produtos da indústria precisavam cada vez mais de distribuição em massa, e a extensão industrial incluía uma parte crescente da população, o mundo dos negócios estava mais preocupado com a questão de como a vida social e a vida familiar coincidiriam com as exigências da produção industrial, do consumo e a ampla questão da ordem social. Henry Ford, que foi o pioneiro na produção em massa de mercadorias, também inovou na extensão da autoridade industrial paras as relações de família. Ford, por meio do seu "Departamento de Sociologia", entrou nos lares dos seus empregados para garantir a fidelidade deles ao seu conceito de vida apropriada. Enquanto muitos dos valores reforçados por este departamento pareciam contrários aos valores de consumo comedido (economia, sobriedade e religião eram os principais valores de Ford), o importante sobre essa prática não foi a sua inclinação particularmente puritana. A principal filosofia de Ford era a suposição de que a corporação assumia o direito de administrar, diretamente, assuntos de família. Antonio Gramsci, crítico social italiano, escreveu no final dos anos vinte, sobre o patriarcado corporativo inerente ao "fordismo" (enquanto focava a ideologia sexual de Ford, a ideia de Gramsci pode ser aplicada amplamente à questão da vida social):

> Vale a pena chamar a atenção para a maneira com que os donos de indústrias (Ford, particularmente) se mostravam preocupados com os problemas sexuais dos seus empregados e com assuntos de família em geral. Ninguém deveria se enganar, no entanto, em caso de qualquer proibição, pela aparência "puritana" dessa preocupação. A verdade é que o novo tipo de homem exigido pela racionalização da produção e do trabalho não pode se desenvolver até que seu instinto sexual esteja regulado e também racionalizado.[36]

---

36 Antonio Gramsci, "Americanismo e Fordismo", *Cadernos da Prisão* (1971), p. 296-297.

262 Stuart Ewen

Assim como a industrialização da sociedade americana e a decomposição dos laços familiares tradicionais causaram o surgimento do pensamento libertário radical, tornou-se crucial que a própria ideologia industrial fosse ágil. Levando em consideração o caráter antissocial do sistema produtivo que fez que o trabalho virasse uma rotina de gestos mecânicos controlados pelo tempo, a famíla – a cena do lazer e do consumo – continuou a ser um depósito de relações sociais. Para os radicais e também para os novos idealizadores conscientes do mercado, a imagem da família caracterizava a boa vida. Ainda que Gilman e Dell vissem a família como um solo fértil para a afeição romântica, não mais com definição econômica, a filosofia do negócio a viu como base para o aumento dos lucros. Contrapondo uma ideologia que previa a reconciliação do amor e da afeição, a comunidade dos negócios manteve uma visão econômica do assunto. Para eles, *amor* era um campo de escavação empreendedora. Romantismo, que pela sua origem medieval constituiu uma alternativa crítica à autoridade patriarcal, agora reaparecia em duas formas distintas. Enquanto alguns radicais o viram como a semente para um futuro que não fosse autoritário, os homens de negócios viram uma arma lucrativa contra uma autoridade ultrapassada à favor de um modelo novo.

Christine Frederick, que criticou a formação das organizações de proteção ao consumidor, viu "um interesse de mercado vital e direto no que diz respeito ao casamento e ao amor dos jovens". Na tentativa de reconciliar a continuidade da família com a doutrinação do lar pelos valores industriais, ela falou aos seus colegas de negócios em termos diretos:

A cada dia de trabalho aproximadamente cinco mil novos lares são criados; novos "ninhos" são construídos e novas famílias compram

Mamãe, papai e as crianças   263

casas e começam a operar (...) A criação e decoração das novas casas são um fator industrial majoritário nos Estados Unidos.[37]

As próprias casas refletiam essa realidade. Observadores da arquitetura das casas nos anos vinte notaram que os espaços tradicionais que eram usados para a produção do lar desapareceram para se tornarem novas casas. Como a preparação de comida, do pão, a costura, a limpeza e a pintura deixaram os lares, as casas passaram a ser construídas para acomodar o fluxo fixo de mercadorias em seus armários. "A residência", observou William F. Ogburn em um artigo para a comissão presidencial, "nos diz algo sobre como a atividade econômica funciona nesse contexto". Em uma análise do lar moderno em comparação com o do passado, Ogburn constatou um encolhimento claro de espaço para as famílias por causa da diminuição da capacidade produtiva. Entre o final da Primeira Guerra Mundial e o final dos anos vinte, o tamanho dos apartamentos em Chicago diminui até 25%. A construção de apartamentos com mais de cinco cômodos diminuiu de 25% à 8% dentro do mesmo período. De acordo com um levantamento feito em vinte e seis grandes cidades, cozinhas se tornaram kitchenettes em quatro de cada dez apartamentos.[38] O novo conceito do lar como um cenário principalmente de consumo se refere concretamente à ênfase de Frederick na promulgação do "amor jovem".

Claramente, a declaração de Frederick para o mercado se interessar pela continuidade da família foi baseada num entendimento de que a recomposição industrial da família deve ser realizada em termos modernos. A extensão do crédito familiar, ela argumentou,

---

37   Christine Frederick, *Selling Mrs. Consumer* (1929), p. 391-392.
38   William F. Ogburn, "The Family and Its Functions", *Recent Social Trends* (1933), p. 667.

264 Stuart Ewen

não aumentaria apenas a habilidade de consumo, mas também subsidiaria o papel da mulher no lar que deveria, acreditava, direcionar a maior parte desse consumo. Com relação ao mercado, ela constatou que "crédito do consumidor" era uma maneira de "mudar uma mentalidade" por meio da socialização da família ao idioma da vida de produção em massa. Foi uma maneira de "capitalizar o novo lar" tanto ideologicamente, quanto economicamente; garantiria a imposição de tendências consumistas estabelecidas em termos comuns "pelos próprios casais jovens".[39] Enquanto o cultivo do lar foi sempre citado com reverência pela família, era de fato caracterizado pela troca de autoridade distante da família. Amor, como a democracia, estava entrelaçado a um extenso programa patriótico que girava em torno da distribuição em massa de produtos, concentrando na mente humana para a obtenção de produtos como atividade e laço social primário.

É interessante que muito da definição do mercado sobre a estrutura familiar reconstituída aproprie-se da crítica à família decomposta – às vezes, ressaltando o declínio da autoridade do pai e balbuciando concepções sobre a emancipação das mulheres. Ainda que enquanto ideias radicais falassem para uma coletividade, a maneira como essas questões estavam emaranhadas no sistema de trabalho fez que a versão do mercado sobre a família reconstituída fosse singularmente destituída de coletividade. Comentando a noção de família enquanto *unidade de consumo*, Robert Lynd concluiu que "unidade de consumo era um termo incorreto por implicar em um pequeno grau de coletividade". Em vez disso, Lynd argumentava, o envolvimento do vínculo familiar dentro do processo de consumo salarial equacionava-a com a premissa básica do "trabalho livre". Como cada assalariado encarava o trabalho como a venda individual de sua mão de obra, a família

---

39 Frederick, p. 391-392.

Mamãe, papai e as crianças 265

que consome promoveu uma "involução" por meio do comprar, dentro de um "grupo cada vez mais frouxamente articulado que nós chamamos de família".[40] Tradicionalmente a família tinha encontrado uma conexão social, uma coletividade em sua produção e em sua autodefinição de atividade. Mas dentro do contexto de indústria de massa, foram "as agências de produção e propaganda" que crescentemente atuaram em sintonia, enquanto "o consumidor enfrentava os seus problemas sozinho".[41] As condições do membro da família, apesar da continuidade de uma cultura de família, exigiram uma relação pessoal, individualizada, com a nascente autoridade do empreendimento de mercado. Apesar de separadas uma da outra, as condições de produção e de consumo eram simultaneamente refletidas numa recém-admitida ideologia, na qual os papéis *adequados* dos membros da família exigiam fé *individual* na autoridade do mercado.

A saída das crianças da força de trabalho multiplicou a necessidade de tal fé. Onde as crianças exerceram, como trabalhadoras, funções de produção e na sobrevivência da família, a criação da infância e da adolescência – um período de tempo ligado exclusivamente às relações de consumo na sociedade civil – exigiu que os pais confiassem em agências externas de socialização, já que passavam a maior parte do tempo no trabalho. Outrora crédito financeiro, agora a infância moderna era um débito para a família – cada vez mais envolvendo-a no consumo de serviços e mercadorias relacionados à criação das crianças. Para muitos, nos anos 1920, era evidente a associação das crianças com o aumento de influência externa. Famílias de classe trabalhadora de Middletown contavam como as crianças traziam para casa as mensagens de uma autoridade industrial crescente e a moralidade industrial da

---

40 Lynd, "Family Members as Consumers", p. 86.
41 Ibid, p. 87.

266   Stuart Ewen

economia doméstica, do cinema e da educação em geral. Como as crianças traziam para casa tais mensagens, e exigiam expansão de seu espaço de consumo num contexto de distribuição dos salários da família, os pais sentiram essas forças "afastando as crianças de casa". Não surpreende que muitas famílias trabalhadoras em Middletown tenham manifestado a impressão de que o consumo de mercadorias e serviços pelas crianças criou uma ligação dentro da família enquanto um cenário de relações sociais, e que as agências externas tenham sido vistas como "um 'inimigo' do lar e da sociedade".[42]

Um comercial da revista *True Story* (1924), uma publicação de MacFadden dirigida para uma sólida audiência da classe trabalhadora, baseou sua chamada na transferência da autoridade do lar para a sabedoria da empresa:

> Até cinco anos atrás não havia lugar em que homens e mulheres, meninos e meninas pudessem adquirir o conhecimento das regras da vida. Eles eram jogados no mundo completamente despreparados para lidar com a vida. Então chegou *True Story*, uma revista diferente de qualquer outra já publicada. Sua base é a rocha sólida da verdade. [...] Ela vai ajudar você também.[43]

Capitalizando o sentimento de *abandono* que marcou a confusão da família moderna, e desconsiderando as velhas técnicas caseiras e o "conhecimento prático" como anacronismos nos locais onde ainda persistiam, o comercial orientava os seus leitores a aceitar a família como um contexto em vez de uma fonte para a socialização. Por meio dos mecanismos da produção industrial de

---

42   Robert S. Lynd e Helen Merrill Lynd, *Middletown* (1929), p. 258,134.
43   Ibid, p. 241-242.

Mamãe, papai e as crianças   267

massa, seria fornecida a base para as relações modernas; por meio dessas relações, a sujeição ao capitalismo se tornaria efetiva.

A continuação nominal dos papéis tradicionais – como *papai*, *mamãe* e *as crianças* – foi assegurada, mas a redefinição desses papéis tendia a ratificar o aumento da autoridade corporativa. Uma análise sobre a apresentação dessas funções, a caracterização da "juventude", o pai, a mãe e sua definição funcional formulada pelos homens de negócios e por sua propaganda fornecerá mais detalhes sobre as mudanças na *arquitetura*[44] pela qual passou a família.

A JUVENTUDE ENQUANTO UM IDEAL INDUSTRIAL

Para o homem de negócios, a família reconstituída seria aquela que mantivesse sua função reprodutiva, mas que tivesse abandonado o dogma da autoridade dos pais, a não ser quando esta autoridade pudesse ser controlada e oferecesse uma via para o processo de consumo.

Apesar das iniciativas feitas para a aprovação de leis banindo o trabalho infantil, nas primeiras décadas do século vinte,[45] o papel

---

44 Escolhi cuidadosamente o termo *arquitetura*, embora possa levar a enganos. Eu não estou me referindo, exceto quando indicado, somente ao conceito de casa *per se*. Em vez disso, com *arquitetura* refiro-me à unidade de estrutura e costume. Isso é característico tanto da casa quanto das relações sociais da família moderna, uma vez que elas estavam conectadas com o desenvolvimento do mercado de produtos.

45 O ataque legal ao trabalho infantil se espalhou durante o século, culminando em 1938 com a passagem do Ato do Padrão de Trabalho Legal. Assim como o trabalho infantil era mais característico da produção rural, o período que levou para as restrições contra o trabalho infantil se tornarem efetivas deve ser relacionado como um capítulo da cultura de industrialização.

O Ato do Padrão de Trabalho Legal determinou que nenhuma criança com menos de 14 anos poderia trabalhar fora das horas de escola em trabalhos

268 Stuart Ewen

simbólico da juventude foi central para mercado. O fato de que
a infância passou a ser cada vez mais um período de consumo de
produtos e serviços fez da *juventude* um poderoso instrumento
no cenário ideológico do mercado. Além da transformação do
período da infância e da adolescência em um período de consumo, a juventude foi também um grande símbolo cultural de
renovação, de honestidade e de críticas contra injustiças – os
jovens sempre rejeitaram as antigas *virtudes* do "sistema" em
tempos de conformismo.

O conceito de juventude passou a representar, ao mesmo tempo,
um instrumento de controle moderno. A relevância da juventude
na sociedade industrial foi determinante tanto para as mudanças
na produção quanto na autoridade. Essas duas questões eram intimamente ligadas ao status da *habilidade* no processo industrial
moderno.

---

nas indústrias: com menos de 16 anos, nenhuma criança poderia trabalhar
durante horas de escolas; e com menos de 18 anos, as crianças não poderiam trabalhar em ocupações consideradas perigosas pela Secretaria do
Trabalho. Essa é a legislação atual sobre trabalho infantil.

No começo do século, metade dos estados aplicou restrições ao trabalho
infantil, embora tais leis fossem cumpridas de acordo com a demanda da
força de trabalho.

Organizações envolvidas em favor da legislação incluíram a Liga Nacional do
Consumidor (fundada em 1899) que era formada por reformistas da classe
media e pelo Comitê Nacional do Trabalho Infantil (fundado em 1904).

A nível federal, o estabelecimento do Escritório da Criança em 1912 foi se-
guido em 1916 pelo estabelecimento do Ato Keating-Owen, que proibia o
comércio interestadual de artigos produzidos por crianças. Essa legislação
não foi suficiente para conter o trabalho infantil, principalmente por causa
da alta demanda por crianças trabalhadoras na produção de agricultura
pré-mecanizada. Somente em 1938, com o apoio da Suprema Corte ao Ato
do Padrão de Trabalho Legal, a legislação passou a ser cumprida como
política nacional.

Veja Grace Abbot, The Child and the State (1938); Robert H. Bremmer,
From the Depths (1956).

Referindo-se aos tradicionais caminhos da autoridade, um trabalhador industrial observou em 1924 que "quando tradição é uma questão de discurso, a vantagem está sempre do lado da idade. O mais velho é o responsável." Helen e Robert Lynd complementaram que idade exige respeito "quando tradição é uma questão de habilidades adquiridas na prática". Eles observaram, no entanto, que "a produção das máquinas está mudando as habilidades tradicionais da retórica e do talento do artesão de Middletown do século vinte para as bobinas e alavancas da máquina cada vez mais versátil."[46]

Durante a rápida racionalização da produção que foi vista após 1910, surgiram condições materiais que ameaçaram a base da hierarquia da comunidade e da família, desafiando-a com uma hierarquia que seguiu os imperativos mecânicos e financeiros da empresa de mercado. O historiador de tecnologia Siegfried Giedion, constatou que, particularmente no período entre as duas guerras mundiais, "uma coisa é certa: de um só golpe, a mecanização penetrou as esferas íntimas da vida. O que foi iniciado no século anterior, e especialmente o que esteve germinando desde a metade do século dezenove, repentinamente amadurece e encontra a vida com impacto total.[47]

A penetração nas "íntimas esferas da vida" foi uma incisão na antiga realidade da produção e nos tipos de trabalho e tradições orais de talento que ela tinha abarcado. Em meados dos anos 1920, a perda de tal tradição foi amplamente sentida. Se artesãos e trabalhadores rurais demandavam longos treinamentos, na construção pela vida toda de um recurso no qual confiar, a rapidez da máquina fez o trabalhador subordinado a seu ritmo. A "rapidez e resistência" requeridas de um operador de máqui-

---

46 Robert S. e Helen Merrill Lynd, *Middletown*, p. 73

47 Siegfried Giedion, *Mechanization Takes Command* (1948), p. 41.

na dispensou "treinamento e habilidade" do sistema "aprendiz-mestre-artesão" devido à rápida implementação em larga escala da linha de trabalho industrial.[48] A maioria dos jovens questionou como eles iriam "topar com" ou "cair em" empregos que "se tornariam literalmente o trabalho de suas vidas." A força deles, e não o talento, era o que atraia os empregadores.[49]

O surgimento da *juventude*, ou da resistência juvenil, como principal qualificação para emprego foi sentida com tristeza nos lamentos dos trabalhadores de Middletown:

> Assim que você fica velho [disse um trabalhador de 40 anos], eles não querem mais saber de você. A única coisa que um homem pode fazer é tentar permanecer jovem tanto quanto conseguir e economizar o máximo possível. Uma mulher falou honestamente sobre como a juventude era o mais precioso produto da sua família. Referindo-se ao marido, ela profetizou: "Ele tem quarenta e em dez anos ele vai estar na prateleira." Ela acrescentou que "Nós não estamos economizando um centavo, mas estamos cuidando dos nossos filhos".[50]

A crise da idade foi séria o suficiente, e a resistência juvenil foi curta o suficiente, para determinar uma vida inteira de ansiedade sobre a questão da juventude. Três esposas de Middletown falaram do envelhecimento prematuro que o sistema causou em seus maridos, 26, 40 e 30, respectivamente:

> Não há nenhuma perspectiva para ele onde ele está, e não há o que fazer sobre isso.

---

48 Robert S. e Helen Merrill Lynd, *Middletown*, p. 73.
49 Irving Bernstein, *The Lean Yeras*, (1960), p. 57.
50 Robert S. e Helen Merril Lynd, *Middletown*, p. 34-35.

Mamãe, papai e as crianças   271

Não surgirá nada para ele, se ele permanecer onde está, e eu não sei aonde mais ele pode ir.

Ele nunca arrumará um emprego melhor. Ele terá sorte se eles o mantiverem neste mesmo.[51]

Em cada caso, a resistência requerida pelo trabalho monótono da fábrica trouxe um fardo severo de problemas econômicos e psicológicos para a vida dos trabalhadores. A juventude forneceu um idioma para a transformação na produção, e a elevação do valor da *juventude* na cultura criou uma arma ideológica contra as bases tradicionais da autoridade indígena, como aconteceu na família e na comunidade nos períodos anteriores ao de produção de massa. Juventude, basicamente se tornou uma linguagem de controle; em vez de ser usada no sentido crítico e rebelde ao qual ela é associada hoje, nas palavras de Floyd Dell, ela era uma interpretação modernizada do "desejo antigo do patriarcado de explorar as gerações mais jovens (...) vida para objetivos econômicos."[52]

Apesar do declínio do trabalho infantil , resultado da legislação protetora e do declínio do sistema de aprendiz, a produção mecanizada dependia fortemente da resistência e dos reflexos da juventude. Enquanto em 1930, o período de emprego começou mais tarde na vida do que trinta anos antes, foi nos jovens adultos que a indústria buscou o ideal de "trabalhador eficiente". A idade, uma vez vista como um sinal de *know-how* produtivo, tornou-se um prejuízo; a aposentadoria obrigatória significou a transformação do trabalho de artesanato para o operário de máquina, sem a

---

51   Ibid, p. 30.
52   Dell, p. 300.

272 Stuart Ewen

necessidade de talento.[53] Com a desvalorização cultural da idade como um ideal grande parte da população foi afetada, enquanto o primeiro quarto do século presenciou uma grande porcentagem de pessoas vivendo acima dos 65 anos de idade, a porcentagem que estava empregada nesse grupo diminuiu.[54] Consequentemente, a suposta implementação progressista progressiva da tecnologia americana apresentava uma falha séria: a sua operação requeria uma definição do trabalhador que afastava os mais velhos da fábrica e para longe dos meios para garantir o sustento, enquanto essa parcela de pessoas mais velhas representava uma proporção cada vez maior dos americanos.

A propaganda foi uma fonte excelente de idealização da juventude. Assim como a juventude pareceu ser o meio da sobrevivência industrial, a sua divulgação como algo a ser *alcançado* pelo consumo criou uma ponte entre a necessidade de satisfação das pessoas e as crescentes prioridades corporativas de distribuição em massa e resistência do trabalhador. Além disso, a celebração

---

53 Robert S. e Helen Merril Lynd, *Middletown*, p. 30; veja também Ruth Lindquist, The Family in the Present Social Order (1931), p. 83 para discussão de práticas de aposentadoria forçada.

54 Materiais estatísticos correlacionandos à população e à composição da força de trabalho tornaram clara a situação. Em termos da própria força de trabalho, em 1890 a porcentagem de empregados com mais de 65 anos (homens e mulheres) era de 4,3% do total. Até 1930, a porcentagem caiu abaixo de 4,1%.
Tais números são mais dramáticos quando vistos no contexto da população geral. O aumento numérico de pessoas com mais de 65 anos era comparado com o aumento numérico dos que fazem parte da força de trabalho, tornando a questão da idade mais determinante. No período entre 1890 e 1930, a população dos que tinham mais de 65 anos triplicou, enquanto o número daqueles que permaneceram parte da força de trabalho apenas dobrou.
Veja Department of Commerce, Historical Statistics of the United States, Colonial Times to 1957 (1960), p. 10 (Table A71-85), p. 71 (Table D-13-25), para números sobre população e força de trabalho, respectivamente.

Mamãe, papai e as crianças 273

da juventude foi também uma idealização da inocência e da maleabilidade.

Max Horkheimer falou da maneira como o desenvolvimento de uma autoridade corporativa centralizada fez uso do conceito de juventude. A idealização da juventude pediu aos pais e mães que abandonassem suas posições favoráveis e direcionassem a adoração para as qualidades dos seus filhos. Analisando diretamente a transformação em patriarcado que a autoridade corporativa buscava, Horkheimer explicou:

> Agora a sociedade de mudanças rápidas que passa seu julgamento sobre o mais velho é representada não pelo pai, mas pela criança. O filho, não o pai, representa a realidade.[55]

O papel produtivo importante da juventude, combinado com o conceito de busca do prazer dos jovens, designava a criança como representante de uma realidade desejável. No entanto, essa celebração cultural da juventude teve pouco a ver com qualquer poder real saindo do pai para o filho. Ao contrário, representava as novas prioridades industriais dentro do modo tradicional de sobrevivência: a família.

A propaganda direcionou algumas das suas mensagens diretamente às crianças, dando preferência ao seu caráter de "tábula rasa", em oposição ao caráter dos pais, cujos preconceitos provavelmente já estavam mais desenvolvidos. J.B Watson (psicólogo/publicitário) havia dado suporte a tal estratégia. Se as crianças eram doutrinadas pela "liberdade comportamental" que caracterizou o mundo industrial moderno, ele argumentou, o mercado poderá intervir nos valores e definições da cultura familiar. Rejei-

---

55 Horkheimer, "The End of Reason". Studies in Philosophy and Social Science. Institute of Social Research, New York City, 1941, p. 381.

274 Stuart Ewen

tando a "liberdade do libertino" – como ele chamava as atitudes que não eram responsáveis com a realidade industrial –, ele falou por uma educação para crianças dentro das categorias da vida moderna. Se isso pudesse ser feito, ele sentia que as crianças poderiam ajudar a frustrar atitudes dos pais que não estivessem em sintonia com as exigências do processo industrial. "Essas crianças não trarão", ele perguntou retoricamente, "com suas melhores maneiras de viver e pensar, a nossa substituição como sociedade, e em sucessão, ainda trarão crianças mais modernas?"[56]

Alfred Poffenberger, um renomado psicólogo de propaganda, falou pelo direcionamento da propaganda às crianças. Confrontado com a "grande dificuldade encontrada para se romper hábitos" entre os pais, ele destacou a "importância de se introduzir inovações que atinjam os jovens."[57]

Onde os comerciais não eram escritos diretamente para os jovens, eles frequentemente falavam em nome do jovem contra as atitudes parentais. Os pais repressores não-consumistas não cuidavam adequadamente de seus filhos, mas aos anúncios apresentavam seus produtos como essenciais para a sobrevivência das crianças do mundo moderno. Um anúncio da Quaker Oats de 1929 mostrou o jovem "James Folan", "que era o líder da sua sala de aula no ano passado e conseguiu também 100% nos testes de saúde. Em uma carta escrita provavelmente pela sua mãe, era dita a formula de tamanho sucesso: "Nós nunca estamos apressados demais de manhã para deixar de dar a Jimmy seu café da manhã com Quick Quaker Oats".[58] A questão de performance e saúde numa criança nunca estavam desconectadas das instituições que julgariam ele/ela fora do círculo familiar: hoje era a escola, em dez

---

56 John B. Watson, *Behaviorism* (1924), p. 304.

57 Albert T. Poffenberger, *Psychology in Advertising* (1925), p. 35

58 Saturday Evening Post (daqui em diante SEP) Dezembro 21, 1929.

Mamãe, papai e as crianças   275

anos, a sua/seu empregador. O conceito de juventude de sucesso forneceu uma definição do adulto de sucesso – o que executava funções de acordo com uma instituição.

Seguindo a lógica da mulher de Middletown que disse que não tinha guardado nenhum dinheiro, mas estava "guardando os nossos meninos", essa ética industrial da juventude foi ressaltada por um comercial para a empresa de fechaduras Yale. O comercial representava uma mãe segurando um bebê e era mostrada a legenda: "Yale guarda os seus tesouros".[59] Enquanto os mais velhos estavam sofrendo com um sentimento de crescente irrelevância, comerciais e as indústrias que eles representavam, falavam em favor da criança. A criança era a representação de persistência no trabalho e a unificação do consumo e do princípio do prazer. Reafirmando uma grande preocupação com as crianças que nem os pais puderam ter, a companhia Pepsodent enfureceu os pais em 1922 com a pergunta, "Eles deveriam sofrer como nós sofremos com a placa dentária?" Sugerindo que a placa dentária era mais conhecida agora, e que seria menos dolorosa para os pais, o comercial transmitiu a mensagem de que as necessidades da criança eram melhor compreendidas pela indústria. Tais comerciais representavam apenas um pequeno exemplo das tentativas para a mudança de autoridade num mundo industrial de massa.

Os comerciais, dos anos vinte, no entanto, não eram predominantemente preocupados com as crianças. A juventude floresceu, mais propriamente, como uma representação simbólica de mudança cultural; uma mudança que significava que, "um menino de dezenove anos poderia depois de poucas semanas de experiência em uma máquina, dar conta de uma quantidade de trabalho maior do que o seu pai de quarenta e cinco anos."[60] Isso representou uma mudança

---

59   SEP, Dezembro 7, 1929.
60   Robert S. and Helen Merrill Lynd, *Middletown*, p. 31.

276 Stuart Ewen

que induziu Abraham Myerson, psiquiatra especialista em neurose feminina, a comentar o seguinte com relação ao sentimento comum de deslocamento e inutilidade entre mulheres adultas:

> Em toda a comunidade, existe uma excitação e um entusiasmo se refletindo nas crianças. Existem tantos luxos desejáveis no mundo hoje, tantos revelados pela (cultura de massa)...
>
> Todas essas coisas tornaram muito mais difícil para a dona de casa criar as suas crianças. Ela tem que lidar com uma criança mais alerta, mais sofisticada, mais sensual – e que sabe sobre o seu lugar e poder. E um sábio senhor disse ao seu neto recentemente, quando o menino reclamou sobre a sua mãe, "Claro que você está certo. Todo filho tem o direito de ser obedecido pela sua mãe."[61]

Enquanto o deslocamento dos pais fez que o historiador Gilman Ostrander proclamasse os anos vinte como o período real de "filiarquia" – regido pelos jovens[62] – a verdade era mais complexa. A ascendência simbólica da juventude representa a infiltração corporativa na vida cotidiana e a criação de uma estrutura de família que poderia ser regida pelo jovem ou pelas pessoas que aceitassem um ideal de juventude. Com o objetivo de alcançar os ideais da juventude, as pessoas abandonariam as autoridades patriarcais arcaicas e aceitariam maleabilidade, resistência e individualismo como valores positivos. As lamentações daqueles que estavam se sentindo velhos com quarenta anos foram os alvos de comerciais como o da *Sun Maid Raisins*, que indicava que a aceitação do consumo moderno poderia manter as pessoas "jovens com 50 anos." [63]

---

61   Abraham Myerson, M. D., *The Nervous Housewife* (1929), p. 113-114.

62   Todo o livro de Ostrander argumenta sobre essa tese.

63   *O Jornal das Mulheres do Lar* (hereafter LHJ), Janeiro 1922.

Juventude era um ideal industrial, uma categoria crescente de trabalho moderno e de sobrevivência, e essa ideia foi vendida pelo mercado como marca anunciada nacionalmente. Corporações que exigiam juventude nas linhas de produção agora ofereciam a mesma juventude por meio dos seus produtos. Independentemente de quais produtos estavam à venda, a promessa de que adultos poderiam executar tarefas como crianças era essencial para as mensagens de muitos comerciais. Helen Woodward, falando para a equipe de vendas de uma grande firma de cosméticos, disse: "Lembre que o que nós estamos vendendo não é beleza – é juventude." Além disso, ela era explícita sobre qual tipo de juventude se tratava: a que era produzida em massa e poderia ser comprada. "Nós vamos vender qualquer coisa artificial que existe... E acima de tudo, serão jovens-jovens-jovens! Nós fazemos as mulheres se sentirem jovens." [64]

Adultos eram instruídos a olhar para a juventude e "entrar em sintonia" com o que era certo e apropriado para a nova era. No entanto, o olhar para a juventude não era mais que uma mediação para prioridades corporativas que a juventude veio a simbolizar. O subconsciente das crianças era representado como invadido pelo mercado de produtos e era esperado que os pais nos comerciais aceitassem e fossem sensíveis a essa invasão. Um comercial de 1922 para gelatina Jell-O mostrou uma menininha sentada no colo da mãe, com seu rosto cheio de terror. Tendo acordado de um sonho ruim, ela revelava sua alma "produtificada":

Um pesadelo, mãe!
Eu estava sonhando que o Jimmie roubou o meu Jell-O.[65]

---

64 Helen Woodward, *Through Many Windows* (1926), p. 314.
65 LHJ, Junho 1922.

278 Stuart Ewen

Em outro lugar, os comerciais frequentemente mostravam os adultos como incompetentes em cooperar com a modernidade, e levantavam o modelo de juventude como uma via de consumo. Um comercial de 1922 para os Paramount Studios documentou a ruína do *know-how* dos pais e ofereceu uma reflexão sobre as formas nas quais a juventude serviu como uma cobertura para as novas autoridades. Enfatizando a necessidade de "acompanhar os jovens", o comercial mostrou que "os jovens fazem tão bem aos pais quanto os pais fazem bem a eles." No entanto, o benefício da liderança jovem não estava longe dos objetivos do mercado. Na tentativa de explicar o papel progressista das gerações mais novas, o comercial justificou que "se não fossem pelas crianças, alguns de vocês, pais, não saberiam sobre os avanços positivos que a Paramount tem conquistado na área do cinema." [66]

Quando se analisa a composição das maiores audiências do cinema nos anos vinte, a ética industrial desses comerciais se torna mais aparente. Em um estudo de padrões de consumo de 1931, o Comitê Heller, sob direção da doutora Jessica B. Peixotto (Universidade da Califórnia), constatou que enquanto famílias de profissionais – com preferência por teatro e música – gastavam em média de $11.28 por ano no cinema, famílias da classe trabalhadora e de funcionários de baixa renda (de escritório) gastavam cerca de $22.56 por ano no cinema. Esses números mostram que apesar de ter rendas entre um quarto e um terço abaixo das rendas de famílias de profissionais, famílias de assalariados tendiam a gastar o dobro em filmes.[67] Tudo isso enfatiza a imensa audiência da classe trabalhadora que era o principal alvo do anúncio e para quem o ideal de juventude corporativa estava sendo representado.

---

66 LHJ, Janeiro 1922.
67 Lynd, "People as Consumers", p. 895.

Considerando o desafio da sobrevivência que a juventude representava para a classe trabalhadora nos anos 1920, a promessa incessante de mocidade era mais que uma oferta de uma "pele boa". Ao contrário, era uma oferta daquilo que era cada vez mais exigido pelo processo industrial e do que era profundamente sentido pelos trabalhadores mais velhos (mais de vinte e cinco anos) de Middletown. Todas as superfícies e orifícios eram jardins em potencial onde a juventude poderia ser refeita. Nujol, uma ducha feminina, mostrava que por meio de um programa de limpeza interna, você poderia conquistar a aparência superficial que o mercado exigia: "Uma pele limpa, radiante e jovem".[68] O sabonete Resinol tentava convencer seus usuários que eles iriam *parecer* "uma nova pessoa"![69] O creme Hinds anunciava que seus usuários teriam "pele como a de um bebê", e o sabonete Palmolive prometia uma "pele de uma colegial".[70]

Essa imitação da criança resultava em um envolvimento inescrupuloso e num compromisso com padrões determinados de consumo. Era um ideal de energia incontrolável e ansiosa. A *flapper* (garota petulante), que foi descrita por Christine Frederick em 1929 como tendo evoluído para a mulher moderna, era uma expressão desse ideal e era onipresente na propaganda dos anos 1920.[71] Ela era a mais pura consumista, ocupada dançando por um mundo de produtos modernos. Ela era *jovem*, guiada pela energia, não pelo julgamento. Suas roupas, seus carros, todo o seu *milieu* era produzido em massa – e ela gostava disso.

---

68   LHJ, Janeiro 1922.

69   Ibid

70   LHJ, Julho, 1928.

71   "Mrs. Consumer of Today (1929) is the sophisticated flapper of yesterday". Frederick, *Selling Mrs. Consumer*, p. 5.

280   Stuart Ewen

A evolução da indústria americana chegou ao ponto em que a celebração da juventude criou um suporte de duas bases para suas instituições. Primeiro, enfraquecendo a família patriarcal, até o momento em que a família começou a aplicar os conhecimentos industriais dentro da própria comunidade. Como o trabalho se tornou cada vez mais dependente da máquina, a elevação de certas características da juventude deram afirmação a uma mudança concreta e frequentemente devastadora no processo de produção. Da mesma maneira, a elevação da juventude e a realidade da resistência jovem, fizeram da juventude um produto desejável e pronto para o comércio. As ansiedades das pessoas com relação à mudança da produção agora eram voltadas para uma solução segura. A juventude poderia ser comprada, pelo menos é o que a propaganda dizia. Mais uma vez, os cenários da inquietação social estavam sendo confrontados no mercado.

PAI: O PATRIARCA COMO ESCRAVO DO SALÁRIO

O lugar da mulher era amplamente definido pela casa, assim como o do pai era definido pelas suas responsabilidades e atividades *fora* da unidade familiar. O seu papel era visto como o do provedor e do produtor dentro da nova ordem industrial. O lar, o cenário do consumo, era central para o mundo da mulher e consequentemente apenas uma pequena porcentagem da propaganda parecia ser dirigida à população masculina.[72] No entanto, certos produtos eram orientados diretamente para os homens. Nesses casos, eles também enfatizavam o declínio de uma autoridade patriarcal de bases materiais, apresentando a ascensão do controle corporativo na vida cotidiana como um fato.

---

72   Veja Carl B. Naether, *Advertising to Women* (1928); também Albert T. Poffenberger, *Psychology in Advertising* (1925), p. 592.

Em um contexto em que, como Filene observou, "a cabeça da família não está mais no controle do processo econômico através do qual a família deve conseguir seu sustento",[73] a essência da autoridade patriarcal tinha pouca base. O patriarcado pré-industrial tinha originado o seguinte tipo de hierarquia familiar, como ratificada em *O Emblema da Amizade, ou Lar, O Centro das Afeições (1844):*

O pai dá o seu comando gentil,
A mãe se junta, aprova;
As crianças, todas em pé, atentas,
Então cada obediente segue.[74]

Na década de 1920, no entanto, essa autoridade paternal se tornou mais e mais formal e muitos viram a tradição da direção masculina e a agressividade como ideais decadentes. Lawrence Frank, levantando questões sobre os problemas do homem adulto, tocou na crise íntima da expectativa do patriarcado. "O jovem homem que preencheria os requisitos mais antigos de um macho competente, ambicioso, empreendedor, preparado para sustentar a esposa e família, enfrenta a mais perplexa situação", ele relata. Para o macho, "a discrepância entre os padrões oferecidos a ele por uma tradição (patriarcal) (...) e a mudança das condições socioeconômicas dá origem à forte ansiedade e perplexidade."[75]Apontando basicamente para a questão da potência masculina, Frank descreveu a infeliz situação de um ideal decadente e as contradições que ela enfrentava.

---

73 Filene, *Successful Living*, p. 96.
74 Cotado em Ostrander, p. 54.
75 Frank, p. 98.

282 Stuart Ewen

A sensação de uma crise em torno da viabilidade do patriarcado estava difundida na literatura social dos anos vinte, e as pessoas envolvidas com o mercado estavam bem conscientes de seu desenvolvimento; particularmente, eles tratavam de suas possibilidades financeiras. Discutindo as novas ofensivas que poderiam ser feitas por meio de um apelo direto às consumidoras mulheres, Christine Frederick relacionou-as ao estado decrépito da masculinidade. Associando masculinidade com agressividade autodirigida e feminilidade com receptividade passiva – certamente caracterizações sexuais clássicas –, Fredreick anunciou as mudanças como relacionadas com a cultura de consumo de massa. "A tradição do homem Anglo-Saxão está em declínio!", declarou. Referindo-se às maneiras pelas quais a industrialização de massa cada vez mais contava com as mulheres como um foco para os seus valores sociais, ela afirmou que "nossa civilização é solo fértil para o feminino, mas solo fraco para as características masculinas." Detalhando esse julgamento, ela explicou que enquanto os homens parecem ser bons trabalhadores na sociedade moderna, "em geral o homem americano (...) não é especialmente competente para as compras pessoais e de família", ou seja, os homens eram cada vez menos capazes de carregar a responsabilidade de definir o caráter material do ambiente social no qual eles viviam.[76] Enquanto as mulheres eram educadas como as gerentes de compra do lar, a definição básica dos *homens* nos comerciais era a de ganhar o pão, trabalhar pelo salário. O papel do *homem* foi despido de toda autoridade social, a não ser na medida em que seu salário garantia o consumo da família. Ao mesmo tempo, as mulheres eram elevadas ao status de gerência, formando a ligação entre os salários e o caráter histórico da sobrevivência. A cilada

---

76 Frederick, *Selling Mrs. Consumer*, p. 16,14.

no sistema de salários era incontestável e ainda reafirmada pelos comerciais.

Mesmo onde o pai era visto como um decadente símbolo de autoridade, essa era uma autoridade fundada em sua capacidade de ganhar dinheiro, não em seu poder social. Em uma série de comerciais para a Companhia de Seguros Prudential Life, a definição do pai foi reduzida somente à função de provedor econômico. Como tal, o dinheiro que uma companhia de seguros poderia fornecer para uma família sem pai foi expresso de forma que mostrasse a companhia como uma ampla substituta do pai. Um desses comerciais, exibido em 1925, mostrava uma mãe viúva visitando as suas crianças em um "orfanato". Característico de um conceito de *juventude* no qual a criança define a realidade, é a criança que revela a "verdade" sobre o pai. As autoridades do orfanato, diz a criança no comercial, "falaram que o pai não estava em dia com o seguro de vida." É a criança que carrega a bandeira da companhia, sugerindo que bons pais procuram por bons seguros para substituí-lo "quando ele se for". Na parte de baixo do comercial, aparece a Pedra de Gibraltar – marca da firma Prudential –, levantando-se firme como um novo símbolo do patriarcado; um símbolo que coloca estabilidade e sobrevivência social em mãos corporativas.[77]

Outro comercial da Prudential[78] mostrava uma mãe e uma criança, seus rostos cobertos pelo desespero, entre elas uma fotografia do pai morto. Trazendo o drama de uma hipoteca executada, o comercial mais uma vez destacou o pai como provedor

---

77 Esse comercial é de um compêndio histórico de propaganda, Edgar R. Jones (ed), *Those Were the Good Old Days: a happy look at american advertising*, 1880-1930 (1959). Esse volume não tem páginas. As listas são de acordo com o ano em que o comercial apareceu.

78 Frank S. Presbrey, *História e Desenvolvimento da Propaganda* (1929) ("Propaganda Apêndice").

284 Stuart Ewen

econômico, a família como um grupo de consumidores improdutivos, e Prudential como uma grande substituta para o pai, uma alternativa para que a família pudesse continuar com suas funções de consumo (sobrevivência).

A mensagem de muitos comerciais dos anos 1920 colocou os pais vivos como alvos centrais das caprichosas artimanhas e manipulações do moderno sistema de emprego. Como o trabalho se tornou menos uma prova de habilidade acumulada e mais uma questão de dedicação leal à função, o consumo era mostrado como a maneira que os homens podiam materializar essa diligência para eles mesmos. Foi em torno da questão de como o homem poderia estabelecer sua imagem que o direito de estabilidade no emprego seria assegurado. Onde o trabalho, particularmente o trabalho industrial, requeria pouco mais do que resistência e fidelidade, foi a nível simbólico que o sucesso e a derrota eram colocados um contra o outro. Um comercial para Edgeworth Pipe Tobacco (1929) mostrava um trabalhador apontando para o seu chefe. Respondendo uma pergunta, ele indica: "O chefe?... Ali, com o cachimbo." A conexão entre *chefe* e *cachimbo* oferecia uma promessa de segurança àqueles que ainda não fumavam cachimbo. "Homens no topo estão aptos a fumar cachimbo. Sempre notados", exclamava o comercial. "Não é simples coincidência – fumar cachimbo é um hábito calmo e deliberado – relaxante, estimulante. O cachimbo ajuda um homem a pensar direito. Um cachimbo está por trás das maiores ideias."[79]

Com a crescente invasão da indústria nos segmentos da vida social e com o trabalho caracterizado mais pela habilidade do trabalhador em se ajustar à rotina do que por seu talento, havia pouco no emprego que pudesse fazer a pessoa se sentir indispensável, e havia pouco em sua autodefinição que pudesse fazer que

---

79 SEP, Dezembro 7, 1929.

ela sentisse que o que estava fazendo não poderia ser feito tão bem por qualquer outra pessoa. Desse modo, particularmente nos comerciais dirigidos aos homens, coisas como a aparência pessoal ou uma imagem de dedicação eram os fatores que poderiam distinguir uma pessoa da outra. Competição produtiva por empregos era integrada dentro da ideologia do mercado consumidor que oferecia ao homem um caminho para o sucesso. Ao fumar cachimbo ou se portar de certa maneira, as pessoas poderiam exibir a aparência social necessária num mundo que colocava um valor cada vez menor nos talentos criativos.

Os comerciais também indicavam que onde a insatisfação com o emprego ocorria, isso era frequentemente resultado de uma inadequação pessoal combinada com insuficiência de consumo. Blue-Jay Corn Plasters contou para os homens sobre um colega cujo dolorido calo "lhe custou o emprego", embora ele fosse normalmente "o homem de melhor natureza na firma. Nada parecia atingir seu bom humor." Aqui, o corpo desse homem se vira contra ele: um calo. E "então veio a incrível surpresa", que trouxe sua demissão. Aqui o ditado da Listerine de que as pessoas deveriam "suspeitar delas primeiro" entra na discussão das condições de trabalho e da satisfação com o emprego. Para manter um emprego, as pessoas devem amá-lo; elas devem lutar contra aquelas coisas dentro delas mesmas que ameaçam a satisfação no emprego. Elas devem consumir para se manterem saudáveis e devem ficar saudáveis para manterem seus empregos. A obediência estava amarrada à saúde, as "surpresas" viriam dos calos.

O processo dos salários ditava trabalho para ser vendido, sem considerar sua conexão evidente com o processo produtivo. Enquanto o trabalho era vendido, um suposto substituto para a satisfação do emprego surgiu para ser comprado, uma vez que isso não poderia ser sentido, e os homens competiam um com o outro por meio de suas habilidades para montar superfícies e ima-

286   Stuart Ewen

gens compradas num mercado de trabalho definido pela troca. Os homens eram encorajados a comprar de acordo com as categorias da segurança do emprego, assim como muitas mulheres eram encorajadas a comprar para garantir sua própria segurança no lar.

Onde as aparências davam espaço às exigências do trabalho industrial, as categorias de conquista e *performance* efetivamente estavam à venda. Postum poderia tornar maridos rabugentos em "empreendedores" bem humorados; numa era de coerção emocional, uma bebida de cereal em particular poderia evitar que os homens: "desabem fisicamente na corrida para o sucesso".[80]O California Fruit Grower's Exchange ofereceu uma cura para "acidose" – um termo mistificado para vitalidade baixa – para homens cujo último talento *era* a sua vitalidade. Sobre o homem que não come laranjas ou limões, foi questionado retoricamente: "Eu não sei porque ele não vai pra frente."[81]

Para o homem, os ideais de dominação e direção própria murcharam sob a autoridade cega da sobrevivência corporativa. Não mais capazes de confiar nas habilidades da produção, os homens eram ligados a um idioma definido por uma habilidade muito mais passiva. Em 1929, na época de Natal, a companhia Hamilton de relógios pediu às esposas para comprarem um relógio de presente para os seus maridos. Como o tempo foi mecanizado pelo processo fabril, um bom relógio se tornou a chave do sucesso. A propaganda dizia o seguinte:

> Ele te fala que realmente não quer nada de presente para o Natal. Mas há uma coisa que um homem pode precisar e não percebe. Ao

---

80   Jones (1924, 1925).

81   Jones (1928).

Mamãe, papai e as crianças   287

longo do dia, enquanto luta pelo sucesso nos negócios[82], ele pode estar sendo prejudicado com um relógio em que não confia plenamente. No entanto, está provado que o homem de sucesso é preocupado com o tempo, com a precisão. Tempo significa dinheiro. Cada minuto deve funcionar. Seu relógio deve ser preciso. É aí que entra sua ajuda! Dê um relógio no qual ele possa confiar completamente. Um relógio que o ajudará a ir prestar na frente, e assim trazer felicidade para todos."[83]

O Natal era uma ocasião em que o sentimento de se presentear, a prioridade do consumo e a categoria de pontualidade industrial poderiam ser integrados. A celebração trazia uma nova universalidade, definida na totalidade das categorias de massa industrial. A propaganda constantemente relembrava homens, e também mulheres que compravam coisas para homens, que as suas necessidades faziam parte de uma nova fase de experiência e que o processo de autodefinição deveria constantemente conectar o cenário de consumo com a capacidade de ganhar um salário. Isso se chamava "sobrevivência."

Consumo e o ideal da nova mulher

Os anos 1920 viram pouca mudança com relação à atitude básica de que o domínio das mulheres era o lar. Apesar da alta taxa de emprego das mulheres na indústria desde a Primeira Guerra Mundial, a expectativa geral era que "mulheres (deveriam) (...) subordinar todas as suas atividades à maternidade," e, como Gwendolyn Hughes lamentou em 1925, ainda era "largamente aceito que o trabalho assalariado das mães era prejudicial à

---

82   Aqui, como em outros lugares, "negócio" é um eufemismo para trabalho.

83   SEP, Dezembro SEP, 1929.

raça."[84] Em oposição, a posição feminista majoritária seguiu a concepção de Olive Schreiner de que mulheres deveriam proclamar a igualdade entre os sexos como uma promessa e imperativo da vida industrial. "Nós exigimos", ela anunciou, "que no estranho mundo novo que está surgindo sobre homem e mulher, onde nada é como era antes, e tudo tem tomado novas formas e relações, que nesse mundo novo nós também devemos preservar nossa parte de trabalho humano socialmente útil e honrado"[85]

Ainda que a passagem da emenda sobre o sufrágio tivesse o apoio dos grupos femininos mais libertários e militantes, a associação das mulheres com o lar continuava como regra. Analisando os comerciais feitos nos anos 1920, é fácil de ver como a exigência feminista por igualdade e liberdade para as mulheres foi apropriada pelo jargão do consumo. Um exemplo clássico de feminismo comercializado foi uma campanha de 1929 na qual a Companhia Americana de Tabaco tentou "induzir as mulheres a fumarem em espaços públicos". George W. Hill, dono da companhia, contratou Edward Bernays para coordenar a campanha, com a esperança de apagar o título de "assanhada" dado às mulheres que fumavam em público. Segundo Bernays, o tabu do fumo entre as mulheres era de profundo significado psicológico. Desse modo, ele consultou o psicanalista A.A. Brill, buscando conselhos. A explicação de Brill foi essa:

> Algumas mulheres consideram o cigarro como símbolo de liberdade. Fumar é a sublimação do erotismo oral; segurar um cigarro na boca excita a zona oral. É perfeitamente normal para as mulheres querer fumar cigarros. Além disso, a primeira mulher que fumou provavelmente tinha um excesso de componentes masculinos e adotou o há-

---

84 Hughes, p. 2-3.

85 Olive Schreiner, *Women and Labour* (1911), p. 68.

Mamãe, papai e as crianças   289

bito como um ato masculino. Mas hoje a emancipação das mulheres suprimiu muitos dos desejos femininos. Contudo, as mulheres hoje fazem o mesmo trabalho que os homens. Cigarros, que eram associados aos homens, acabaram por se tornar tochas da liberdade.

A análise de Brill, particularmente seu último argumento, tocou a imaginação de Bernays. "Eu encontrei uma maneira de ajudar a quebrar o tabu contra mulheres fumando em público", ele explicou. "Por que não fazer uma parada de mulheres acendendo tochas da liberdade – fumando cigarros." Usando um motivo do feminismo, e conseguindo o apoio de Ruth Hale, "uma líder feminista", Bernays teve um contingente de mulheres soltando fumaça e marchando na parada de Páscoa em 1929, pela Quinta Avenida em Nova York. "A nossa parada de jovens mulheres acendendo "tochas da liberdade" na Quinta Avenida num Domingo de Páscoa como um protesto contra a desigualdade da mulher causou comoção nacional", proclamou Bernays. "Histórias nas primeiras páginas dos jornais reportaram a marcha de liberdade com palavras e imagens."[86]

Uma mulher "liberada" de 1929 apareceu em comerciais como esse para os aspiradores Hoover:

Eu era a mulher cujo marido dava, todo Natal, um belo enfeitezinho. A mulher cuja juventude estava passando muito rapidamente. A mulher cujos fardos de limpar eram muito pesados. Em um curto ano, eu descobri que a juventude não precisa ir tão rápido – e que os deveres de limpeza não precisam ser um fardo. No último Natal, meu marido me deu um Hoover. [87]

---

86 Edward Bernays, *Biography of an Idea*: Memoirs of a Public Relations Counsel (1965), p. 386-387.

87 SEP, Dezembro 14, 1929.

290 Stuart Ewen

Outros comerciais eram ainda mais dirigidos a uma linguagem libertária. A Toastmaster se proclamou "A torradeira que Libertou 465.000 lares (...) de ter de vigiar, virar ou de queimar uma torrada". [88]

Ainda que, de acordo com a ideologia do mercado, a mulher americana devesse ser identificada com o lar, a própria definição de lar foi severamente alterada pela explosão da produção e da distribuição. Como o lar não era mais um repositório de trabalho artesanal e valores autossustentados, o lar de 1920 viu a chegada massiva de mercadorias industriais e valores que tornaram a maioria desse artesanato doméstico supérfluo. Os publicitários estavam bem conscientes da competição entre os novos produtos manufaturados e as antigas formas de produtos e de produção domésticos.

Os comerciais, eles acreditavam, deviam dramatizar essa competição e celebrar a vitória do novo estilo de vida. *Printer's Ink*, o centro da teoria da indústria de propaganda, apostou nessa missão. O jornal enfatizou que a necessidade de substituir produtos feitos nas fábricas por produtos produzidos tradicionalmente era parte das atividades das mulheres. Falando sobre a prática de fazer pão no lar, o escritor da Printers' Ink, G.A Nichols, descreveu isso como o "maior impedimento ao progresso" que a indústria do biscoito enfrentava. As campanhas para biscoitos, afirmou ele, deveriam utilizar métodos de "contraponto", ridicularizando o conceito de pão caseiro, enquanto, ao mesmo tempo, "educariam as pessoas para comprar mais biscoitos."[89]

Outros comerciais deram uma virada sutil nessa estratégia. Em vez de ridicularizar os antigos hábitos, eles ofereceriam a possi-

---

88   SEP, Dezembro, 7, 1929.

89   G.A. Nichols, "When Your Consumers are Competitors", Printers' Ink, CXI (Maio 13, 1920), p. 52.

Mamãe, papai e as crianças   291

bilidade de juntar preferências e práticas antigas com os novos produtos. Depois de contar como sabão Fels-Naptha tornou desnecessário o hábito de ferver as roupas, um comercial apresentou um julgamento ambivalente com relação à *antiga* maneira de se fazer as coisas:

Ferva as roupas com Fels-Naptha, se você deseja. As mulheres estão acostumadas a ferver as roupas por tanto tempo que para muitas parece muito bom para ser verdade que o Fels-Naptha faça com que a sujeira se solte na água em qualquer temperatura.[90]

Enquanto o sabão certamente reduziu a dificuldade do trabalho de casa, ele também serviu para introduzir uma visão de mundo alterada. Se as esposas nas famílias antigas tinham cultivados sabedorias caseiras sobre a maneira certa ou errada de fazer as coisas, comerciais como o da Fels-Naptha reduziram o conhecimento das mulheres à superstição. Preferências antigas apareceram como "respeitadas", mas ao mesmo tempo como preconceitos inúteis de uma era passada. Julgamento e conhecimento foram descartados e relegados aos aspectos ritualísticos e "extravagantes" das atividades domésticas femininas.

Enquanto alguns, como Christine Frederick, anunciaram o advento da era da máquina nos lares como uma "revolução doméstica" que libertou as mulheres do trabalho duro,[91] a redução no tempo de trabalho em casa parece ter sido ilusória para muitas mulheres. Apesar da introdução de mercadorias e máquinas que tendiam a criar uma rotina e tirar o "trabalho imprevisto" do lar, a socióloga Ruth Lindquist constatou, em seus estudos da família americana em 1930, que o trabalho de casa ainda era

---

90   LHJ, Maio 1922.
91   Frederick, p. 169.

292 Stuart Ewen

visto pela maioria mulheres como causa de fadiga e preocupação. Essas mulheres não se sentiram mais aliviadas do que no período pré-mecanizado do trabalho doméstico. "É algo paradoxal", ela observou, "que uma inundação de acessórios para tornar o trabalho mais fácil, novas fontes de poder, mais agências comerciais na comunidade e uma diminuição no tamanho das famílias não tenha impedido o trabalho doméstico de ser um emprego de tempo integral."[92]

Em vez de ver as transformações no trabalho do lar como economizadoras de trabalho, talvez seja mais útil vê-las como modificadoras de trabalho. Como as fábricas industriais transformaram a ampla natureza do trabalho e da produção, da mesma maneira a chegada das mercadorias nas casas mudou a natureza do trabalho domésticas. "Várias mães" de Middletown reclamavam que "suas filhas, aprendizes da ciência doméstica (economia doméstica) na escola, ridicularizaram as mães, herdeiras das práticas manuais 'ultrapassadas'".[93] Cada vez mais, as mulheres eram instruídas de que a ciência moderna, como uma propriedade das corporações industriais, deveria guiar e definir os seus papéis maternais.

A transformação foi bem descrita por Christine Frederick como o ideal da economia científica do lar. Ao instruir fabricantes sobre as maneiras que eles deveriam desenvolver manuais e instruções para os seus produtos, ela enfatizou que esses manuais deveriam servir à função histórica de acostumar as mulheres aos novos modos de produção. Elucidando claramente a importância da adaptação das mulheres aos novos produtos, ela disse o seguinte:

---

92 Lindquist, p. 43,49.
93 Robert S. e Helen Merrill Lynd, *Middletown*, p. 133.

Mamãe, papai e as crianças   293

Eu afirmo que o verdadeiro sucesso dos fabricantes é medido pelo grau de eficácia com a qual a dona ou operadora do eletrodoméstico tem tido para se adaptar à transformação da técnica de trabalho manual e artesanato ao processo maquinal. [94]

"Quem treinará a mulher para fora da era do trabalho manual, em direção à era da máquina, se não o fabricante?", indagou.

O trabalho das mulheres era tradicionalmente visto como produção caseira, distante do mundo da indústria. A entrada dos produtos industriais no lar, no entanto, tendia a integrar concepção da *mulher* com a concepção de *trabalhador* que prevalecia na fábrica. "O difícil papel da esposa", como Groves e Ogburn observaram, agora "estava mais em harmonia com os desejos que a cultura social (a indústria) estimulava numa mulher moderna."[95] Apesar da centralização feminina no lar ainda separar as mulheres do mundo exterior dos homens, o conteúdo industrialmente fabricado do lar era cada vez mais definido e demarcado pelas prioridades externas do capitalismo. A primazia da industrialização estava fazendo uma anacronia cativa da mulher definida pelo lar, enquanto o ideal patriarcal pré-dominante ainda tentava mantê-la dentro do domínio tradicional. Aqui existe uma forte deterioração da feminilidade moderna, que surgiria nos anos seguintes como um feminismo revigorado.

Como a dona de casa assumia um status mais de operária de fábrica, o lar se tornou um lugar onde os valores da produção fabril e as condições, com exceção do pagamento do salário do trabalhador, eram reproduzidas e reforçadas no dia-a-dia. Tal desenvolvimento não pode ser separado do aumento generalizado

---

94   Frederick, p. 181.
95   Groves e Ogburn, p. 58

294 Stuart Ewen

do emprego de mulheres nas fábricas. Dada a natureza reservada do trabalho das mulheres, a "proletarização" do trabalho do lar foi a maneira pela qual a tensão entre lar e indústria poderia ser resolvida.

Assim como a produção da fábrica tornou o trabalho algo integral com uma rede de processos vastamente definida, as agências de consumo tornaram a esposa uma parte dos processos corporativamente definidos de produção e distribuição. Em um estudo sobre a mulher como administradora do lar moderno, Anna E. Richardson da American Home Economics Association deu especificidade ao comentar sobre isso. Escrevendo em 1929, ela declarou que a manufatura moderna havia feito "impossível para a dona de casa ter comando de toda a informação exigida para comprar com inteligência." As divisões do trabalho que tornaram os artesãos anacrônicos e separaram o trabalhador individual de um sentido total do produto dele/dela, agora caracterizavam a má condição dos trabalhadores de casa. A "esposa" era meramente uma peça na engrenagem num vasto processo corporatizado de produção para o lar. O seu papel administrativo era visto em tal rede:

> O negócio varejista emprega milhares de agentes de compra especializados para selecionar as mercadorias que são vendidas para o lar. Métodos modernos de produção tornam impossível para a dona de casa saber sobre a qualidade do material que vão nos artigos manufaturados, e ela tem pouca segurança, exceto por uma garantia ocasional dada por um fabricante renomado, de que a mercadoria que ela comprar estará à altura de qualquer padrão de especificação.

Richardson, então, continuou a falar sobre como a propaganda industrial mais tarde reforçou o status proletário da feminilidade moderna. "O problema é mais complicado pela propaganda que

Mamãe, papai e as crianças   295

mostra mercadorias tão atraentes que ela, às vezes, é tentada a comprar inadvertidamente, sem estudo suficiente das necessidades e de como elas podem ser melhores supridas. A psicologia da propaganda esperta é frequentemente colocada em conflito contra o senso comum da dona de casa, com o resultado de que ela é prejudicada na luta".[96] O deslocamento do trabalho manual, que Frederick celebrou entusiasticamente, deixou as mulheres num dilema severo. O rompimento como antigo trabalho árduo foi integrado num processo no qual elas eram desapossadas da maior parte do conhecimento e do controle do seu lugar de trabalho.

Fabricantes americanos apresentaram as donas de casa como um ideal reconstruído que destacou a nova identidade delas como trabalhadoras industriais. Em todo o trabalho de Frederick, por exemplo, é encontrada a ideologia do lar industrializado. Assim como a organização do processo de trabalho da indústria era cada vez mais definida pela linha de montagem e gerenciamento científico, Frederick "se apoderou dos princípios da fábrica um por um e passou a aplicá-los no lar." [97]

Da mesma forma, a industrialização do lar foi tema para outras pessoas. No final dos anos 1920, a Companhia de Gás do Brooklyn comissionou Lilliam Gilbreth, que juntamente com o seu marido Frank foi uma das fundadoras dos estudos sobre produtividade industrial (*time-motion study*), para desenhar uma cozinha de 10 x 12 pés "como um problema de produção industrial".[98] Siegfried Giedion, cujo estudo de tecnologia moderna é brilhante e exaustivo, notou que a ordem racional do Dining Car Galley

---

96 Anna E. Richardson, "The Woman Administrator in the Modern Home", *Annals of the American Academy of Political and Social Science*, CLXIII (Maio 1929), p. 26.

97 Giedion, p. 512ff.

98 Lilian Gilbreth, "Efficiency Methods Applied to Kitchen Design," *Architectural Record* (Março 1930), p. 291.

serviu como base para muitos dos desenhos de cozinhas dos anos 1920.[99] A galeria, que foi desenhada para servir um grande número de pessoas, foi adaptada para servir o núcleo familiar. Os valores de produzir para a "massa" foram introduzidos dentro do contexto do lar moderno.

A tarefa de treinar as mulheres longe dos trabalhos manuais para as rotinas da operação de máquinas foi além da "industrialização" da tecnologia doméstica e desenho de cozinha. As mulheres americanas conseguiram uma reorientação muito mais ampla ao serem cada vez mais empregadas, tanto fora do lar quanto dentro dele. Especialmente para aqueles que ingressavam na força de trabalho, as máquinas ofereceram uma potencialidade libertadora que parecia essencial.

Algumas feministas exigiram trabalho socialmente útil e o fim do trabalho árduo; outras, preocupadas com a saúde das mulheres, viram uma promessa de melhorias na simplificação das tarefas. Abraham Myerson, um médico que tratava de mulheres sofrendo de exaustão nervosa, falou sobre "a necessidade de abandonar as tradicionais maneiras de cozinhar e a dieta tradicional. A instalação e uso de fogões elétricos e fornos autorreguladores. A desistência de muitas das receitas de pudim, assados, pratos elaborados que demoram muito tempo de preparação," argumentou ele, iria beneficiar as mulheres cujo papel social era cada vez mais definido além da esfera do lar do século XIX.[100]

No entanto, entre fabricantes, a mudança do trabalho manual para a máquina não era centrada em torno da discussão da saída das mulheres do lar e de sua participação na indústria, mas em vez disso tinha como objetivo a reconstituição do trabalho feminino concebido em termos das exigências industriais atuais. Observan-

---

99 Giedion, p. 517.
100 Meyerson, p. 260.

Mamãe, papai e as crianças   297

do que em 1929 mais de 80% das necessidades familiares eram satisfeitas pelas compras feitas por mulheres, os publicitários sentiram que seria por meio das mulheres que os novos valores de produção de massa seriam melhor transmitidos.[101]

Enquanto a cultura tendia a reforçar a concepção de indústria como um mundo dos homens, a distribuição das mercadorias produzidas em massa elevou as mulheres a uma nova posição no espírito dos negócios. As suas atividades cotidianas eram vistas como essenciais para a manutenção do sistema produtivo. "O serviço da esposa" estava se tornando o de "dirigir o consumo de acordo com a sua seleção de mercadorias e serviços" que a sociedade estava produzindo.[102]

No final dos anos 1920, o crescente consumo de produtos era descrito pelos empresários como um negócio criativo e funcional. Às vezes, até a academia reiterou essa visão. A Academia Americana de Ciência Política e Social, numa publicação sobre o papel da mulher na América moderna (1929), concluiu que o consumo de massa fez da "dona de casa moderna menos uma trabalhadora de rotina, e mais uma administradora e empreendedora no negócio de viver."

As mulheres eram mostradas como supervisoras econômicas da vida familiar. Trabalho manual de casa, diferentemente de outros trabalhos manuais, havia passado não para trabalho de rotina, mas para autodeterminação. Desse modo, as mulheres poderiam "criar um plano econômico de vida no qual recursos (familiares) são utilizados para comprar a melhor combinação possível de satisfações para hoje, e a melhor sequência de satisfações para o

---

101 Presbrey, p. 592 e Frederick, p. 12-13.
102 Lindquist, p. 14.

298 Stuart Ewen

futuro."[103] Tal visão otimista do consumo socializado foi consistentemente espelhada na concepção de mulheres nos comerciais dos anos 1920. As mulheres eram o repositório da escolha e da liberdade que os produtos comerciais de massa diziam incorporar. As mulheres eram dotadas de alto grau de poder político e poder social determinantes – uma formação que ligava o crescente mercado de produtos com o clima político nascido do sufrágio feminino.

Encorajando as mulheres a adicionarem fermento Fleischman na sua dieta familiar (1922), um comercial falou sobre como "a ciência revolucionou a escolha das refeições pela dona de casa" – um acordo implícito com uma parceria entre a ciência industrial e as donas de casa vistas como "gerentes" do lar. Em outros lugares, o status gerencial das mulheres foi similarmente firmado numa obediência cega à autoridade científica do mercado. Os comerciais continuamente reafirmavam a ligação necessária entre o novo papel feminino liberado e o novo mercado. Num comercial de 1929 para pistões de automóveis, Bohnalite celebrava a elevação da mulher moderna:

> Hoje em dia, as mulheres americanas têm um amplo e mais claro entendimento de progresso e realização. Houve o tempo em que os problemas mecânicos estavam fora do seu alcance. Mas agora Milady sabe o que está acontecendo e porque. As motoristas, modernas e femininas, sabem tudo sobre esse pistão avançado.[104]

As mulheres nos comerciais eram representadas com grande controle e conhecimento – demarcadas, no entanto, pela ideolo-

---

103 Benjamin R. Andrews, "The Home Woman as Buyer and Controller of Consumption", *Annals of the American Academy of Political and Social Science*, CLXIII (Maio 1929), p. 42.

104 SEP, Dezembro 7, 1929.

Mamãe, papai e as crianças 299

gia do mercado de consumo. "Seu marido pode esquecer isso", preveniu as mulheres um comercial para Mobil Artic Oil, "mas você não esquecerá. Você sabe que se prevenir (sobre manutenção de carro) significa mais dinheiro para outras coisas."[105] A imagem da mulher tinha sido amplificada para incluir maior envolvimento na indústria que ia além da pura esfera doméstica. Ela se tornou a diretora do lar, embora a necessidade por educação nas amplas categorias de consumo de massa era constantemente enfatizada para ela.

Mesmo na área maternal, as mulheres eram orientadas a confiar na orientação fornecida pelos comerciais e outras agências corporativas de informação. Ser mãe havia se tornado uma profissão sustentada pela produção industrial. As mulheres eram alertadas sobre perigos nos seus lares, para suas crianças, e avisadas sobre as soluções de mercado. As mamadeiras Hygeia eram "seguras" e não "carregavam germes para o seu bebê." O matador de inseto Fly-Tox era apresentado como uma linha de defesa, para no entanto, uma criança "sem defesa".[106]

As tarefas mistificadas da mãe frequentemente envolviam aspectos obscuros e mesmo invisíveis da gerência do lar. Era dito às mães que o morbidamente ilustrado "fantasma cinza" que assombrava as crianças com joelhos sensíveis poderia ser combatido com panos cirúrgicos da Bauer & Black.[107] As mulheres eram instruídas a seguir as regras das "autoridades de saúde" que "nos dizem que os germes causadores de doenças estão em todo o lugar." Lysol dividiu a casa em um aglomerado de perigos minuciosamente definidos, de modo que as mães eram avisadas que elas

---

105 SEP, Dezembro 7, 1929.

106 LHJ, Janeiro 1926, Julho 1925.

107 D.B. Lucas e C.E.Benson, "The Historical Tren of Negative Appeals in Advertising", *Journal of Applied Psychology*, XIII, no. 4 (Agosto 1929), p. 354.

300 Stuart Ewen

deveriam estar conscientes que mesmo "as maçanetas das portas ameaçam (as crianças) com doenças".[108] Realmente, a segurança e sobrevivência da família estavam em jogo para a mãe que tinha se tornado a compradora e administradora das mercadorias.

Enquanto as mulheres encontravam seus mundos de trabalhos expandidos para incluir tanto o lar quanto a indústria[109], as pressões ideológicas do mercado de consumo aumentavam e as responsabilidades da casa se tornaram menos produtivas e mais passivamente recebidas. Enquanto alguns estudantes da vida moderna lisonjeavam a dona de casa dentro da visão "compra e venda como um ato produtivo... (que poderia) multiplicar muitos tipos de satisfações vindas de um determinado rendimento," outros viram a mulher contemporânea mais em termos de uma funcionária[110] - uma burocrata da distribuição, secundária ao marido, que graças ao salário era a fonte de troca, a fonte da sobrevivência. "A mulher é poderosa em comprar," explicou Christine Frederick, "por causa da sua posição *secundária* em relação ao homem."Apesar do aumento de incidência de mães empregadas, Frederick afirmou que uma mulher "não é igual a um homem para ganhar dinheiro e fazer e construir."

O ideal patriarcal havia sido adaptado ao sistema industrial moderno. Agora a linha de distinção entre homens e mulheres não era demarcada por sua realidade de trabalho, porque ambos eram fatores importantes na produção industrial. Mais que isso, enfatizou a *privatização* do consumo numa situação em que produção era cada vez mais *social*. Era uma concepção que reconciliou o individualismo de um processo salarial com o aspecto social de um sistema fabril. As mulheres, sob o ponto de vista de Frederick,

---

108 Jones, (Lysol, 1926).

109 Hughes, p. 18-19.

110 Andrews, p. 41.

Mamãe, papai e as crianças   301

deveriam gravitar em torno de uma ideologia que suste o lar patriarcal num mundo em que muitas das suas funções se tornaram ultrapassadas. As mulheres, ela argumentou, precisam aceitar "a posição de intendente militar em vez de general na organização mútua (do casamento). Ela cuida do abastecimento normalmente pela mesma razão pela qual ela não pode liderar as forças no campo."[111] Embora o marido seja definido aqui como "general" porque comparecia com o salário, era claro que os poderes de dirigir o lar estavam realmente nas mãos da indústria. Era igualmente claro que a capacidade de decisão de segundo nível da mulher era somente um eufemismo para decisões tomadas em nível corporativo.

Se o consumo de mercadorias de produção em massa pudesse ser igualado com a escolha livre, então a direção do consumo poderia parecer ser um papel novo e libertador. A dona de casa moderna, disse Frederick em sua palestra, "não é mais a cozinheira – ela é quem abre as latas." Ela não prepara a comida, mas a distribui. Na substituição ao conhecimento produtivo antigo, a dona de casa moderna era educada para os fatos e para o todo da vida moderna: ela deveria "conhecer seus mantimentos" e "saber sobre suas calorias".[112] As mulheres eram encorajadas a depender do aumento dos serviços econômicos da casa para o aprimoramento das técnicas gerenciais. Por todo o país, as escolas de tarefas domésticas direta ou indiretamente transmitiam uma nova abordagem com relação ao trabalho do lar. Nos anos 1920, escolas como Pratt Institute (Nova York), Garland School e Fanny Farmer (Boston) e Lewis Institute (Chicago) floresceram, ensinando jovens mulheres enquanto elas chegavam à vida adulta. Além disso, as matérias de economia doméstica do colegial,

---

111   Frederick, p. 15.
112   Ibid, p. 5, p. 129-130.

302   Stuart Ewen

palestras, concursos de revistas, escolas patrocinadoras de jornais e "Demonstrações do Escritório da Casa" demarcaram o surgimento do lar como um objeto de ampla preocupação social e frequentemente corporativa.[113] Além da área geral de gerência do lar, assuntos ensinados incluíram "cuidado com o cabelo, pele, dentes, preparação de comida, utensílios domésticos e música para o lar." Em meados dos anos 1930, tanto a General Electric (1932) quanto a Westinghouse Electric (1934) tinham aberto institutos especiais de culinária que aliavam instruções de como cozinhar e como usar todos os aparelhos elétricos de cozinha que eles tinham interesse de popularizar.[114]

Esta forma de educação possibilitou ainda outro canal para a circulação das mercadorias de produção em massa para o consumidor doméstico.[115] A produção caseira era mostrada com antiquada. Esse era o cenário ideológico que informava às mães dos 10 milhões de novos lares que apareceram entre a Primeira Guerra Mundial e 1929 e que alcançou "17 milhões de meninas" que tinham catorze anos em 1920 e vinte e quatro no final da década.

Enquanto a mãe moderna estava, por meio da sua educação geral, aprendendo a se habituar aos fatos e premissas do mercado, também estava redefinindo o seu papel como educadora social e moral; essa redefinição também seria adaptada ao processo de consumo. O *Ladies' Home Journal,* em 1922, oferecia uma série de livros de como criar as crianças: J. Morris Slemons, *A Futura Mulher;* L. Emmett Holt, *O Cuidado e Alimentação das Crianças;* Emelyn L. Coolidge, *A Casa e o Cuidado das Crianças Doentes;* e Miriam Finn Scott, *Como Conhecer a sua Criança.* O último

---

113   Ibid, p. 275-285.
114   Giedion, p. 616.
115   Frederick, p. 278.

Mamãe, papai e as crianças 303

desses títulos, lidando mais com intuição do que ciência era o único escrito por uma mulher. Esses, como outros materiais do *Journal*, unificaram as tarefas da maternidade e do consumo, até o ponto de comprar conselhos nesses livros.[116]

Numa sociedade desprovida de escola para as atividades de produção de massa e consumo, tal informação e implementação foram essenciais para a adolescência e crescimento das meninas. Em uma sociedade industrial que cada vez mais tirava a energia das mulheres do lar, as dicas de mercado sobre como criar as crianças passaram a ser um substituto. Uma mulher trabalhadora de *Middletown* expressou o sentimento de muitas outras quando falou sobre sua confiança nas tecnologias modernas e de cultura industrial, para o que antes tinha sido de sua total responsabilidade. Explicando sua dependência dos filmes "como uma ajuda na criação da criança," ela afirmou: "Eu mando a minha filha ao cinema porque uma menina tem que aprender sobre o mundo de qualquer jeito e os filmes são uma alternativa boa e segura."[117]

Como a cultura industrial tendia a ratificar a separação entre o mundo ideológico das mulheres (consumo) e o mundo dos homens (produção), ambos definidos pelas mesmas agências externas. Enquanto a cultura identificava homem com trabalho, a mãe era mantida como a conselheira ou educadora dentro da família – um fenômeno que, de acordo com Ruth Lindquist, criou "exigências excessivas sobre a mãe."[118] Confrontada com o perspectiva infeliz de se identificar culturalmente com o isolamento do lar, juntamente com a crescente realidade do trabalho fora de casa, as mães dos anos 1920 eram os alvos principais dos comerciais que ofereciam ajuda corporativa para os problemas de criação

---

116 LHJ, Janeiro 1922.
117 Robert S. e Helen Merrill Lynd, *Middletown*, p. 267-268.
118 Lindquist, p. 73.

304 Stuart Ewen

das crianças. Frequentemente apelando para a culpa feminina de não ser capaz de dedicar todo o tempo necessário à educação das crianças, os comerciais tocavam em necessidades e medos essenciais das mães. Sugerindo que Grape-Nuts poderia criar adultos sadios a partir de crianças ameaçadas, uma declaração vinda de um "famoso cientista" não identificado alertou as mães em tom de ameaça: "Diga-me o que as suas crianças comem e eu te mostrarei que tipo de homens e mulheres elas serão."[119]

Tais comerciais trabalhavam sobre a inadequação que as mães deveriam sentir, já que eram obrigadas a buscar fora de casa a sobrevivência e ainda tinham que carregar o fardo da responsabilidade de criar as crianças "de maneira adequada". Por meio do consumo, os comerciais argumentavam que a grande crise das mulheres na América industrial poderia ser resolvida. A informação educacional dos comerciais era que, usando certos produtos nas crianças, e as educando dentro de certos padrões de consumo, o futuro delas estaria garantido. Em tais comerciais, as expectativas tradicionais das mulheres eram combinadas com a noção de que somente por meio das crianças, por meio da juventude, a estabilidade cultural seria alcançada. Como consumidoras, as mulheres poderiam satisfazer as expectativas culturais da maternidade e talvez até criar seus filhos para serem melhores consumidores do que elas foram.

Era por meio dos seus filhos que os pais poderiam experimentar os benefícios possíveis da vida moderna. Um comercial na *Ladies' Home Journal* mostrou uma mãe assistindo à sua filha no piano:

> Para ela, todas as coisas que você queria, tudo o que esperou algum dia ser. Antigas esperanças e ambições vivem de novo agora! Talentos que de alguma maneira ou outra você negligenciou, oportunidades

---

119 LHJ, Julho 1925.

Mamãe, papai e as crianças   305

que deixou passar. O quão avidamente você espera que possa ser diferente com ela.[120]

Comerciais como esse claramente combinavam a imagem tradicional da mãe como socializadora com sentimentos originados pela crítica feminista daquele papel. Seguindo o padrão da política publicitária em geral, o anúncio acima se identificou com uma crítica implícita do cenário cultural reforçado pela sociedade industrial. Encorajava as mulheres a educarem seus filhos e viverem por meio deles ao mesmo tempo. Isso compartilhava a visão de mundo das donas de casa da classe trabalhadora que apoiavam as seguintes aspirações das seus filhas: "Eu sempre quis que as minhas meninas fizessem algo diferente do trabalho de casa. Eu não quero que *elas* sejam escravas do trabalho como eu!"[121] A promessa da nova autoridade corporativa era o fim da armadilha que o patriarcado tinha tradicionalmente colocado para a mulher. Onde a estrutura patriarcal havia requerido a socialização das meninas dentro aceitação do trabalho penoso como destino, a visão do futuro do mercado de produtos como surgia diante dos olhos das mulheres assemelhando-se com o que as feministas já previam como possibilidade: uma sociedade em que a opressão do patriarcado poderia ser quebrada, e na qual as mulheres poderiam esperar que a vida das suas filhas transcenderia as suas próprias limitações históricas.

A tensão entre o ideal contínuo da maternidade e a inadequação crescente daquele papel serviu como um terreno fértil para indicar uma saída anunciada e consumível. Enquanto as mulheres dos comerciais eram ainda mostradas no papel de mãe, o consumo era ligado a sua função educativa como uma maneira para as

---

120   LHJ, Novembro 1928.
121   Robert S. e Helen Merrill Lynd, *Middletown*, p. 169.

306 Stuart Ewen

filhas fazerem melhor. Por meio do consumo, as mulheres poderiam obter para as filhas o tipo de segurança e felicidade vitalícia que eram associadas à juventude perpétua. Proteger e educar as crianças era o equivalente a treiná-las desde a infância em padrões benéficos de consumo. A ênfase de J.B Watson sobre criar novas formas de comportamento por meio da juventude encontrou sua propagandística realização. O creme dental Colgate mostrava uma linda jovem mulher, claramente identificável no mercado de trabalho sexual/econômico, abraçando sua criança. O comercial explicava que essa mãe se mantinha jovem por ter começado a usar Colgate em 1908 e sugeria que uma introdução desde cedo em treinamentos de beleza, e principalmente de consumo, seria essencial para a criança. Depois de escovar seu próprio caminho para a beleza jovial, "agora a sua filha usa o mesmo creme dental."[122] Outro comercial foi mais explícito sobre o que a socialização significava. Mostrando uma mãe e uma filha pequena, o comercial implorava: "desde o seu primeiro sorriso" use sabonete Palmolive. "Cuidados com a pele começam na infância. É uma responsabilidade que toda mãe deve a sua filha". As recompensas por se adotar tal filosofia educacional estavam em sintonia com as exigências da época. "A 'pele de uma colegial' surge agora como resultado natural. Para assegurar que sua criança possa manter uma pele assim com o passar dos anos, você deve tomar as devidas precauções agora."[123]

Consumo e Sedução

Enquanto as mulheres eram encorajadas a aceitar uma autodefinição de gerente do lar, seu papel corporativamente definido

---

122 LHJ, Outubro 1928.
123 LHJ, Outubro 1925.

Mamãe, papai e as crianças   307

também requeria que elas continuamente se gerenciassem e se definissem. Dentro da associação comum das mulheres com o lar, a dona de casa moderna continuava sem salário na sua capacidade de "intendente militar". Agindo de acordo com o que lhe foi dito ser seu lugar "apropriado", ela era encorajada a manter um sistema de troca de coisas para assegurar o seu sustento. Enquanto as habilidades da sua mãe e avó haviam sido produtivas, as suas eram cada vez mais representadas como escambo do corpo.

As mulheres nos comerciais estavam constantemente se observando, sempre autocriticamente. Nos anos 1920, uma proporção notável de comerciais em revistas dirigidos às mulheres as representava se olhando no espelho.[124] Mesmo no meio da gerência eficiente do lar, as mulheres eram lembradas de que era a sua aparência, mais do que suas capacidades organizacionais, que garantiria fidelidade, em particular, e segurança do lar, em geral. Assim como os homens eram encorajados a cultivar a aparência para impressionar o chefe, para as mulheres o imperativo da beleza era diretamente ligado à questão da segurança no emprego – a sua sobrevivência, de fato, dependia da habilidade de manter um marido, os comerciais continuamente as lembravam disso – ou, mais precisamente, o salário que ele trazia para casa para reforçar o seu papel administrativo. Em um comercial para um armário de cozinha *Boone* altamente mecanizado e racionalizado (repleto com moedor de café, banco giratório, índice de cartões, calendário, relógio com timer, tábua de passar embutida, amolador de facas e tábua de pão), as mulheres eram asseguradas de que central para o seu local de trabalho na cozinha era um "espelho – para aquela

---

124   Em um levantamento informal de anúncios de LHJ e SEP de 1920, descobri que entre 8 e 10 comerciais por edição mostram uma mulher no espelho ou olhando-se no espelho. Muitos desses comerciais não eram para produtos cosméticos.

308   Stuart Ewen

olhadela rápida." Era tido como certo que a aparência pessoal era uma categoria fundamental do seu emprego.[125]

Assim como era esperado da mulher moderna que ela gastasse o dinheiro da família em coisas para a casa, os sociólogos Groves e Ogburn observaram que ela também tinha que "decidir como gastar a sua personalidade para trazer a maior quantidade de satisfações a ela e a sua família."[126] Sua personalidade e aparência eram integradas a outros tipos de habilidades de mercado para a sobrevivência e eram colocadas como uma maneira de competir em um mundo em que as suas capacidades produtivas concretas tinham quase evaporado, e em que olhares "afiados e críticos" constantemente a ameaçavam. Assim como seus talentos caseiros haviam sido reconstituídos num processo de acumular mercadorias produzidas em massa, suas capacidades sexual/econômicas eram consideradas num nível comercial.

Um comercial para sabonete *Woodbury* (1922) ofereceu às mulheres "a posse de uma pele linda" que poderia armá-las para enfrentar um mundo hostil "de forma orgulhosa, confiante e sem medo."[127] Outro comercial da *Woodbury* alertou as mulheres que "um homem espera encontrar delicadeza, charme e refinamento na mulher que ele conhece," e que para manter o seu prazer a mulher deveria constantemente gastar com sua aparência. O comercial foi longe, a ponto de avisar que: "quando algum detalhe desagradável frustra sua concepção do que uma mulher deveria ser – nada realmente oculta seu desapontamento involuntário."[128] Outro comercial sugeria que um longo casamento e a segurança

---

125   LHJ, Março 1926.
126   Groves e Ogburn, p. 51.
127   LHJ, Janeiro 1922.
128   LHJ, Maio 1922.

Mamãe, papai e as crianças 309

eram "recompensas da beleza" e poderiam ser alcançados usando o creme *Pompeian Night*. [129]

A insegurança real que as mulheres sentiram sobre "o que uma mulher deveria ser" era claramente manipulada nesses comerciais dos anos 1920. Enquanto o papel social da mulher se tornou cada vez mais definido em termos de consumo – um emprego que requeria não mais do que obediência às regras do mercado – o centro do sucesso da dona de casa moderna estava em sua habilidade de charme e encantamento. Naturalmente, aqui também a indústria teve um papel indispensável. Assim como notou um comercial para o perfume *Madame Surilla*, "muito frequentemente o requinte de um cheiro maravilhoso, e não a própria mulher, causa um estonteamento."[130]A propaganda emprestou do campo da psicologia social a noção de ser social (*social self*) como uma arma importante para o seu arsenal. Aqui as pessoas se definiam nos termos colocados para aprovação ou desaprovação dos outros. Na sua particular definição econômica de feminilidade, a ideologia do consumidor confiava fortemente nessa noção.

No meio da sua cozinha mecanicamente planejada, era esperado da dona de casa moderna a superação do problema de se seu "ser", seu corpo, sua personalidade eram considerados viáveis no mercado sociossexual que definia o seu emprego. Comerciais de 1920 eram bem explícitos sobre esse imperativo narcisista. Eles descaradamente usavam fotos de corpos nus cobertos com véus e mulheres em posições eróticas para encorajar a autocomparação e lembrá-las da primazia da sexualidade. Um panfleto anunciando dicas de beleza feminina tinha na capa uma foto de nudez clara e enfeitada. A mensagem do título era explícita: "Sua Obra de Arte: Você Mesma." As mulheres estavam sendo educadas para

---

129 LHJ, Janeiro 1922.
130 Naether, p. 252.

310   Stuart Ewen

olhar para elas mesmas como coisas a serem criadas para competir contra outras mulheres: pintadas e esculpidas com a ajuda do mercado moderno.[131]

Carl B. Naether, um publicitário cujas contribuições incluíam o estudo mais lido dos anos 1920 sobre como fazer propaganda para as mulheres, encorajava a implementação de tais táticas nos comerciais. Usando um anúncio de pérolas como exemplo, Naether discutia a mensagem que a foto passava. A ilustração mostrava uma mulher usando um colar de pérolas do comprimento dos seios. Com uma mão, ela acariciava o seu seio. De acordo com Naether, isso representava uma maneira efetiva de fazer as mulheres que se sentem desconfortáveis com seus corpos dirigirem esse desconforto para o consumo. "Elas (as pérolas) chamam a atenção naquelas partes do corpo feminino que elas circulam e tocam," ele explicou. "Então", continuou, o comercial "ingenuamente compara as mulheres com aqueles acessórios preciosos, atribuindo a elas as qualidades destes." Localizando beleza feminina no cenário de objetos consumíveis, Naether argumentou, o comercial iria explicitar "sentimentos de vaidade e orgulho", que eram centrais à natureza sexualmente competitiva de mulher moderna.[132] A sensualidade havia sido reformulada em algo conectado com o dinheiro.

Mesmo mulheres durante ou após a maternidade eram asseguradas pelos comerciais que poderiam manter o tipo de beleza jovem que garantiria a sua segurança social. Os espartilhos H.W. Gossard poderiam preservar "a linha da beleza que a juventude proclamava ser sua – aquela curva que o artista Hogarth chama de a mais linda de toda a criação; aquela linha que, curvando-se gentilmente na cintura, move-se num ritmo gracioso acima dos

---

131   Ibid, p. 248.
132   Ibid, p. 129.

Mamãe, papai e as crianças   311

quadris." Comerciais como esse usavam a prosa romântica e literária para simular a sedução, sugerindo às mulheres que enquanto elas estavam sendo produtivamente deslocadas pelas maravilhas da era da máquina, elas poderiam confiar na sua principal arma: a supremacia da estética. Então, um espartilho Gossard poderia assegurar para as mulheres que tiveram que passar pelo parto e por anos de trabalho dentro de casa um corpo que mantém o êxtase de Hogarth: "uma linha que faz a forma da mulher a mais perfeita da terra."[133]

A busca da beleza por meio do consumo era enumerada entre as habilidades modernas de sobrevivência para as mulheres. Enquanto as mulheres casadas de fato ingressavam no mercado de trabalho com crescente frequência, a ideologia dominante dizia a elas que parecessem dirigidas ao lar como função apropriada. Desse modo, havia uma tensão entre as mulheres como assalariadas e o ideal de *mulher* que era essencialmente desprovida de salário. Separando homens e mulheres sobre o tema de quem deveria garantir o salário, a ideologia da propaganda os uniu por meio de uma sexualidade baseada em produtos. Aí que o processo salarial era reconciliado com o lar que se sustentava ainda num sistema de escambo.

As mulheres americanas, ainda ligadas à opressão patriarcal, enfrentaram um nível de insegurança que fez dos comerciais para juventude, beleza e sensualidade uma parte efetiva e significativa de sua rotina. Pesquisas de mercado dos anos 1920 pareciam confirmar esse quadro. Um levantamento feito em cidades pequenas do meio-oeste, onde as esposas estavam ligadas ao lar, enquanto os maridos compareciam com os salários, refletia a receptividade desses comerciais. Feita em nove cidades como Kansas, Missouri, Nebraska e Iowa, a pesquisa mostrou que em 1926 a gran-

---

133 Naether, p. 100.

312   Stuart Ewen

de maioria das mulheres disse que prestava "boa" ou "muita" atenção nos comerciais. Elas tinham como favoritos os comerciais nacionais das revistas, em vez dos anúncios locais nos jornais.[134] Desprovidas das capacidades próprias para sobreviver, as mulheres dos comerciais confiavam nas mercadorias para assegurar uma ligação social com a família que estava perdendo o seu inter-relacionamento produtivo.

Para a mulher moderna, a suposta responsabilidade administrativa de consumo tinha pouco conteúdo objetivo e a tática de sobrevivência da sedução se tornou parte disso como a forma mais evidente de definição própria. Agora, até as mães deveriam confiar na pele de colegial do sabonete *Palmolive* para garantir o apoio de toda família, crianças incluídas. Um comercial com implicações edipianas mostrava uma linda jovem mãe se submetendo ao exame e prazer do seu pequeno menino. Por meio do uso de *Palmolive*, as mulheres, segundo a propaganda, poderiam se manter como "seu primeiro amor".[135] Assim como os comerciais documentavam a transição do conhecimento produtivo da atividade tradicional do lar para a disciplina do capitalismo industrial, o papel criativo das mulheres era cada vez mais dispensado. As funções da *esposa* mostradas nos comercias se tornaram conectadas com a última indústria do lar/sexo marital.

> O profundo instinto das mulheres de sentir necessidade do uso de perfumes é uma manifestação de uma lei fundamental da biologia. A primeira responsabilidade da mulher é atrair. Não importa o quão esperta ou independente você possa ser, se fracassar ao influenciar os

---

134   Mary E. Hoffman, *The Buying Habits of Small-Town Women* (1926), p. 11.

135   LHJ, Julho 1928.

Mamãe, papai e as crianças   313

homens que encontra, conscientemente ou inconscientemente, você não está alcançando seu dever fundamental como mulher.[136]

Apesar do dialeto gerencial que viria a ser aplicado à feminilidade, a insegurança e falta de adequação de tal papel "industrializado" eram refletidas na exaustiva ênfase nas habilidades sexuais. Se a gerência de consumo era uma *função* do trabalho, sexualidade era, para as mulheres, um *dever* do lazer. Os dois, trabalho e lazer, não poderiam ser separados. O consumo criou um idioma para a unidade dos dois.

A crise na família tinha sido uma experiência contínua desde o começo da industrialização, amargamente sentida no período de 1920, assim como hoje em dia. Para alguns, particularmente entre socialistas e feministas, a transição de um modo de produção baseado em família ou em comunidade, indicava uma potencial liberação das opressões da autoridade patriarcal. Em dois níveis críticos, o nascimento da industrialização forneceu apoio para tal esperança. Primeiro, a industrialização da produção apontou para o fim da escassez. A possibilidade de abundância surgiu como a consolidação das riquezas humanas e materiais integradas às energias produtivas que para muitos prometiam acabar com as necessidades cronicamente não supridas. Segundo, a retirada das questões de sobrevivência do contexto de laços familiares controlados pelo patriarca, e particularmente as relações entre homens e mulheres, significou o início de um conceito de sociedade distante do caráter autoritário tradicional.

Enquanto muitos americanos dos anos 1920 se adaptaram rapidamente às formas sociais que estavam se tornando menos viáveis, pensamentos futuristas previam o começo de uma era, na qual novos laços sociais surgiriam, unidos mais pela afeição e

---

136   Denys Thompson, p. 132. Texto de um anúncio de perfume.

314 Stuart Ewen

interdependência emocional e menos pelas regras do patriarcado tradicional. Visões positivas do futuro como as de Floyd Dell e Charlotte Perkins Gilman ofereciam pouco conforto àqueles que sentiam o tempo e o espaço de suas vidas crescentemente penetrados e não liberados pelas regras das novas autoridades industriais. Contra o potencial libertário da sociedade industrial, estavam os instintos disciplinares daqueles que controlavam a produção.

Com a morte do patriarcado, tanto libertários quanto homens de negócios compartilhavam um interesse. Ainda que seus interesses fossem estranhos um ao outro. Para Dell, a época da máquina seria a época do amor romântico, sexualmente livre das obrigações de necessidade. Para o empresário americano, a atitude romântica, antipatriarcal era um instrumento vital para substituir a autoridade social dos tabus familiares pela autoridade social do negócio corporativo.

Dentro da visão da família nuclear, ou talvez mais precisamente da família *atômica*, as ideologias do consumo em massa tentaram efetivar uma síntese entre a necessidade social sentida por relacionamentos humanos e o imperativo econômico de quebrar todos os laços tradicionais sociais em favor dos laços formados pelo sistema produtivo. A nova família era uma paródia da antiga. Havia a mãe, o pai e as crianças. Mas a ligação entre eles era totalmente exteriorizada por meio do envolvimento comum dentro do tempo-espaço ditado pelos negócios. Os papéis do pai e da mãe, o conceito de romance e a faceta erótica da sexualidade eram agora definidos pela sua fonte comum e corporativa. Se os pais não concordassem com esta autoridade transformada, seria por meio das crianças – representadas como consumidores completos – que os publicitários e ideólogos do consumo esperavam se apropriar do futuro.

As respostas comercializadas à questão de "como viver" começaram a ter um caráter distinto. Utilizando a imagem coletiva da

Mamãe, papai e as crianças 315

família, os comerciais em suas contribuições à cultura de massa fizeram seu melhor para negar aquela coletividade. Cada aspecto do *coletivo* familiar – a origem do poder de decisão, o *locus* da criação dos filhos, as coisas que exigiam respostas de afeição –, agora apontava para fora, para a direção do mundo dos negócios. A América Corporativa começou a se definir como *o pai de todos nós*.

Este livro foi impresso na
gráfica Vida&Consciência no
outono de 2009.